Bilanz und Reichseinkommensteuer

(einschließlich Körperschaftssteuer).

Von

Hans Eckstein und **Fritz Buchwieser,**
Obersteuerinspektoren beim Landesfinanzamt München

2. verbesserte Auflage.

1921

München, Berlin und Leipzig
J. Schweitzer Verlag (Arthur Sellier).

Druck von Dr. F. P. Datterer & Cie., Freising-München.

Vorwort zur 1. Auflage.

Die kaufmännische Bilanz hatte als Grundlage für die Besteuerung schon unter der Geltung der Landessteuergesetze eine große Bedeutung. Unter der Herrschaft des neuen Reichseinkommen- und Körperschaftssteuergesetzes wird sie aber an Bedeutung noch gewinnen, weil nach diesen Gesetzen für die Gewinnermittlung des bücherführenden Kaufmanns fast ausschließlich die handelsrechtlichen Grundsätze maßgebend sind. Nun ist aber das Aufschließen der Bilanz für Steuerzwecke nicht leicht. Denn hiebei ist die Bilanz nicht nur vom kaufmännischen und privatwirtschaftlichen, sondern auch vom steuerrechtlichen Standpunkte aus zu betrachten. Wenn ich eine Bilanz von kaufmännischen Gesichtspunkten aus lesen kann, so bin ich noch nicht in der Lage, sie vom steuerrechtlichen Standpunkte aus zu beurteilen. Hiezu sind neben den Kenntnissen des Bilanzwesens auch jene des Steuerrechtes nötig.

Das vorliegende Buch soll den Schlüssel hiezu geben. Es soll insbesondere an der Hand von Beispielen zeigen, wie man die Bilanz und die einzelnen Konten vom steuerrechtlichen Gesichtspunkte aus zu betrachten hat. So wird es nicht nur dem Steuerbeamten und Steuerberater, sondern auch dem Steuerpflichtigen ein Führer sein zur steuerlichen Beurteilung der Bilanzen und zur Feststellung des steuerbaren Gewinns.

München, im September 1920.

Die Verfasser.

Vorwort zur 2. Auflage.

Schon einige Monate nach der ersten Auflage des Buches wurde eine zweite Auflage notwendig. Das ist uns eine Genugtuung und ein erfreulicher Beweis für das Interesse, das weite Kreise an unserem Buche genommen haben.

Die Kritik hat das Buch einstimmig gut, ja sogar als konkurrenzlos bezeichnet. Vom Herrn Reichsminister der Finanzen, aus Kaufmanns- wie aus Finanzbeamtenkreisen aller Gaue Deutschlands gingen uns Anerkennungen und Dankschreiben zu. Das ist ein weiterer Beweis dafür, daß unser Zweck, ein praktisches Buch für die steuerliche Beurteilung der kaufmännischen Bilanz und der einzelnen Konten zu schaffen, erreicht wurde.

In der zweiten Auflage konnten schon die neuen Abschreibungsgrundsätze nach der Gesetzesnovelle vom 24. März 1921 berücksichtigt werden. Der Abschnitt über Abschreibungen war dadurch vollständig umzugestalten.

Außerdem wurde die nach dem genannten Gesetze nunmehr zugelassene Überteuerungsrücklage in einem eigenen Abschnitte behandelt. Endlich wurden noch wesentliche Verbesserungen vorgenommen.

München, im April 1921.

Die Verfasser.

Inhaltsübersicht.

Literatur.

Berliner, Buchhaltungs- und Bilanzenlehre, I. u. II. Bd., 4. Aufl., 1918.
Chenaux-Repond, Die kaufmännische Bilanz und der Bücherabschluß, 2. Aufl., 1912.
Erler-Koppe, Das Reichseinkommensteuergesetz, 1920.
Fischer, Die Bilanzwerte.
Fürnrohr, Bilanzbewertung und Steuerpflicht, 1919.
Maatz, Die kaufmännische Bilanz und der steuerbare Gewerbeertrag, 5. Aufl., 1914.
Mrozek, Handbuch des Steuerrechts, 1921 Abt. I Reichsabgabenordnung.
Passow, Die Bilanzen der öffentlichen und privaten Unternehmungen, 2. Aufl.
Rehm, Bilanzen der Aktiengesellschaften, 2. Aufl., 1914.
Rosendorff, Die stillen Reserven der Aktiengesellschaften, 2. Aufl., 1917.
Rosendorff, Handausgabe des Körperschaftssteuergesetzes, 1921.
Simon, Die Bilanzen der Aktiengesellschaften, 3. Aufl.
Strutz, Handausgabe des Einkommensteuergesetzes.

Abkürzungen.

a. a. O.	= am angegebenen Orte.
AG.	= Aktiengesellschaft.
Anm.	= Anmerkung.
Art.	= Artikel.
AusfBest.	= Ausführungsbestimmungen.
Bd.	= Band.
Begr.	= Amtliche Begründung zum Entwurf eines Reichseinkommensteuergesetzes (Drucksache 1920 Nr. 1624 der Nationalversammlung).
Ber.	= Bericht des 10. Ausschusses der Nationalversammlung über den Entwurf eines Reichseinkommensteuergesetzes (Drucksache 1920 Nr. 2149 der Nationalversammlung).
BGB.	= Bürgerliches Gesetzbuch.
BOK.	= Bayerische Oberberufungskommission.
DStBl.	= Deutsches Steuerblatt.
DStZ.	= Deutsche Steuerzeitung.

Entsch.	=	Entscheidung.
FA.	=	Finanzamt.
FG.	=	Finanzgericht.
G.	=	Gesetz (nur im Zusammenhang, z. B. REinkStG.).
GesmbH.	=	Gesellschaft mit beschränkter Haftung.
GesmbHG.	=	Gesetz betr. die Gesellschaften mit beschränkter Haftung.
GErwStG.	=	Grunderwerbsteuergesetz.
GVBl.	=	Gesetz- und Verordnungsblatt.
HGB.	=	Handelsgesetzbuch.
Jahrg.	=	Jahrgang.
KapErtrStG.	=	Kapitalertragsteuergesetz.
KörperschStG.	=	Körperschaftssteuergesetz.
KonkOrdn.	=	Konkursordnung.
LFA.	=	Landesfinanzamt.
LandesStG.	=	Landessteuergesetz.
PrOVG.	=	Preußisches Oberverwaltungsgericht.
RAbgO.	=	Reichsabgabenordnung.
REinkStG.	=	Reichseinkommensteuergesetz.
RFH.	=	Reichsfinanzhof.
RG.	=	Reichsgericht.
RGSt.	=	Urteil des Reichsgerichts in Strafsachen.
RGBl.	=	Reichsgesetzblatt.
RNO.	=	Reichsnotopfer.
RNOG.	=	Reichsnotopfergesetz.
StA.	=	Steuerarchiv.
StflG.	=	Steuerfluchtgesetz.
UmsStG.	=	Umsatzsteuergesetz.
usw.	=	und so weiter.
Vf.	=	Verfügung.
vgl.	=	vergleiche.
VO.	=	Verordnung.

§ 1. Steuer- und Handelsrecht.

Nach den Bestimmungen des Reichseinkommensteuer- und des Körperschaftssteuergesetzes ist bei Steuerpflichtigen, die Handelsbücher nach den Vorschriften des Handelsgesetzbuches führen, der Geschäftsgewinn nach den handelsrechtlichen Grundsätzen festzustellen und die Bilanz als Grundlage für die Besteuerung zu nehmen.

Diese Bestimmungen wurden deshalb in die Steuergesetze aufgenommen, weil die Steuerveranlagung bei Einkommen aus Handel und Gewerbe in den *ordentlichen* Geschäftsbilanzen die relativ sicherste Grundlage hat. Bei ordnungsmäßiger Aufstellung von Inventuren, Bilanzen und Gewinn- und Verlustrechnungen wird jeder einzelne Betriebsvorgang gebucht; hier ist die Kontrolle also am ehesten gegeben. Die Bilanzierenden werden das Recht, *dabei von den Grundsätzen des Handelsgesetzbuchs abzuweichen*, nur insofern in Anspruch nehmen dürfen, als nicht Rechte Dritter dadurch berührt werden. Dritte können sowohl die Kreditgeber als der Staat in seiner Eigenschaft als Steuergläubiger sein. Jene haben Anspruch darauf, daß ihnen nicht ein Vermögen vorgespiegelt wird, das der den Kredit Fordernde nicht oder nicht in dieser Höhe besitzt. Der Staat hinwiederum hat Anspruch darauf, daß seine Steuerforderungen nicht durch übermäßige Abschreibungen verkürzt werden. Um dies zu verhindern, hat das Gesetz die Beziehung auf die „sonstigen Gebräuche eines ordentlichen Kaufmanns" fortgelassen. Dieser Hinweis befand sich neben der Beziehung auf die Inventuren und Bilanzen in fast allen Einkommensteuergesetzen. Dies hatte aber die Kaufleute ganz besonders veranlaßt, ihre Berechtigung zu Abschreibungen geltend zu machen, die über den Rahmen einer angemessenen Abschreibung hinausgehen.

Für die genannten Steuerpflichtigen — *natürlicher Person*[1]) — schreibt nun § 33 Abs. 2 REinkStG. folgendes vor:

---

[1]) Da die offene Handelsgesellschaft (§§ 105 ff. HGB.), die einfache Kommanditgesellschaft (§§ 161 ff. HGB.), die stille Gesellschaft (§§ 335 ff. HGB.), die Gesellschaft des bürgerlichen Rechts (§§ 705 ff. BGB.) nicht juristische Persönlichkeit haben, unterliegen sie nicht der Körperschaftssteuer. Da sie auch keine natürlichen Personen sind, fallen sie *als solche* auch nicht unter das Einkommensteuergesetz; es ist vielmehr *jeder einzelne Gesellschafter* für sich nach dem Einkommensteuergesetz zu besteuern. Auch die

„Bei Steuerpflichtigen, welche Handelsbücher nach den Vorschriften des Handelsgesetzbuches führen, ist der Geschäftsgewinn unter Beachtung der Vorschriften des § 15 REinkStG. nach den Grundsätzen zu berechnen, wie sie für die Inventur und Bilanz durch das Handelsgesetzbuch vorgeschrieben sind."

Diese Vorschrift gilt für Steuerpflichtige — juristischer Person [1]) nach § 9 KörperschStG. entsprechend.

Die bei der Berechnung des Geschäftsgewinns zu beachtenden Vorschriften des § 15 REinkStG. lauten:

„Vom Gesamtbetrage der Einkünfte dürfen insbesondere nicht in Abzug gebracht werden:

1. Aufwendungen zur Verbesserung und Vermehrung des Vermögens,[2]) zu Geschäftserweiterungen, zu Kapitalanlagen, zur Schuldentilgung [3]) oder zu Ersatzbeschaffungen, soweit hiefür bereits Werbungskosten abgesetzt sind;[4])

2. Zinsen für das in dem land- und forstwirtschaftlichen oder gewerblichen Betrieb angelegte eigene Vermögen des Steuerpflichtigen;[5])

Erbengemeinschaft ist nicht selbständig steuerpflichtig; dagegen ist bei der fortgesetzten Gütergemeinschaft der überlebende Ehegatte steuerpflichtig (vgl. § 18 REinkStG.).

Nach dem Körperschaftssteuergesetz sind zu besteuern die Aktiengesellschaften, Kommanditgesellschaften a. A., Gesellschaften m. b. H., Genossenschaften, Berggewerkschaften, Versicherungsvereine a. G. und Stiftungen usw.

[2]) Bei Ausgaben für Verbesserungen des Vermögens ist streng zu unterscheiden zwischen solchen Ausgaben und reinen Reparaturkosten. Der Unterschied ist nicht immer leicht festzustellen. Die Kaufleute buchen auch nicht selten Ausgaben für Verbesserung ihres Vermögens als Unkosten.

In der Entsch. PrOVG. vom 6. Februar 1902 wurden z. B. die Kosten für den Ersatz einer Fachwerkgiebelwand durch eine massivere Steinmauer nicht als abzugsfähig erklärt, weil es sich hiebei nicht um eine Instandhaltung in der bisherigen Art, sondern um eine Änderung, eine Verbesserung der Substanz handelte. Wäre die Fachwerkgiebelwand nicht durch eine Steinmauer, sondern wieder durch eine Wand gleicher Art ersetzt worden, dann würde der Aufwand hiefür als Reparaturkosten abzugsfähig gewesen sein (Rosendorff, KörperschStG. S. 163).

[3]) Schuldentilgung ist das gleiche wie „Kapitalabtragung". Werden z. B. die jährlichen Quoten für Tilgung eines Darlehens dem Unkostenkonto oder dem Zinsenkonto belastet, so ist der Tilgungsbetrag dem Gewinn-Saldo zuzusetzen. Vgl. § 5 S. 70.

[4]) Die Bestimmung, daß Aufwendungen zu Ersatzbeschaffungen nicht abgezogen werden dürfen, soweit hierfür schon Werbungskosten abgesetzt sind, wird den Zweck haben, zu verhüten, daß für den zu ersetzenden Gegenstand neben den Abschreibungen für Abnutzung nicht auch noch die Kosten der Ersatzbeschaffung abgezogen werden. Wurde auf den Gegenstand nichts abgeschrieben, dann können die Aufwendungen für Ersatzbeschaffung vom Gesamtbetrag der Einkünfte abgesetzt werden, im andern Falle nicht. Die Zulassung dieses Abzugs ist dann eigentlich nichts anderes als eine Nachholung der unterlassenen Abschreibungen.

[5]) Zinsen für das eigene Vermögen. Vgl. hierüber § 5 S. 70.

3. die zur Bestreitung des Haushalts des Steuerpflichtigen und zum Unterhalte seiner Familienangehörigen aufgewendeten Beträge;[6])

4. die von den Steuerpflichtigen entrichtete Einkommensteuer sowie sonstige Personalsteuern." [7])

Bei der Berechnung des Geschäftsgewinns der juristischen Personen ist außerdem zu beachten, daß nach § 8 KörpersсhStG. die von dem Steuerpflichtigen entrichtete Körperschaftssteuer nicht abzugsfähig ist.

Nach dem Wortlaute des Gesetzes kommt man zu dem Ergebnisse, daß bei Feststellung des nach dem Reichseinkommen- und KörperschStG. zu besteuernden Geschäftsgewinns, insoweit hierbei die Vorschriften des § 15 REinkStG. und § 8 KörperschStG. über unzulässige Abzüge beachtet werden, nur die handelsrechtlichen Grundsätze gelten, also der Bilanzgewinn unbedingt maßgebend ist. Strutz (Handausg. des EStG. S. 188) kommt zu der gleichen Ansicht. Er führt dort aus:

„Nach der Fassung des § 33 Abs. 2 REinkStG. muß die Besteuerung nach dem Bilanz-Ergebnis erfolgen, wenn und soweit die Steuerbehörde nicht nachweist, daß es nicht nach den Vorschriften des HGB. ermittelt ist; ist es nach den Vorschriften des HGB. ermittelt, so ist das Bilanzergebnis, weil es nach der jetzigen Fassung des REinkStG. auch dessen Vorschriften entspricht, nur dann nicht maßgebend, wenn und insoweit, als gegen dessen § 15 verstoßen ist. Was nach den Vorschriften des HGB. den Bilanzgewinn erhöht oder mindert, erhöht oder mindert auch den Geschäftsgewinn und damit das steuerbare Einkommen des Vollkaufmanns, und umgekehrt! So wie der § 33 Abs. 2 gefaßt ist, ergeben sich unlösbare Gegensätze zwischen ihm und den allgemeinen Grundsätzen des REStG."

Es entsteht nun die Frage, ob man den § 33 Abs. 2 REinkStG. tatsächlich auch so auslegen darf. Dabei würde nämlich der Steuerpflichtige, der Handelsbücher nach den Vorschriften des HGB. führt, nicht wie jeder andere Steuerpflichtige berechtigt sein die in § 12 nicht als steuerbares Einkommen geltenden Einkünfte und die in §§ 13 und 14 zugelassenen Abzüge, soweit diese Beträge nach den handelsrechtlichen Vorschriften nicht in seinen Handelsbüchern durchgeführt sind, an seinem Einkommen zu kürzen. Die Folge

[6]) Diese Ausgaben heißt man in Kaufmannskreisen Privatentnahmen. Vgl. hierüber § 2 S. 38 ff., § 8 S. 89

[7]) Welche Steuern als Personalsteuern im Sinne dieser Vorschrift anzusehen sind, wird der Rechtsprechung zu überlassen sein (Begr. S. 49). Als Personalsteuern werden neben der Einkommensteuer anzusehen sein die Besitzsteuer, das Reichsnotopfer, die Nachlaß-, Erbanfall- und Schenkungssteuer. Grund-, Haus-, Gewerbe- u. Kapitalertragsteuer sind keine Personal-, sondern Ertragsteuern u. nach § 13 Z. 1a REinkStG. abziehbar.

davon wäre, daß der bücherführende Steuerpflichtige wesentlich schlechter gestellt würde, als alle übrigen Steuerpflichtigen. Eine solche Auslegung würde aber dem § 4 der RAbgO. widersprechen. Denn dieser bestimmt, daß bei der Auslegung der Steuergesetze ihr Zweck, ihre wirtschaftliche Bedeutung und die Entwicklung der Verhältnisse zu berücksichtigen sind.

Im Gesetz-Entwurfe stand an Stelle der nunmehrigen gesetzlichen Bestimmung „Unter Beachtung der Vorschriften des § 15": „Soweit sich aus den Vorschriften dieses Gesetzes nichts anderes ergibt". Über die Gründe dieser Änderung ist weder im Ausschußbericht noch in den stenographischen Berichten der Nationalversammlung ein einziges Wort gesagt (Rosendorff, Körpersch.-StG. S. 225). Daraus ist zu schließen, daß damit eine sachliche Änderung nicht beabsichtigt war. Rosendorff (KörperschStG. S. 228) folgert daraus unseres Erachtens mit Recht, daß auch diejenigen Steuerpflichtigen, die Handelsbücher führen, von dem nach den Grundsätzen des HGB. berechneten Geschäftsgewinn zur Errechnung des steuerbaren Einkommens alles abziehen dürfen, was im REinkStG. als abzugsfähig anerkannt worden ist.[7a]

Aus dem gleichen Grunde wird in dieser Weise bei körperschaftssteuerpflichtigen Personen hinsichtlich der Abzüge nach §§ 6 und 7 KörperschStG. zu verfahren sein.

In der Novelle zum EinkStG. vom 24. 3. 21 wurden für den bücherführenden Kaufmann Bestimmungen getroffen, die von nicht geringer Bedeutung sind.

So wurde die Bestimmung über die Abschreibungen in § 13¹b dahin geändert, daß an Stelle der Worte Abschreibungen für Wertminderung die Worte gesetzt wurden: „Absetzungen für Abnützung." Diese Änderung war veranlaßt, weil nach den bisher festgelegten Bestimmungen nur Abschreibungen für Wertverminderungen zulässig gewesen wären. Da aber die zeitigen Werte, solange die Geldentwertung anhält, meist höher sind als die Buchwerte der ganz oder teilweise mit Goldmark beschafften Anlagen, so wären nach der ursprünglichen Fassung des Gesetzes Abschreibungen überhaupt nicht zulässig gewesen. Nach der nunmehrigen Fassung des Gesetzes können bei Feststellung des steuerbaren Einkommens die jährlichen, den Verhältnissen entsprechenden Absetzungen für Abnützung erfolgen ohne Rücksicht darauf, ob zwischen Buch- und Zeitwert eine Wertverminderung eingetreten ist oder nicht. Näheres hierüber siehe unter § 10 Abschreibungen.

Sehr wichtig ist der neu eingefügte § 33a, der wie folgt lautet:

„Soweit für Gegenstände des Betriebsvermögens ein Anschaffungs- oder Herstellungspreis gegeben ist, gilt bei Berechnung des Betriebsgewinns und des Geschäftsgewinns im Sinne der §§ 32, 33 als Wert dieser Gegenstände der An-

---

[7a]) Fürnrohr hat die gleiche Ansicht. DStZ. X/46.

schaffungs- oder Herstellungspreis nach Abzug der zulässigen Absetzungen für Abnutzung. Übersteigt für einen Gegenstand der Anschaffungs- oder Herstellungspreis den gemeinen Wert, so ist der Steuerpflichtige berechtigt, diesen Wert an Stelle des Anschaffungs- oder Herstellungspreises anzusetzen. In diesem Falle ist der für den Schluß eines Wirtschaftsjahrs angesetzte Wert als Wert der Gegenstände am Beginne des folgenden Wirtschaftsjahrs in Ansatz zu bringen."

Der § 33a enthält sonach allgemeine Normen über die Bewertung der zum Betriebsvermögen gehörigen Gegenstände. Er macht den kaufmännischen Grundsatz, stets nur Anschaffungspreise zu verrechnen, zum steuerrechtlichen Grundsatz.

Dadurch sind nunmehr grundsätzlich nicht realisierte Gewinne keinesfalls als Einkommen zu betrachten. Andererseits können aber Verluste, auch wenn sie noch nicht realisiert sind, bei Berechnung des landwirtschaftlichen und gewerblichen Einkommens schon berücksichtigt werden. Die Vorschrift in § 33a hat weiter zur Folge, daß bei Berechnung des landwirtschaftlichen und gewerblichen Einkommens über die Vorschrift des § 13 hinaus Abschreibungen für Wertminderungen zulässig sind (Begr. S. 53). Sie gilt für Steuerpflichtige ohne Unterschied, ob sie Handelsbücher nach den Vorschriften des HGB. führen oder nicht. Näheres hierüber siehe unter § 10 Abschreibungen.

Endlich ist noch der § 59a zu erwähnen. Er hat folgenden Wortlaut:

§ 59a.

Bei Ermittlung des Betriebsgewinns und des Geschäftsgewinns im Sinne der §§ 32, 33 zum Zwecke der Veranlagung für die Rechnungsjahre 1920 bis 1926 können den Verhältnissen entsprechende Rücklagen zur Bestreitung der Kosten steuerfrei abgesetzt werden, die zur Ersatzbeschaffung der zum land- oder forstwirtschaftlichen oder gewerblichen oder bergbaulichen Anlagekapital gehörigen Gegenstände über den gemeinen Wert der Ersatzgegenstände hinaus voraussichtlich aufgewendet werden müssen (Mehrkosten). Die Mehrkosten sind zu Lasten dieser Rücklagen zu verrechnen; stehen zur Bestreitung der Mehrkosten zu diesem Zwecke gebildete Rücklagen nicht zur Verfügung, so können die Mehrkosten als Werbungskosten in Abzug gebracht werden. Bei Feststellung des Anschaffungs- oder Herstellungspreises im Sinne des § 33a bleiben die Mehrkosten außer Betracht, soweit sie für Ersatzbeschaffungen als Werbungskosten in Abzug gebracht oder aus steuerfreien Rücklagen gedeckt worden sind.

Der Reichsminister der Finanzen erläßt die zur Durchführung dieser Vorschriften erforderlichen Vorschriften, insbesondere auch die Richtlinien über die jeweilige Höhe der über den gemeinen Wert hinausgehenden Mehrkosten. Er erläßt ferner Vorschriften über die Nachversteuerung von steuerfrei gebliebenen Rücklagen, die nicht ihrem Bestimmungszwecke zugeführt sind oder nicht zugeführt werden können. Der Erlaß dieser Vorschriften und Richtlinien hat zu erfolgen nach Anhörung eines vom Reichstag zu wählenden Ausschusses unter Zuziehung von Sachverständigen, welche vom Reichsminister der Finanzen zu ernennen sind.

Auf Grund dieser Bestimmung können die nach dem Einkommensteuergesetz zu besteuernden Steuerpflichtigen, also natürliche Personen, dagegen nicht die nach dem KörperschStG. zu besteuernden juristischen Personen, bis zur Veranlagung für 1926 Rückstellungen zur Bestreitung der Mehrkosten für Ersatzbeschaffung von Gegenständen des gewerblichen Anlagekapitals machen.

Weitere Ausführungen hierüber siehe unter § 9a.

Für die Inventur und Bilanz[8]) ist im Handelsgesetzbuche folgendes bestimmt:

Nach § 39 HGB. hat jeder Vollkaufmann[9]) (auch Handelsgesellschaften) bei dem Beginne seines Handelsgewerbes seine Grundstücke, seine Forderungen und Schulden, den Betrag seines baren Geldes und seine sonstigen Vermögensgegenstände genau zu verzeichnen, dabei den Wert der einzelnen Vermögensgegenstände anzugeben und einen das Verhältnis des Vermögens und der Schulden darstellenden Abschluß zu machen. Es ist dies die Aufstellung des ersten Inventars und der Eröffnungsbilanz. (Das Inventar ist sonach ein Verzeichnis der Aktiven und Passiven; es bildet die Grundlage der Bilanz; Näheres hierüber siehe unter § 2 Bilanz).

---

[8]) Die für Inventur und Bilanz durch das Handelsgesetzbuch vorgeschriebenen Grundsätze haben auf steuerlichem Gebiete keine andere Wirkung, als daß sie für die Berechnung des gewerblichen Reingewinns maßgebend sind; für die Berechnung von Einnahmen aus Kapitalien oder Grundstücken, die unabhängig von dem Handels- oder Gewerbebetriebe genutzt werden, gelten diese Grundsätze nicht (vgl. Entsch. PrOVG. Bd. 1 S. 47). Wenn also z. B. ein Kaufmann seine Buchführung außer auf seinen Gewerbebetrieb auch auf sein übriges Vermögen und auf die daraus fließenden Einkünfte erstreckt hat, so gelten doch die für Inventur und Bilanz durch das Handelsgesetzbuch vorgeschriebenen Grundsätze in einkommensteuerrechtlicher Hinsicht nur für das Geschäftsvermögen und den Geschäftsgewinn, nicht aber auch für das Grund- und Kapitalvermögen und die daraus fließenden Einkünfte.

[9]) Als Vollkaufmann gilt derjenige, der ein Handelsgewerbe (§§ 1, 3 HGB.) oder ein gewerbliches Unternehmen betreibt, das nach Art und Umfang einen in kaufmännischer Weise eingerichteten Geschäftsbetrieb erfordert und dessen Firma in das Handelsregister eingetragen ist, ferner die offene Handelsgesellschaft, die Kommanditgesellschaft, die Aktiengesellschaft, die Kommanditgesellschaft auf Aktien, die Gesellschaft mit beschr. Haftung (§§ 2, 6 HGB.). Dagegen gilt der Handwerker, sowie jene Person, deren Gewerbebetrieb nicht über den Umfang des Kleingewerbes hinausgeht, nicht als Vollkaufmann. Diese werden Minderkaufleute genannt (§ 4 HGB.).

Am Schlusse eines jeden Geschäftsjahres ist ebenfalls ein solches Inventar und eine solche Bilanz aufzustellen. Die Dauer des Geschäftsjahres darf zwölf Monate nicht überschreiten. Während die Bilanz alljährlich aufgestellt werden muß, kann die Aufnahme des Warenlagers alle zwei Jahre erfolgen, wenn nach der Beschaffenheit des Geschäfts die Aufnahme des Inventars nicht füglich in jedem Jahre geschehen kann (§ 39 Abs. 3 HGB.).

Für die Bilanz ist eine gewisse äußere Form gesetzlich nicht vorgeschrieben. Es ist das ein Mangel, weil deshalb eine Einheitlichkeit in der Aufstellung der Bilanzen fehlt und nicht erzwungen werden kann.

Die Bilanz ist in Reichswährung aufzustellen (§ 40 Abs. 1 HGB.). Sämtliche Vermögensgegenstände und Schulden sind nach dem Werte anzusetzen, der ihnen in dem Zeitpunkte beizulegen ist, für den das Inventar und die Bilanz aufgestellt wird. Zweifelhafte Forderungen sind nach ihrem wahrscheinlichen Werte anzusetzen, uneinbringliche Forderungen abzuschreiben (§ 40 Abs. 2 und 3 HGB.). Maßgebender Zeitpunkt für die Bewertung ist sonach der Tag, für den, nicht der Tag, an dem bewertet wird. Diesen Tag heißt man Bilanzstichtag.

Erfolgt z. B. die Aufstellung und Unterzeichnung einer Bilanz per 31. 12. 1918 erst am 1. 3. 1919, so ist Bewertungs- und Bilanzstichtag der 31. 12. 1918, nicht der 1. 3. 1919, an dem die Bilanz abgeschlossen wird. Es muß daher ein Wertpapier im Nennwerte von 1000 Mk., das am 31. 12. 1918 einen Kurs von 200, am 1. 3. 1919 dagegen einen solchen von 150 hatte, mit 2000 Mk. bewertet werden, vorausgesetzt, daß der Anschaffungspreis nicht niedriger ist. (§ 33a REinkStG.)

Außerdem ist für die Inventur und Bilanz einzelner Gesellschaften noch folgendes vorgeschrieben:

I. Für die Aktiengesellschaft sind nach § 261 HGB. die Vorschriften des § 40 HGB. (s. oben) mit folgenden Maßgaben anzuwenden:

1. Wertpapiere und Waren, die einen Börsen- oder Marktpreis haben, dürfen höchstens zu dem Börsen- oder Marktpreise des Zeitpunktes, für welchen die Bilanz aufgestellt wird, angesetzt werden. Übersteigt dieser Preis aber den Anschaffungs- oder Herstellungspreis, dann erfolgt der Ansatz zu dem letzteren.

2. Andere Vermögensgegenstände sind höchstens zu dem Anschaffungs- oder Herstellungspreis anzusetzen.

3. Anlagen und sonstige Gegenstände, die nicht zur Weiterveräußerung, vielmehr dauernd zum Geschäftsbetriebe der Gesellschaft bestimmt sind, dürfen ohne Rücksicht auf einen geringeren Wert zu dem Anschaffungs- oder Herstellungspreis angesetzt werden, sofern ein der Abnutzung

gleichkommender Betrag abgezogen (das sind die Abschreibungen) oder ein ihr entsprechender Erneuerungsfonds angesetzt wird.

4. Die Kosten der Errichtung und Verwaltung dürfen nicht als Aktiva in die Bilanz eingesetzt werden.

5. Der Betrag des Grundkapitals (d. i. das ganze nominell festgesetzte Grundkapital, nicht nur der einbezahlte Betrag) und der Betrag eines jeden Reserve- und Erneuerungsfonds sind unter die Passiva aufzunehmen.

6. Der aus der Vergleichung sämtlicher Aktiva und sämtlicher Passiva sich ergebende Gewinn oder Verlust muß am Schlusse der Bilanz besonders angegeben werden. Der Gewinn kommt als Ausgleichssumme auf die Passivseite, der Verlust dagegen als Ausgleichssumme auf die Aktivseite der Bilanz.

Der § 261 HGB. bestimmt hienach Wertgrenzen, über die hinaus Objekte in der Bilanz nicht bewertet werden dürfen.

Wegen der Vorschriften über die Bildung des gesetzlichen Reservefonds der AG. (§ 262 HGB.) siehe § 9 Reserven S. 92.

Der Vorstand einer Aktiengesellschaft ist verpflichtet, neben der Bilanz auch eine Gewinn- und Verlustrechnung aufzustellen (§ 260 HGB.) Die vielfach bestehende Meinung, daß damit für die Aktiengesellschaft die doppelte Buchführung vorgeschrieben sei, ist irrig, denn erstens heißt es hier nur Gewinn- und Verlust**rechnung**, nicht Gewinn- und Verlust**konto** und zweitens kann man eine Gewinn- und Verlust**rechnung** auch ohne kaufmännische Buchführung aufstellen. Auf welche Weise dies zu geschehen hat, ist in §§ 32 und 33 REinkStG. vorgeschrieben. Passow vertritt in seinem Werke „Die Bilanzen der privaten Unternehmungen" Bd. I S. 46 den gleichen Standpunkt.

Die Bilanz nebst Gewinn- und Verlustrechnung ist zu veröffentlichen (§ 265 HGB.). Im Falle der **Liquidation** einer Aktiengesellschaft haben die Liquidatoren für den Beginn der Liquidation und weiterhin für den Schluß jedes Jahres eine Bilanz aufzustellen, wobei die Vorschriften der §§ 261, 262 HGB. außer Anwendung bleiben (§ 299 HGB.). Die **Liquidations-Eröffnungsbilanz** einer Aktiengesellschaft ist ebenso wie die **Konkurs-Eröffnungsbilanz** einer solchen Gesellschaft keine dem Steuergesetze entsprechende Grundlage zur Ermittelung des steuerpflichtigen Einkommens (vgl. § 2 Bilanz S. 21).

II. Bei der Bilanzaufstellung der **Kommanditgesellschaft auf Aktien** sind die Bestimmungen in §§ 261, 262 HGB. zu beachten. Der Reservefonds ist aus dem auf die Komplementäre entfallenden Gewinne zu dotieren (§ 329 Abs. 2 HGB.).

Der persönlich haftende Gesellschafter ist verpflichtet, Bilanz und Gewinn- und Verlustrechnung aufzustellen und zu veröffentlichen (§ 325 Nr. 3 HGB.).

III. Für die Aufstellung der Bilanz der Gesellschaften mit beschr. Haftung kommen nach § 42 GesmbHG. die Vorschriften des § 40 des HGB. mit folgenden Maßgaben zur Anwendung:

1. Anlagen und sonstige Vermögensgegenstände, welche nicht zur Weiterveräußerung, sondern dauernd zum Betriebe des Unternehmens bestimmt sind, dürfen höchstens zu dem Anschaffungs- oder Herstellungspreise angesetzt werden; sie können ohne Rücksicht auf einen geringeren Wert zu diesem Preise angesetzt werden, sofern ein der Abnutzung gleichkommender Betrag in Abzug oder ein derselben entsprechender Erneuerungsfonds in Ansatz gebracht wird;

2. die Kosten der Organisation und Verwaltung dürfen nicht als Aktiva in die Bilanz eingesetzt werden;

3. das Recht der Gesellschaft zur Einziehung von Nachschüssen der Gesellschafter ist als Aktivum in die Bilanz nur insoweit einzustellen, als die Einziehung bereits beschlossen ist und den Gesellschaftern ein Recht, durch Verweisung auf den Geschäftsanteil sich von der Zahlung der Nachschüsse zu befreien, nicht zusteht; den in die Aktiva der Bilanz aufgenommenen Nachschußansprüchen muß ein gleicher Kapitalbetrag in den Passiven gegenübergestellt werden;

4. der Betrag des im Gesellschaftsvertrage bestimmten Stammkapitals ist unter die Passiva[10]) aufzunehmen. Das gleiche gilt von dem Betrage eines jeden Reserve- und Erneuerungsfonds, sowie von dem Gesamtbetrage der eingezahlten Nachschüsse, soweit nicht die Verwendung eine Abschreibung der betreffenden Passivposten begründet;

5. der aus der Vergleichung sämtlicher Aktiva und Passiva sich ergebende Gewinn oder Verlust muß am Schlusse der Bilanz besonders angegeben werden.

Ein von einer Ges. m. b. H. erworbener eigener Geschäftsanteil muß als ein selbständiges Aktivum in der Bilanz der Gesellschaft erscheinen (Staub, GesmbHG. 3. Aufl. Anm. 14 zu § 33 u. Anm. 25 zu § 21, Entsch. PrOVG. Bd. 16 S. 295).

---

[10]) Das Stammkapital ist ebensowenig eine Schuld der Gesellschaft, wie das Grundkapital einer Aktiengesellschaft. Das Stammkapital und das Grundkapital sind nur ein Passivum der Bilanz. Ihre Einstellung in die Bilanz hat den Zweck, einen dem Nennwerte des Stamm- oder Grundkapitals gleichkommenden Vermögensbetrag der Gesellschaft zu erhalten. Das Stammkapital und etwa vorhandene echte Reserven sowie der Bilanzgewinn bilden zusammen das Reinvermögen der Gesellschaft m. b. H., wie dies beim Einzelkaufmann im Kapitalkonto erscheint.

Die Geschäftsführer einer G. m. b. H. müssen in den ersten drei Monaten des Geschäftsjahrs die Bilanz für das verflossene Geschäftsjahr nebst einer Gewinn- und Verlustrechnung aufstellen (§ 41 Abs. 2 GesmbHG.). Für Gesellschaften m. b. H., bei denen der Gegenstand des Unternehmens im Betrieb von Bankgeschäften besteht, ist die Bilanz (nicht die Gewinn- und Verlustrechnung) durch den Geschäftsführer öffentlich bekannt zu machen[10a]) (§ 41 Abs. 4 GesmbHG.).

IV. Das Reichsgesetz vom 1. Mai 1889 in der Fassung vom 1. Januar 1900 betr. die Erwerbs- und Wirtschaftsgenossenschaften enthält folgende Bestimmungen:

§ 7. Das Statut muß ferner bestimmen:

1. ob die Genossen der unbeschränkten Haftpflicht oder nur der unbeschränkten Nachschußpflicht oder der beschränkten Haftpflicht unterliegen sollen;

2. den Betrag, bis zu welchem sich die einzelnen Genossen mit Einlagen beteiligen können (Geschäftsanteil), sowie die Einzahlungen auf den Geschäftsanteil, zu welchem jeder Genosse verpflichtet ist; dieselben müssen bis zu einem Gesamtbetrage von mindestens einem Zehnteile des Geschäftsanteils nach Betrag und Zeit bestimmt sein;

3. die Grundsätze für die Aufstellung und die Prüfung der Bilanz;

4. die Bildung eines Reservefonds, welcher zur Deckung eines aus der Bilanz sich ergebenden Verlustes zu dienen hat, sowie die Art dieser Bildung, insbesondere den Teil des jährlichen Reingewinns, welcher in den Reservefonds einzustellen ist, und den Mindestbetrag des letzteren, bis zu dessen Erreichung die Einstellung zu erfolgen hat.

§ 33. Der Vorstand ist verpflichtet, Sorge zu tragen, daß die erforderlichen Bücher der Genossenschaft geführt werden.

Er muß binnen 6 Monaten nach Ablauf jedes Geschäftsjahres die Bilanz desselben, die Zahl der im Laufe des Jahres eingetretenen oder ausgeschiedenen, sowie die Zahl der am Jahresschlusse der Genossenschaft angehörigen Genossen veröffentlichen. Die Bekanntmachung ist zu dem Genossenschaftsregister einzureichen.

V. Für die Kolonialgesellschaften enthält das Schutzgebietsgesetz in der Fassung vom 25. Juli 1900 keine gesetzlichen Verpflichtungen über die Aufstellung der Bilanzen. Rosendorff, KörperschStG. S. 234.

10a) Die G. m. b. H. hat also ihre Abschlüsse in der Regel nicht zu veröffentlichen.

VI. Berggewerkschaften: Seit der Einführung des neuen Handelsgesetzbuches gelten die Gewerkschaften zwar mit Ausnahme derjenigen Berggewerkschaften, die nach den Vorschriften der Landesgesetze nicht die Rechte einer juristischen Person besitzen, als Kaufleute und müssen daher nicht nur kaufmännische Bücher führen, sondern auch Bilanzen nach §§ 38 ff. HGB. ziehen. (Veit Simon, „Der Einfluß des Bürgerlichen Gesetzbuchs für das Deutsche Reich und des Handelsgesetzbuches von 1897 auf das Recht der Berggewerkschaften in Preußen und dessen Handhabung".) Dessen ungeachtet führen jedoch auch jetzt viele Gewerkschaften keine kaufmännischen Bücher, sei es, daß sie eintragungsfähig sind oder nicht, oder daß sie die kaufmännische Buchführung unterlassen, obgleich sie eingetragen sind. Rosendorff, KörperschStG. S. 217/18.

Für derartige Berggewerkschaften errechnet sich das steuerbare Einkommen nach den Bestimmungen der §§ 32 und 33 a REinkStG.

VII. Die Privatnotenbanken sind in der Form der Aktiengesellschaften errichtet. Sie sind mithin den besonderen aktienrechtlichen Bestimmungen über die Bilanzen unterworfen. Rosendorff, KörperschStG. S. 235.

VIII. Für die Hypothekenbanken, die sämtlich in Form von Aktiengesellschaften organisiert sind, sind nach dem Hypothekenbankgesetze vom 13. Juli 1899 noch besondere Bilanzvorschriften zum Schutze der Pfandbriefinhaber, insbesondere auch Bewertungsvorschriften, durch die eine solide Geschäftsgebarung gewährleistet werden soll, maßgebend.

IX. Versicherungsunternehmungen: Nach dem Gesetze über die privaten Versicherungsunternehmungen gelten sowohl für die Versicherungsaktiengesellschaften wie für die Versicherungsvereine auf Gegenseitigkeit die allgemeinen Bestimmungen des HGB. wie die besonderen aktienrechtlichen Vorschriften. Dazu kommen noch Spezialbestimmungen. Rosendorff, KörperschStG. S. 235.

Hinsichtlich der handelsrechtlichen Buchführungspflicht des Vollkaufmanns und der Handelsgesellschaften (das sind die offenen Handelsgesellschaften, die einfachen Kommanditgesellschaften, die Aktiengesellschaften und Kommanditgesellschaften auf Aktien, sowie die Ges. m. b. H.) schreibt das Handelsgesetzbuch in § 38 nur vor, daß diese verpflichtet sind, Bücher zu führen und in diesen ihre Handelsgeschäfte und die Lage ihres Vermögens nach den Grundsätzen ordnungsmäßiger Buchführung ersichtlich zu machen haben. Die Buchführung ist nicht ordnungsmäßig, wenn sie nicht den Grundsätzen sorgfältiger kaufmännischer Buchführung entspricht (Entsch. RG. in Strafsachen Bd. 25 S. 36).

Welche Bücher zu führen sind, ist somit nicht vorgeschrieben. Es sind lediglich in § 43 HGB. für die Führung der Handelsbücher gewisse Ordnungsvorschriften gegeben. Der § 43 HGB. lautet:

„Bei der Führung der Handelsbücher und bei den sonst erforderlichen Aufzeichnungen hat sich der Kaufmann einer lebenden Sprache und der Schriftzeichen einer solchen zu bedienen.

Die Bücher sollen gebunden und Blatt für Blatt oder Seite für Seite mit fortlaufenden Zahlen versehen sein.

An Stellen, die der Regel nach zu beschreiben sind, dürfen keine leeren Zwischenräume gelassen werden. Der ursprüngliche Inhalt einer Eintragung darf nicht mittels Durchstreichens oder auf andere Weise unleserlich gemacht, es darf nichts radiert, auch dürfen solche Veränderungen nicht vorgenommen werden, deren Beschaffenheit es ungewiß läßt, ob sie bei der ursprünglichen Eintragung oder erst später gemacht worden sind."

Vollkaufleute und Handelsgesellschaften sind außerdem verpflichtet, eine Abschrift (Kopie oder Abdruck) der abgesandten Handelsbriefe zurückzubehalten und diese Abschriften sowie die empfangenen Handelsbriefe geordnet aufzubewahren.

Nach § 44 HGB. sind die Kaufleute weiter verpflichtet, ihre Handelsbücher bis zum Ablauf von 10 Jahren, von dem Tage der darin vorgenommenen letzten Eintragung an gerechnet, aufzubewahren (Strafbest. §§ 239, 240 KonkOrdn.). **Dasselbe gilt hinsichtlich der empfangenen Handelsbriefe und der Abschriften der abgesandten Handelsbriefe sowie hinsichtlich der Inventare und Bilanzen.**

Neben den erwähnten handelsrechtlichen Buchführungsvorschriften sind von Vollkaufleuten und Handelsgesellschaften außerdem die **Buchführungsvorschriften in der Reichsabgabenordnung zu beachten. Denn nach § 163 der RAbgO. gelten die Buchführungsvorschriften in § 162 der RAbgO. für Steuerpflichtige, die nach anderen Gesetzen als den Steuergesetzen** (im vorbezeichneten Falle nach dem Handelsgesetzbuch) **Bücher und Aufzeichnungen zu führen haben, entsprechend.**

Außerdem ist in § 163 RAbgO. bestimmt, daß Steuerpflichtige, die nach anderen Gesetzen Bücher und Aufzeichnungen zu führen haben, die für die Besteuerung von Bedeutung sind, die Verpflichtungen, die ihnen nach diesen Gesetzen obliegen (hier z. B. nach dem Handelsgesetzbuche) auch im Interesse der Besteuerung zu erfüllen haben.

Der § 162 RAbgO. lautet:

„1. Wer nach den Steuergesetzen Bücher zu führen oder Aufzeichnungen zu machen hat, soll die folgenden Vorschriften beachten.

2. Die Eintragungen in die Bücher sollen fortlaufend, vollständig und richtig bewirkt werden. Der Steuerpflichtige soll sich einer lebenden Sprache und der Schriftzeichen einer solchen bedienen.

3. Geschäftsbücher sollen keine Konten enthalten, die auf einen falschen oder erdichteten Namen[11]) lauten.

4. Die Bücher sollen, soweit es geschäftsüblich ist, gebunden und Blatt für Blatt oder Seite für Seite mit fortlaufenden Zahlen versehen sein.

5. An Stellen, die der Regel nach zu beschreiben sind, sollen keine leeren Zwischenräume gelassen werden; der ursprüngliche Inhalt einer Eintragung soll nicht mittels Durchstreichens oder auf andere Weise unleserlich gemacht, es soll nicht radiert, auch sollen solche Veränderungen nicht vorgenommen werden, deren Beschaffenheit es ungewiß läßt, ob sie bei der ursprünglichen Eintragung oder erst später vorgenommen sind.

6. In Bücher soll, wo dies geschäftsüblich ist, mit Tinte eingetragen werden. Trägt der Steuerpflichtige nach vorläufigen Aufzeichnungen ein, so soll er diese aufbewahren. Belege sollen mit Nummern versehen und gleichfalls aufbewahrt werden.

7. Kasseneinnahmen und -ausgaben sollen im geschäftlichen Verkehre mindestens täglich aufgezeichnet werden.

8. Die Bücher, Aufzeichnungen und, soweit sie für die Besteuerung von Bedeutung sind, auch die Geschäftspapiere sollen zehn Jahre aufbewahrt werden; die Frist läuft vom Schlusse des Kalenderjahres an, in dem die letzte Eintragung in die Bücher und Aufzeichnungen gemacht ist oder die Geschäftspapiere entstanden sind.

9. Das Finanzamt kann prüfen,[12]) ob die Bücher und Aufzeichnungen fortlaufend, vollständig und formell und sachlich richtig geführt werden."[13])

---

[11]) Es werden z. B. Kreditoren fingiert zu dem Zwecke, den Gewinn zu verschleiern und stille Reserven zu schaffen.

[12]) Dies ist der Fall, wenn in einem Ermittelungs- und Festsetzungsverfahren auf Antrag des Steuerpflichtigen oder von Amts wegen der Buchbeweis erhoben wird (§ 207 RAbgO.). Steht ein Betrieb unter Steueraufsicht (§ 193 RAbgO.), so kann die Buchprüfung auch ohne jeden Anlaß jederzeit vorgenommen werden § 198 RAbgO.

[13]) In der Begründung des Ges.-Entw. wird diese Vorschrift damit gerechtfertigt, daß es nötig sei, zu verhüten, daß die Bücher und Aufzeich-

Aus den vorstehenden Ausführungen ergibt sich, daß weder nach dem Handelsgesetzbuche noch nach den Steuergesetzen (REinkStG., KörperschStG. u. RAbgO.) ein bestimmtes Buchführungssystem vorgeschrieben ist. Nach den Ausführungen in der Begründung zum REinkStG. (S. 59) über die Bilanz als Grundlage der Besteuerung wird man aber schließen dürfen, daß die Bücher nach einem der allgemein anerkannten Systeme kaufmännischer Buchführung angelegt sein müssen. Als solche Systeme kommen insbesondere in Betracht: die einfache und doppelte Buchführung. Bei der doppelten Buchführung wird unterschieden zwischen amerikanischer, italienischer und französischer Buchführung, die aber nur in der Form abweichen.

Die Vorschriften in § 162 RAbgO. sind nur Sollvorschriften. Eine Zuwiderhandlung fällt zwar nicht unter die Ordnungsstrafe des § 377 RAbgO., wenn jedoch damit eine Handlung wegen Steuerhinterziehung verbunden ist, unter die etwa in den Steuergesetzen dafür vorgesehenen Strafbestimmungen. Außerdem begibt sich der Steuerpflichtige damit eines wichtigen Beweismittels (§ 208 RAbgO.), weil die gesetzliche Vermutung der Ordnungsmäßigkeit der Bücher dem Steuerpflichtigen nicht zur Seite steht; er hat diese vielmehr noch besonders darzutun, z. B. durch Zeugenbeweis. Mrozek, RAbgO. S. 552 Anm. 7. Der Steuerpflichtige muß daher bei Nichtbeachtung der Sollvorschriften des § 162 mit der in § 210 RAbgO. bestimmten Schätzung rechnen. Ist nun aber seine Einsteuerung auf Grund einer solchen Schätzung erfolgt und ist das im Steuerbescheide festgestellt worden, so ist wegen der Höhe der Schätzung nur die Beschwerde an das Landesfinanzamt zulässig. Er kann demnach nur eine Verwaltungsbeschwerde einlegen. Der ordentliche Rechtsmittelweg ist ihm dagegen versperrt. Dieser Rechtsnachteil ist von so großer Tragweite, daß man jedem Steuerpflichtigen nur raten kann, bei seiner Buchführung die Sollvorschriften des § 162 RAbgO. zu beachten. — Vgl. Mrozek, RAbgO. S. 552 Anm. 7.

Nach § 174 RAbgO. haben Steuerpflichtige, die Handelsbücher im Sinne des Handelsgesetzbuches führen, auf Verlangen eine Abschrift ihrer unverkürzten Bilanzen mit Erläuterungen einzureichen. Wenn sie nach ihrer Buchführung eine Gewinn- und Verlustrechnung aufstellen, ist auch diese beizufügen. (Für die Noten- und Hypothekenbanken und für die Versicherungsunternehmungen ist eine Detaillierung der Bilanzen ohnedies schon im Bankgesetz und Hypothekenbankgesetz sowie durch das Versicherungsregulativ vorgeschrieben.)

---

nungen nachträglich für Steuerzwecke zurecht gemacht werden. Mrozek, RAbgO. S. 553.

In § 174 Abs. 2 RAbgO. ist ferner bestimmt, daß aus der Bilanz oder den Erläuterungen klar hervorgehen soll, wie Gegenstände des Gebrauchs und Lagerbestände bewertet und welche Beträge darauf und auf zweifelhafte und uneinbringliche Forderungen oder sonst abgeschrieben worden sind.

Die Erläuterungen der Bilanz und der Gewinn- und Verlust-Rechnung sollen klar und erschöpfend gehalten sein. Dem Kaufmann werden zwar wegen der Art der Bewertung und des Umfanges der Abschreibungen keine Vorschriften gegeben. Er soll aber genau angeben, was abgeschrieben ist, damit die Steuerbehörde die Angemessenheit der Abschreibungen prüfen kann. Werden hiebei unrichtige oder verschleiernde Angaben gemacht, hat der Steuerpflichtige Strafverfolgung wegen Steuerhinterziehung oder Steuergefährdung zu gewärtigen. (Vgl. Mrozek, RAbgO. S. 599 Anm. 5.)

Wenn Ausgaben für Anlagen als Unkosten gebucht sind, ist der Betrag in den Erläuterungen anzugeben (§ 174 Abs. 3 RAbgO). Es ist zwar nicht verboten, Ausgaben für Anlagen unter den Unkosten zu buchen; zur Steuerfestsetzung ist dies aber anzugeben. Dagegen kann das Finanzamt vom Steuerpflichtigen nicht verlangen, daß er die Unkosten oder Kreditoren entziffert. Dies käme auf die Forderung einer vollständigen Abschrift dieser Buchkonten hinaus und würde daher über die in der RAbgO. und insbes. in den §§ 174, 205 und 207 RAbgO. dem Finanzamte eingeräumten Befugnis hinausgehen. Will das Finanzamt prüfen, ob unter den Unkosten oder Kreditoren Beträge enthalten sind, die nicht als solche anzusehen sind, so darf es hiezu nur die Vorlage der Bücher und Geschäftspapiere verlangen. (§ 207 AbgO.) Entsch. RFH. v. 26. 3. 21 I A 26/21, DStZ. X S. 93.

Als Schuldposten dürfen nach § 174 Abs. 4 RAbgO. Verpflichtungen aus Bürgschaften, Gefälligkeitsakzepten und dergleichen in der Bilanz nur aufgeführt werden, wenn die Rückgriffsrechte berücksichtigt sind, d. h. wenn der Wert der Rückgriffsrechte als Aktivum auf der Aktivseite den Schuldposten auf der Passivseite gegenübersteht; es darf also nicht einseitig gebucht werden.[14]) Hier hat man eigentlich nur die Fälle im Auge, in denen eigene Verpflichtung und Rückgriffsrecht (z. B. gegen einen Mitbürgen, Hauptschuldner oder Wechselverpflichteten) nicht gleichwertig, d. h. die Verbindlichkeiten von verschiedener Güte sind.

Das Verlangen der Behörde, die Abschriften der Bilanz und der Gewinn- und Verlust-Rechnung einzureichen, kann nach § 202 RAbgO. durch Geldstrafen und Ausführung auf Kosten der Pflichtigen und unmittelbar erzwungen werden. Einzureichen ist nur

---

[14]) Vgl. § 16 Avalkonto S. 192.

eine Abschrift, nicht die in den Geschäftsbüchern enthaltene Urschrift. Die Bücher selbst sind nach § 173 Abs. 2 RAbgO. zur Einsicht und Prüfung erst vorzulegen (nicht einzureichen), wenn es ausdrücklich verlangt wird. Auch dieses Verlangen kann erzwungen werden. Die Bücher sollen aber in der Regel erst verlangt werden, wenn die Auskunft des Steuerpflichtigen nicht genügt oder Bedenken gegen ihre Richtigkeit vorliegen (§ 207 RAbgO.).

Die Abschriften der Bilanz und der Gewinn- und Verlust-Rechnung haben deren buchmäßigen Text **vollständig** zu enthalten. Wird dieser vorsätzlich verkürzt, so kann Bestrafung wegen Steuerhinterziehung nach §§ 359 und 366 RAbgO. eintreten.

Verkürzt ist eine Bilanz, wenn in ihr verschiedene Kontenziffern zu einer Gruppe zusammengezogen werden. Dies geschieht oft in der Weise, daß die im Hauptbuch getrennt geführten „Kreditoren", „Darlehen", „stille Beteiligungen", „Übergangsposten" in der Geschäftsbilanz unter der einen Position „Schulden" erscheinen. Allerdings geht eine solche Bilanz schon aus der Buchhaltung als verkürzt hervor. Trotzdem wird aber auch hier eine Bilanzverkürzung im Sinne des § 174 RAbgO. anzunehmen sein.

In der jüngsten Zeit findet man in den veröffentlichten Aktienges.-Bilanzen Sammelposten wie

„Kassa, Wechsel, Effekten und Beteiligungen Mk.....".

Derartige Sammelposten sind schon vom kaufmännischen Standpunkt aus zu verurteilen, denn es ist unter heutigen Verhältnissen ein großer Unterschied für die Bewertung der Bilanz, ob der größere Teil eines solchen Pauschalkontos etwa in deutschem Papiergeld, ausländischen Effekten, inländischen Beteiligungen oder Auslandsdevisen besteht. Für die Steuererklärung sind sie nach § 174 RAbgO. unzulässig.

Durch Zusammenziehung verschiedener Konten wird auch das Gewinn- und Verlust-Konto verkürzt. Auf der Haben-Seite ist z. B. nur der Vortrag „Betriebsüberschuß", auf der Soll-Seite also keine Betriebsausgaben. Oder es erscheinen die verschiedenen Unkosten-Konto unter dem Sammelnamen „Generalunkostenkonto". Häufig findet man auch Konten, wie „Unkosten und Kriegsgewinnsteuer" oder „Unkosten und Abschreibungen". Eine solche Verkürzung widerspricht ebenfalls der Vorschrift in § 174 RAbgO.

Einzureichen ist bei der Veranlagung zur Reichseinkommensteuer jeweils die Abschrift der unverkürzten Bilanz für das Kalenderjahr, dessen Ende in das für die Veranlagung maßgebende Rechnungsjahr (April—April) fällt. Weicht das Geschäftsjahr vom Kalenderjahr ab, so ist die Bilanz für jenes Geschäftsjahr einzureichen, dessen Bilanztag in das in dem betreffenden Rechnungsjahr endende Kalenderjahr fällt. (§ 29 REinkStG.)

z. B. Bilanz per 31. Dezember 1920 für die Veranlagung für das Rechnungsjahr 1920 (d. i. v. 1. April 1920 bis 1. April 1921). Bilanz per 31. März 1920 für die Veranlagung für das Rechnungsjahr 1920.

Für die Veranlagung der Körperschaftssteuer ist die Bilanz für das Geschäftsjahr maßgebend, das der Steuerpflichtige angenommen hat. Bei der erstmaligen Veranlagung ist die Bilanz für das nach dem 31. März 1919 abgelaufene Geschäftsjahr maßgebend. (§§ 20, 34 KörperschStG.) Z. B. Bilanz per 31. Mai 1919 für die Veranlagung für das Rechnungsjahr 1920; Bilanz per 31. Mai 1920 für die Veranlagung 1921.

Die Reihenfolge der Geschäftsjahre darf nicht unterbrochen werden.

Neben der Geschäftsbilanz kann der Kaufmann eine besondere Steuerbilanz einreichen, er wird es in vielen Fällen sogar tun müssen. Wurden ihm z. B. in früheren Jahren übermäßige Abschreibungen von der Steuerbehörde gestrichen, so hat er in seinen Büchern mehr abgeschrieben als steuerrechtlich zugelassen und somit versteuert wurde. Diese versteuerten Abschreibungen kann der Steuerpflichtige in den folgenden Geschäftsjahren in jährlichen angemessenen Beträgen nachholen (vgl. Fürnrohr, Bilanzbewertung und Steuerpflicht). In solchen Fällen wird aber die Geschäftsbilanz in der Regel nicht geändert. Neben dieser wird vielmehr eine Steuerbilanz aufgestellt, in der die versteuerten Abschreibungen ausgewiesen werden. Berliner empfiehlt die Festhaltung dieser Abschreibungen in einem besonderen Kontenbuch (Heft), aus dem die Einzelheiten der Berechnung hervorgehen und der Steuerbehörde gegenüber nachgewiesen werden kann (Berliner, II. Bd. S. 280).

Weitere Ausführungen über Steuerbilanz siehe unter § 10 Abschn. V.

Wichtig ist noch der § 208 RAbgO., der, wie folgt, lautet:

„Bücher und Aufzeichnungen, die den Vorschriften der §§ 162, 163 RAbgO. entsprechen, haben die Vermutung ordnungsmäßiger Führung für sich und sind, wenn nach den Umständen des Falles kein Anlaß ist, ihre sachliche Richtigkeit zu beanstanden, der Besteuerung zugrunde zu legen. Wenn eine vom Reichsminister der Finanzen bezeichnete Stelle bescheinigt, daß sie die Bücher und Aufzeichnungen geprüft hat, und daß die Eintragungen, für die sie bestimmt sind, fortlaufend und vollständig gemacht und formell und sachlich richtig sind, so darf die Beanstandung nur mit Genehmigung des Landesfinanzamtes erfolgen.

Bücher, Geschäftspapiere, Bilanzen und deren Erläuterungen dürfen einem Veranlagungsausschuß nur mit Zustimmung dessen, der sie vorgelegt hat, zur Einsicht mitgeteilt werden. Sonst ist der Buchbeweis durch den Vorsteher des Finanzamtes oder unter dessen Leitung durch die in § 206 RAbgO. genannten Personen zu erheben. Diese haben dem Ausschuß über das Ergebnis zu berichten. Wenn schriftlich berichtet wird, soll dem Steuerpflichtigen eine Abschrift mitgeteilt werden."

Nach der erwähnten Bestimmung kommt bei allen Steuerpflichtigen mit vorschriftsmäßiger Buchführung dem Bücherbeweise eine maßgebende Bedeutung zu. Er soll in allen Fällen erhoben werden, wo die Auskunft des Steuerpflichtigen und die Auflage zur Einreichung einer Abschrift der Bilanz nebst Gewinn- und Verlustkonto nicht zu dem Ziele geführt hat alle Bedenken des Finanzamtes gegen die Richtigkeit der Steuererklärung zu beseitigen Entsch. RFH. v. 26. 3. 21 I A 26/21, DStZ. X S. 93.

Die in § 208 Abs. 1 bezeichnete Bescheinigung herbeizuführen, ist in das freie Belieben des Steuerpflichtigen gestellt. Er hat daher auch die Kosten der betr. Stelle selbst zu tragen. Der Steuerpflichtige kann sich aber auch eine solche Bescheinigung von einer privaten Buchprüfungsstelle auf seine Kosten beschaffen. Wenn dann an ihn die Steuerbehörde mit dem Verlangen auf Einsichtnahme seiner Bücher herantritt, so kann er dies mit der Vorlage der betr. Bescheinigung beantworten. Die Steuerbehörde darf aber die Bescheinigung beanstanden und darauf bestehen, die Bücher selbst einzusehen. Hiezu muß sie aber, wenn die Bescheinigung von der vom Reichsminister der Finanzen bezeichneten Stelle ausgestellt war, die Genehmigung des Landesfinanzamtes erholen. Das Finanzgericht bedarf dieser Genehmigung nicht (§ 229).

Die hier behandelte Buchprüfung außerhalb des steuerrechtlichen Verfahrens ist für den Steuerpflichtigen immer mit Kosten verbunden. Dabei ist er nicht sicher, ob er seine Bücher nicht auch der Steuerbehörde zur Prüfung vorlegen muß. Bei dieser Prüfung braucht er aber die Kosten nur in folgenden Fällen zu tragen:

a) im Festsetzungsverfahren, wenn die Buchprüfung einen um mehr als ein Drittel höheren Geschäftsgewinn ergibt, als er ihn bezifferte (§ 205 Abs. 3 RAbgO.) oder, wenn er die Buchführung durch einen besonderen Sachverständigen veranlaßt hat, weil seiner Ablehnung des amtlicherseits bestimmten Buchprüfers stattgegeben wurde (§ 206 Abs. 2 RAbgO.).

b) im Rechtsmittelverfahren, wenn das Rechtsmittel, insoweit das Buchergebnis in Frage kam, keinen Erfolg hatte; — vgl. Mrozek, RAbgO. S. 734 Anm. 2. —

§ 2. Bilanz, Bilanzkonto und Inventar.

I.

Das Handelsgesetzbuch schreibt, wie oben schon erwähnt, für den Vollkaufmann in § 39 Abs. 1 vor, daß er sein Vermögen und seine Schulden unter Angabe des Wertes der Vermögensgegenstände genau zu verzeichnen und einen das Verhältnis des Vermögens und der Schulden darstellenden Abschluß zu machen hat. In Abs. 2 des § 39 wird die Verzeichnung des Vermögens als Inventar und der Vermögensabschluß als Bilanz bezeichnet. Die Bilanz ist sonach eine Gegenüberstellung des Vermögens und der Schulden an einem bestimmten Tag (Bilanzstichtag) zu dem Zwecke, das reine Geschäftsvermögen an diesem Tage und den geschäftlichen Erfolg während einer gewissen Zeit festzustellen. Der Bilanzaufstellung hat die Aufnahme des Inventars[1]) als vorbereitende Maßnahme für die Bilanz vorauszugehen. Die Tätigkeit der Aufstellung des Vermögens oder die Vermögensaufnahme heißt Inventur. Während das Inventar die einzelnen Vermögensgegenstände und Schulden gesondert und ausführlich aufzählt, zieht die Bilanz die betreffenden Gegenstände zu Gruppen zusammen und macht dadurch die Zusammenstellung übersichtlicher. Das Inventar muß durch die Abschlußbuchungen mit der Buchhaltung in Zusammenhang gebracht werden. Das geschieht dadurch, daß die aktiven Vermögensbestandteile, wie Kassabestand, Warenvorräte, Debitoren, Einrichtungsgegenstände usw. den betr. Konten gutgeschrieben und dem nur zum Zwecke des Abschließens errichteten Bilanzkonto belastet werden. Die Schulden und die sonstigen Passiven des Inventars werden den bezüglichen Konten belastet und dem Bilanzkonto gutgeschrieben. So sammelt also das Bilanzkonto beim Abschluß und bei der Eröffnung der Bücher die Aktiven und Passiven, sowie das Reinvermögen am Stichtage. Aus der Eigenschaft des Bilanzkontos als Sammelkonto ergibt sich, daß seine Führung durchaus nicht notwendig wäre. Die Ordnung und Vollständigkeit der Buchhaltung erleidet nicht den geringsten Mangel, wenn das Bilanzkonto (nicht zu verwechseln mit der Bilanz) fehlt. Sein Inhalt steht ja ohnehin auf den sonstigen Hauptbuchkonten und in der bereits vorher aufgestellten Bilanz. Man führt es tatsächlich nur aus einem etwas pedantischem Grunde: Man möchte grundsätzlich keinen Posten ins Hauptbuch ohne Gegenposten eintragen (Berliner Bd. 2 S. 263).

Das durch die Gegenbuchung der Bestände zu Beginn und am Schlusse des Geschäftsjahres entstandene Bilanzkonto unterscheidet sich sachlich nicht von der Bilanz selbst. Der Unterschied besteht

---

[1]) Weiteres über Inventar siehe unter § 17 einfache kaufmännische Buchführung S. 193.

nur in der Form. Während das Bilanzkonto die der Wirklichkeit entsprechenden Kontensaldi sammelt und demnach den Saldo des Kassakontos, des Warenkontos, des Wechselkontos, des Maschinenkontos usw. angibt, zeigt die Bilanz den Kassabestand, den Warenbestand, den Wechselbestand, den Wert der Maschinen usw. in den gleichen Zahlen.

In einer Bilanz soll daher nicht von „Soll" und „Haben", sondern von „Aktiva" und „Passiva" die Rede sein. Soll und Haben ist nur beim Bilanzkonto richtig angewendet. Die Bilanz sollte die Vermögensbestandteile nicht unter der Bezeichnung „An Kassakonto", „An Warenkonto" usw. aufführen, sondern als „Kassa" oder „Kassabestand", „Waren" oder „Warenvorrat", „Wechsel" oder „Wechselbestand" zeigen. Ein Beispiel macht den Unterschied gleich verständlich:

Aktiva Bilanz auf den 31. Dezember 1920. **Passiva**

Aktiva		Passiva	
Kassa	ℳ 5 000.—	Kreditoren	ℳ 10 000.—
Waren	„ 8 000.—	Kapital	„ 10 000.—
Wechsel	„ 3 000.—		
Debitoren	„ 4 000.—		
	ℳ 20 000.—		ℳ 20 000.—

Soll **Bilanz-Konto.** **Haben**

1920		Soll		1920		Haben	
Dezbr.	31.	An Kassa-Kto.	ℳ 5 000.—	Dezbr.	31.	Per Kredit.-Kt.	ℳ 10 000.—
„	„	„ Waren-Kto.	„ 8 000.—	„		„ Kapital-Kto.	„ 10 000.—
„	„	„ Wechsel-Kto.	„ 3 000.—				
„	„	„ Debitoren-Kto.	„ 4 000.—				
			ℳ 20 000.—				ℳ 20 000.—

Die Bilanz ist nicht unbedingt an die hier wiedergegebene Form gebunden, doch ist diese so verbreitet, daß an ihr zweckmäßig festgehalten wird. Die linke Seite gibt an, aus welchen Werten sich das Geschäftsvermögen zusammensetzt, die rechte Seite zeigt die Schulden, die etwa vorhandenen Reserven und den Unterschied zwischen den Aktiven und Passiven, das ist das im Unternehmen steckende Reinvermögen, das Geschäfts-„Kapital". Es ist selbstverständlich, daß die Bezeichnung „Kapital" hier nicht in dem Sinne aufzufassen ist, daß darunter Bargeld oder Wertpapiere zu verstehen wären, sondern es soll nur den rechnerischen Unterschied zwischen den vorhandenen aktiven Vermögensteilen und den Schulden bezeichnen. Unter dem Zwange der Kontoform kommt das Eigenkapital des Unternehmers unter die Passiven zu stehen, ohne indessen eine Schuld zu sein. Es stellt lediglich das Gleichgewicht zwischen den Aktiven und Passiven her. Das Wort Bilanz, das vom italienischen bilancia herstammt, bedeutet soviel wie Wage oder Gleichgewicht. Diese Auffassung gestattet auch, die Bilanz als eine algebraische Gleichung aufzufassen, indem man sagt: Aktiva = Passiva + Reinvermögen; in Buchstaben ausgedrückt: A = P + R oder A — P = R, Aktiva — Passiva = Reinvermögen.

Ihrem Zwecke nach werden die Vermögensbilanzen eingeteilt in:

Eröffnungsbilanz und Schlußbilanz, in Liquidationsbilanz, Fusionsbilanz und Auseinandersetzungsbilanz.

Der Zweck der Eröffnungs- und Schlußbilanzen kommt schon durch ihren Namen zum Ausdrucke. Bei Eröffnung eines Geschäftes ist eine Eröffnungsbilanz zu ziehen, weil sonst der Unterschied zwischen dem zu Beginn und am Schlusse des Geschäftsjahres durch die Schlußbilanz ermittelten Vermögen nicht festgestellt werden kann. Für die Folge vertritt gewöhnlich die Schlußbilanz des Vorjahres (31. 12. 1919) die Eröffnungsbilanz für das laufende Jahr (1. 1. 1920).

Die Eröffnungsbilanz ist in § 39 Abs. 1 HGB., die Schlußbilanz in § 39 Abs. 2 HGB. vorgeschrieben. Die Eröffnungsbilanz ist auch aufzustellen beim Übergange vom Handwerksbetriebe (§ 4 HGB.) zum Betriebe eines Vollkaufmanns (§ 1 HGB.), ferner wenn das Geschäft einer offenen Handelsgesellschaft von einem Gesellschafter als Einzelkaufmann unter eigener oder unter Beibehaltung der früheren Firma fortgeführt wird, ebenso wenn ein im Erbwege erworbenes Geschäft weitergeführt wird.

Der maßgebende Zeitpunkt für die Aufstellung der Eröffnungsbilanz ist bei Gesellschaften der Tag der Eintragung der Gesellschaft in das Handelsregister (RGSt. Bd. 29 S. 223, EntschRFH. Bd. 1 S. 206).

Tritt eine Handelsgesellschaft wegen Auflösung in Liquidation, so ist bei Beginn der Liquidation, nach Ablauf eines jeden Geschäftsjahres und bei Beendigung der Liquidation eine Liquidationsbilanz aufzustellen (§§ 154, 161 Abs. 2, 299, 331 HGB.).

Die sog. Liquidations-Eröffnungsbilanz einer Aktiengesellschaft (§ 299 HGB.) ist nach ganz anderen Grundsätzen aufgestellt, als die Bilanz nach § 261 HGB. Während bei dieser Bilanz die Anlagegegenstände nach Maßgabe der Bewertungsvorschriften des § 261 HGB. höchstens mit den Anschaffungs- oder Herstellungspreisen anzusetzen sind, ist die Liquidations-Eröffnungsbilanz nach § 299 Abs. 2 unter Beachtung der gewöhnlichen Bilanzgrundsätze (§ 40 HGB.) zu erstellen; die Vermögensgegenstände sind hier also nach dem Werte anzusetzen, der ihnen in dem Zeitpunkte beizulegen ist, für den die Aufstellung stattfindet. Die Liquidations-Eröffnungsbilanz kann also namentlich die im Laufe des letzten Geschäftsjahres eingetretenen Verminderungen oder Erhöhungen in dem Werte der Vermögensgegenstände nicht zum Ausdrucke bringen. Wenn daher bei einer Aktiengesellschaft der steuerbare Gewinn für das letzte Geschäftsjahr **bis zur Eröffnung der Liquidation** festzustellen ist, so hat dies durch eine besondere nach den Regeln der §§ 261, 262 HGB. aufzustellende Schlußbilanz zu geschehen. Der Fall kann praktisch werden, wenn eine Aktiengesellschaft nach dem Eintritte in die Liquidation ihr bisheriges Gewerbe weiterbetreibt (Entsch. PrOVG. Bd. 14 S. 444). Die **Konkurs-Eröffnungsbilanz** einer Aktiengesellschaft nach § 124 KonkO. ist aus dem gleichen Grunde wie die Liquidations-Eröffnungsbilanz einer AG. keine dem Steuergesetze entsprechende geeignete Grundlage zur Ermittlung des steuerpflichtigen Einkommens (Entsch. PrOVG. Bd. 17 S. 173).

Wenn mehrere Gesellschaften zu einer einzigen vereinigt werden, so nennt man die aus diesem Anlasse zu errichtende Eröffnungsbilanz **Fusionsbilanz**.

Tritt aus einer Handelsgesellschaft einer der Teilhaber aus, während die übrigen Teilhaber das Geschäft weiterbetreiben, so muß eine **Auseinandersetzungsbilanz** aufgestellt werden. Für diese gelten ähnliche Grundsätze wie für die Liquidationsbilanz.

Hat ein Unternehmen mehrere Fabrikationszweige oder mehrere Filialen, so kann für jeden Zweig oder für jede Filiale eine eigene Bilanz aufgestellt werden. Diese nennt man **Spezialbilanz**, während die die sämtlichen Zweige und Filialen zusammenfassende Hauptbilanz auch **Generalbilanz** genannt wird.

In manchen Betrieben hat sich die Übung herausgebildet, nicht nur am Jahresschlusse, sondern auch während des Jahres, z. B. halbjährlich, Bilanzen zu ziehen. Auch um festzustellen, ob bei schlechtrentierenden Gesellschaften etwa schon eine Überschuldung eingetreten ist, sind außergewöhnlich Bilanzen zu erstellen. Diese führen die Bezeichnung **Zwischenbilanzen**.

Während die erwähnten Bilanzen Vermögensbilanzen sind, kommen bei den folgenden Bilanzarten andere Gesichtspunkte in Betracht.

So soll durch die **Monats-**, **Probe-**, **Roh-** oder **Brutto-**bilanz in erster Linie festgestellt werden, ob die Übertragungen von den Grundbüchern in die Hauptbücher richtig erfolgt sind. Solche Bilanzen können nur bei der doppelten Buchführung aufgestellt werden. Sie beruhen auf der Tatsache, daß bei diesem System jeder Posten einmal im Soll und einmal im Haben erscheinen muß.

Abschlußbogen.

Konten	Probebilanz		Saldobilanz		II. Inventar		Erfolg	
	Soll	Haben	Soll	Haben	Aktiva	Passiva	Verlust	Gewinn
	Mk.	Mk.	Mk.	Mk.	Mk.	Mk.	Mk.	Mk.
Grundstücke	200 000	—	200 000	—	198 000	—	2 000	—
Maschinen	180 000	40 000	140 000	—	120 000	—	20 000	—
Modelle	6 000	—	6 000	—	1	—	5 999	—
Bargeld	384 000	374 000	10 000	—	10 000	—	—	—
Wechsel	100 000	91 000	**9 000**	—	**9 600**	—	—	600
Effekten	150 000	50 000	100 000	—	95 000	—	5 000	—
Waren	320 000	400 000	—	**80 000**	**40 000**	—	—	120 000
Debitoren	470 000	350 000	120 000	—	120 000	—	—	—
Kreditoren	170 000	500 000	—	330 000	—	330 000	—	—
Delkredere	3 000	20 000	—	17 000	—	17 000	—	—
Kapital	15 301	230 902	—	215 601	—	215 601	—	—
Zinsen	3 000	10 000	—	**7 000**	—	—	—	7 000
Unkosten	42 000	2 000	**40 000**	—	—	—	40 000	—
Salaire	25 000	399	**24 601**	—	—	—	24 601	—
Reingewinn	—	—	—	—	—	30 000	30 000	—
	2 068 301	2 068 301	649 601	649 601	592 601	592 601	127 600	127 600

Infolgedessen muß die Summe aller Lastschriften gleich sein der Summe aller Gutschriften. Gewöhnlich wird alle Monat eine solche Probebilanz aufgestellt, daher der Name Monatsbilanz. Da aus ihr der Gesamtumsatz zu ersehen ist, heißt man sie auch Umsatzbilanz oder Verkehrsbilanz.

Durch Abgleichen der Soll- und Habensummen entwickelt sich aus der Rohbilanz die Saldobilanz, auch Reine Bilanz, Nettobilanz genannt, die den Buchbestand des Geschäftsvermögens im Gegensatz zum wirklichen Bestand, den die Inventur und Bilanz ermittelt, ausweist. Ein Muster solcher Bilanzen ist aus dem vorstehenden Abschlußbogen zu ersehen.

Betriebsbilanzen, Erfolgsbilanzen, Ertrignisbilanzen sind meist keine kaufmännischen Vermögensbilanzen, sondern Gegenüberstellungen von Einnahmen und Ausgaben zum Zwecke der Gewinnberechnung. Sie werden nur deshalb als Bilanzen bezeichnet, weil die Differenz zwischen Einnahme und Ausgabe, Aufwand und Ertrag usw. nach Art der Bilanzen auf die im Betrage kleinere Seite eingestellt wird.

Aus dem Abschlußbogen schälen sich heraus: Aktiva, Passiva, Reinvermögen; Verlust, Gewinn, Reingewinn.

Nach § 30 Abs. 2 REinkStG. sind Personen, die im Laufe eines Rechnungsjahres steuerpflichtig werden, nach einem steuerpflichtigen Jahreseinkommen zu veranlagen, das dem mutmaßlichen Betrage des steuerbaren Einkommens des ersten vollen Jahres entspricht. Handelt es sich um die Zuführung der Steuer eines Geschäftsmannes im Laufe eines Rechnungsjahres, so bietet die Saldobilanz eine wertvolle Grundlage zur Schätzung des steuerbaren Einkommens.

Angenommen, im nebenstehenden Abschlußbogen sei das Ergebnis der ersten vier Monate eines neuerrichteten Geschäfts ausgewiesen, und das II. Inventar und die Erfolgsrechnung lägen noch nicht vor, so könnte man auf folgende Weise zu einem Schätzungsergebnisse kommen:

Man scheidet aus der Saldobilanz die reinen Bestandskonten aus, so bleiben nur die Saldi der gemischten Bestandskonten und der reinen Erfolgskonten (im Beispiel fett gedruckt). Nun ermittelt man den Unterschied der Soll- und Habenposten der Letzteren:

9000 Mk. + 40 000 Mk. + 24 601 Mk. = 73 601 Mk. Soll,
80 000 Mk. + 7000 Mk. = 87 000 „ Haben,

Unterschied: 13 399 Mk. Plus.

Hiezu ist nun der durch Schätzung zu ermittelnde Wert der Wechsel und Waren-Bestände zu rechnen, nämlich:

9600 Mk. Wechsel + 40 000 Mk. Waren = 49 600 Mk.,

62 999 Mk.;

davon gehen ab die ebenfalls durch Schätzung zu ermittelnden Abschreibungen an den Anlagewerten und zwar für die Dauer des Geschäftsbetriebes, hier also nur mit $^1/_3$ der Jahresabschreibungen — 32 999 Mk.,

sohin Reingewinn in vier Monaten: 30 000 Mk. und steuerbares Jahreseinkommen = 90 000 Mk.

Zu erwähnen wäre hier noch die „Aufgelöste Bilanz".

Bei Aktiengesellschaften beschließt die Generalversammlung über die Genehmigung der Jahresbilanz und die Gewinnverteilung (§ 260 HGB.). Die Bilanz einer Aktiengesellschaft steht daher auch erst mit diesem Beschlusse endgültig fest. Die Genehmigungsbefugnis der Generalversammlung schließt zweifellos auch die Befugnis zur Abänderung des Bilanzvorschlages des Vorstandes und des Aufsichtsrates der Gesellschaft in sich (vgl. RG. v. 28. 11. 1885 Bd. 15 S. 99). Wenn nun z. B. Zuweisungen von Teilen des Reingewinns zur gesetzlichen Reserve noch in dem Vorschlage des Aufsichtsrats über die Gewinnverteilung enthalten, also in dem Bilanzvorschlage formell noch nicht als Bestandteile der gesetzlichen Reserve aufgeführt sind, so sind sie durch die nachfolgenden Feststellungsakte der Generalversammlung in die Bilanz selbst übergegangen. Diese Feststellungsakte sind rechtlich als mit Ablauf des Betriebsjahrs erfolgend anzusehen, auch wenn sie wegen der erforderlichen längeren Vorbereitungszeit erst nach Ablauf des Betriebsjahrs erfolgen (z. B. Bilanzstichtag 31. 12. 1919, Generalversammlung am 5. 3. 1920). Für die Besteuerung muß daher von der auf Grund des Gewinnverteilungsbeschlusses „aufgelösten" Bilanz ausgegangen werden, denn diese ist die den Beschlüssen der Generalversammlung angepaßte Bilanz (vgl. Rehm, Bilanzen 2. Aufl. § 127 A 2 b S. 530; EntschBOK. Bd. 15 S. 66/67).

II.

Nachdem nun auseinandergesetzt wurde, was eine Bilanz ist, wie sie zustandekommt und welche Arten es gibt, ist nun noch zu behandeln, was man aus einer Bilanz erfahren kann.

Zunächst gibt sie Aufschluß über die Zusammensetzung des Vermögens und der Schulden eines Geschäftsmannes oder einer Gesellschaft an einem bestimmten Tag. Sie ist also sozusagen nur ein Augenblicksbild.

In bezug auf die Zweckbestimmung der Bilanzaktiven teilt man sie ein in Anlagekapital und in Betriebskapital. Unter Anlagekapital oder Anlagevermögen versteht man die dem Betriebe dauernd, also längere Zeit, dienenden Güter wie Grundstücke, Fabrikgebäude, Arbeiterwohnhäuser, Maschinen, Werkzeuge, Fuhrpark usw., während diejenigen Mittel, die dazu bestimmt sind, immer wieder umgesetzt oder verbraucht zu werden, wie Geld, Außenstände, Wechsel, Waren usw. als Betriebskapital oder Betriebsvermögen im engeren Sinne bezeichnet werden. Aus der Bilanz kann man weiter erfahren die Art der Kapitalverwendung und der Kapitalbeschaffung. Denn die Aktivseite zeigt, wie das Geschäftskapital verwendet, die Passivseite dagegen, wie es beschafft worden ist; die Bilanz zerfällt damit in folgende Gruppen:

Vermögensbestandteile (Art der Kapitalverwendung)	**Kapitalquellen** (Art der Kapitalbeschaffung)
I. Anlagekapital	I. Fremdes (Leih-) Kapital
II. Betriebskapital	II. Eigenes Kapital

Mit dem Aufschluß über die Höhe und Zusammensetzung des absoluten Vermögens ist der Zweck der Bilanz noch nicht erschöpft. Die Bilanz dient vornehmlich auch der Feststellung des Geschäftserfolges, d. h. der Berechnung der seit der letzten Bilanzaufstellung eingetretenen Reinvermögensmehrung oder -minderung, des erzielten Gewinnes oder Verlustes. In den Bilanzen der Aktiengesellschaften und der Kommanditgesellschaft auf Aktien, sowie der Gesellschaften mit beschr. Haftung muß der Gewinn oder Verlust am Schlusse der Bilanz besonders angegeben werden (§§ 261 Abs. 6, 320 Abs. 3 HGB. und § 42 Nr. 5 GmbHG.). Für die Bilanzen der übrigen Gesellschaften und des Einzelkaufmanns ist dies nicht vorgeschrieben. Gerade die wichtigsten Schlüsse lassen sich durch den Vergleich zweier aufeinanderfolgender Bilanzen ziehen. Hier liegt das Schwergewicht und das Ziel der ganzen Buchführung.

Die Erfolgsberechnung ist an sich nicht an die Bilanz gebunden. Gewinn und Verlust können auch durch Ausgehen von Einnahmen und Ausgaben berechnet werden oder es kann eine besondere Gewinn- und Verlustberechnung neben der Bilanz aufgestellt werden, wie das bei der doppelten Buchführung die Regel ist.

Die bilanzmäßige Gewinnberechnung, d. i. die Berechnung durch Gegenüberstellung von Aktiven und Passiven, wobei die Veränderung in der Höhe des Reinvermögens den Geschäftserfolg anzeigt, unterscheidet sich in ihren Mitteln und Wegen ganz wesentlich von der Gewinnberechnung durch Gegenüberstellung von Einnahmen und Ausgaben. Das Ziel und das Ergebnis ist allerdings bei beiden Verfahren das gleiche. Der Unterschied der beiden Methoden kommt in den folgenden Berechnungsbeispielen zum Ausdruck.

Ein Handwerker, der für sich allein arbeitet und nur die Aufträge auszuführen hat, die er sich in sein Notizbuch schreibt, oder die Inhaberin eines kleinen Milchgeschäfts können aus der Gegenüberstellung der Einnahmen und Ausgaben ganz gut und richtig ihren Verdienst berechnen. Wenn sie in einem Jahre für verkaufte Waren 14 000 Mk. eingenommen haben, so stellen sie diesem Betrage 13 000 Mk., die sie für den Einkauf der Ware und die

Geschäftsspesen auszugeben hatten, gegenüber; der Unterschied mit 1000 Mk. ist der erzielte Reinverdienst.

Schwieriger ist die Sache schon, wenn es sich um ein Geschäft handelt, das Kredit gewährt und in Anspruch nimmt und einen gewissen Vorrat an Waren, Rohmaterialien usw. hält. Hier genügt es schon nicht mehr, die Einnahmen eines Jahres (z. B. 1920)

angenommen mit 80 000 Mk.
mit den Ausgaben zu 75 000 „

abzugleichen, denn die Differenz zu 5 000 Mk. stellt bei weitem noch nicht den Geschäftsgewinn des Jahres 1920 dar. Angenommen, der Geschäftsinhaber hat noch in den letzten Tagen des Jahres 1920 für Waren, die ihm sein Fabrikant geschickt hat und die noch unverkauft daliegen, 10 000 Mk. bezahlt, so ist sein Geschäftsgewinn nur deshalb **bloß** 5000 Mk., weil er noch die Ausgaben für diese Waren kurz vor Jahresschluß hatte. Im nächsten Jahre (1921) erscheint vielleicht sein Geschäftsgewinn ungewöhnlich groß, weil er die im Vorjahre gekauften Waren veräußert, unter seinen Ausgaben aber keinen Betrag für die Anschaffung dieser Waren stehen hat. Der Warengewinn des Jahres 1921 ist vielleicht so ungewöhnlich groß, daß es dem Geschäftsinhaber doch zu denken Anlaß gibt. Schließlich findet er, daß er im Jahre 1921 auch noch Waren vom Fabrikanten bezogen und wieder weiterverkauft, jedoch noch gar nicht bezahlt hat. Er hat also auch für diesen Warenabsatz keinen Betrag unter den Ausgaben für Wareneinkauf. Der Geschäftsmann muß sich demnach noch seine Warenvorräte, seine Außenstände und Schulden ansehen, ehe er sagen kann, was er in einem der Jahre 1920 und 1921 wirklich verdient hat. Er kann sich dann auch erinnern, daß er zu Beginn des Jahres 1920 vielleicht nur 3000 Mk. Waren daliegen hatte, während der Vorrat am Schluß des Jahres 1920 infolge des kurz vor Jahresschluß betätigten Wareneinkaufs 14 000 Mk. betragen hat.

Seine Außenstände mögen zu Beginn des Jahres 1920 4000 Mk. betragen haben, am Ende des Jahres 1920 waren sie aber bloß 1000 Mk., die Schulden sind von 1500 Mk. zu Anfang des Jahres auf 2500 Mk. gestiegen. In diesem Falle hat er zu dem Unterschied zwischen den Betriebseinnahmen und Betriebs-

ausgaben zu	5000 Mk.
noch **zuzurechnen** die Vermehrung des Warenbestandes von 3000 Mk. auf 14 000 Mk.[2]) = .	+ 11 000 Mk.,
dagegen **abzusetzen** die Verminderung der Außenstände von 4000 Mk. auf 1000 Mk. = .	— 3000 „
und die Vermehrung seiner Schulden von 1500 Mk. auf 2500 Mk. = ...	— 1000 „
so daß er im Jahre 1920 verdient hat . . .	12 000 Mk.

[2]) Diese Vermehrung ergibt sich durch Abgleichung des Werts der Warenvorräte zu Beginn und am Ende des Geschäftsjahrs. Dadurch wird

Wenn dieser Geschäftsmann seine Steuererklärung abzugeben hat, so muß er zu diesen 12000 Mk. noch hinzuzählen, was er in diesem Jahre nach seinem Kassabuch als private Ausgaben für Haushalt oder Privatkapitalanlagen gebucht hat, z. B. + 4000 Mk.,
ferner, was er für Einkommensteuern in diesem Jahre ausgegeben hat, sagen wir . . . . . . + 300 „
endlich, was er dem Geschäfte zu eigenem Gebrauch oder Verbrauch an Waren entnommen hat, beispielsweise . . . . + 200 „
16500 Mk.
Dagegen ist er berechtigt, für die Abnützung seines Inventars und seiner Betriebseinrichtungen, sowie für zweifelhafte Außenstände eine Abschreibung geltend zu machen, etwa . . . . — 500 Mk.,
so daß sein im Jahre 1920 erzieltes steuerbares Einkommen aus dem Geschäft sich auf . . . . 16000 Mk.
beläuft; das ist ein großer Unterschied gegenüber der Abgleichung der Einnahmen und Ausgaben.

Der Vollständigkeit halber sei noch bemerkt, daß die Mehrung oder Minderung des Kassabestandes zu Beginn des Jahres gegenüber dem am Jahresschlusse in dieser Rechnung nicht einbezogen ist, weil der Unterschied zwischen Einnahmen und Ausgaben zu 5000 Mk. gleichzeitig den Unterschied zwischen dem Kassabestand zu Beginn und am Schluß des Jahres darstellt.

Diese Art der Gewinnermittlung entspricht auch den Vorschriften des Reichseinkommensteuergesetzes, wo es in § 33 heißt:

> „Als steuerbares Einkommen aus dem Betriebe eines Gewerbes oder des Bergbaues kommt der Geschäftsgewinn in Ansatz. Der Geschäftsgewinn ist durch Vergleich der Betriebseinnahmen und der Betriebsausgaben unter Berücksichtigung des Unterschieds in dem Stande und Werte der Erzeugnisse, Waren und Vorräte des Betriebs, der dem Betriebe dienenden Gebäude nebst Zubehör, sowie des beweglichen Anlagekapitals am Schlusse des Geschäftsjahres gegenüber deren Stande und Werte am Anfang desselben festzustellen. Den Geschäftseinnahmen ist der Wert der Gegenstände, Ausbeuten und Dienstleistungen hinzuzurechnen, die der Steuerpflichtige aus dem Betriebe seines Gewerbes für sich und seinen Haushalt oder für andere Zwecke entnommen hat, die außerhalb des Betriebes liegen."

Hiebei ist nach § 33a REinkStG. für alle Gegenstände des Betriebsvermögens, soweit für sie ein Anschaffungs- oder Herstellungspreis gegeben ist, dieser Wert maßgebend. Dabei sind Absetzungen für Abnutzung zulässig. Ist der gemeine Wert niedriger, so ist der Steuerpflichtige berechtigt, diesen anzusetzen.

---

der Wert der Warenvorräte zu Beginn des Geschäftsjahrs, weil nicht durch den Geschäftsbetrieb des laufenden Geschäftsjahrs erworben, ausgeschieden. Ebenso ist es mit den Außenständen und Schulden.

Die Berechnung des zu versteuernden Einkommens macht in den Fällen, in denen der Geschäftsmann keine Inventur aufstellt, erhebliche Schwierigkeiten; denn nur in den seltensten Fällen kann der Steuerpflichtige den Unterschied in den Forderungen und Schulden im Zeitpunkt der Abgabe der Steuererklärung noch angeben.[3]) Für solche Fälle hat die Steuerbehörde noch ein anderes Verfahren, den steuerbaren Gewinn festzustellen; bei diesem haben die Unterschiede in den Außenständen und Schulden keinen Einfluß auf die Rechnung.

Von den Kasseneingängen zu 80 000 Mk. werden die Beträge abgesetzt, die für die Waren- oder Arbeitsleistungen vom Vorjahr (1919) erst heuer (1920) eingegangen sind,

angenommen, es seien 5000 Mk.; so bleiben . .	75 000 Mk.
Bareingänge aus dem Warenverkauf von 1920.	
Dazu sind noch die auf Kredit gelieferten Waren oder Leistungen zu rechnen mit beispielsweise	10 000 „
endlich der Warenvorrat am Ende des Geschäftsjahres[4]) mit	14 000 „
zusammen:	99 000 Mk.
Davon gehen ab:	
Der Aufwand für die im Jahre 1920 bezogenen Waren, gleichviel, ob sie schon bezahlt sind oder ob sie der Geschäftsmann noch schuldig ist mit beispielsweise.	72 000 „
ferner die Geschäftsunkosten nach dem Kassabuch zu beispielsweise	8000 „
und der Wert der Warenvorräte zu Beginn[4]) des Jahres mit	3000 „
zusammen:	83 000 Mk.
gibt einen Gewinn von	16 000 Mk.
Für die Ermittlung des steuerbaren Gewinns kommt hinzu:	
der Betrag, der unter den Geschäftsunkosten zu 5000 Mk. für die Einkommensteuern enthalten ist =	+ 300 Mk.
der Wert der dem Geschäft für den eigenen Gebrauch oder Verbrauch entnommenen Waren mit	+ 200 „ ;
abzusetzen sind die Betriebsverluste und die Abschreibung auf die Einrichtung mit etwa	— 500 „
sohin steuerbar	16 000 Mk.

---

[3]) Bei der Beratung des Reichseinkommensteuergesetzes erklärte ein Regierungsvertreter, daß in denjenigen Fällen, in denen angenommen werden könne, daß die Außenstände am Anfange und am Ende eines Jahres die gleiche Höhe hätten (z. B. bei Rechtsanwälten) nur die tatsächlich zugeflossenen Einnahmen, also die wirklich vereinnahmten Beträge, versteuert werden können.

[4]) Durch die Zusetzung des Werts des Warenbestandes am Ende des Geschäftsjahrs zu den Betriebs-Einnahmen und die Absetzung des Warenwerts zu Beginn des Geschäftsjahrs, kommt das in dem betreffenden Geschäftsjahr sich

Die Umständlichkeit dieser Aufstellung zeigt, wie unzulänglich die Rechnung lediglich mit Einnahmen und Ausgaben ist und zu welch irreführenden Ergebnissen sie schon bei so relativ kleinen Betrieben führt. In größeren Unternehmungen käme man mit so primitiven Mitteln niemals durch. Ganz von selbst wird man durch die notwendige Einbeziehung der Warenvorräte, der Außenstände und der Schulden auf die Vermögensrechnung des Kaufmanns hingewiesen. Nachstehend soll gezeigt werden, wie man in dem gegebenen Beispiel durch die Vermögensrechnung auf die Gewinnergebnisse kommt.

Den Ausgangspunkt der Vermögensrechnung bildet die Inventur. Einnahmen und Ausgaben selbst werden in die Rechnung zunächst gar nicht einbezogen. Man rechnet nur mit dem Geschäftsvermögen, wie es durch die verschiedenen Einnahmen, Lieferungen und Ausgaben während des Jahres bis zum Bilanztage verändert wurde und gerade an diesem Tage vorhanden ist. *Die Aufnahme des Geschäftsvermögens am Bilanzstichtage ist daher unerläßliche Voraussetzung für jeden kaufmännischen Abschluß.* Ohne Inventur[5]) keine ziffermäßig genaue Bilanz, kein Buchabschluß, keine Gewinnberechnung. Wir müssen also zunächst wissen, welches Vermögen der Geschäftsmann am 1. 1. 1920

Kassa (angenommen) .	Mk. 1 000.—	Schulden	Mk. 1 500.—
Waren	„ 3 000.—	Kapital	„ 7 500.—
Ausstände	„ 4 000.—		
Einrichtung	„ 1 000.—		
	Mk. 9 000 —		Mk. 9 000.—

und am 31. 12. 1920

Kassa	Mk. 6 000.—	Schulden	Mk. 2 500.—
Waren	„ 14 000.—	Kapital	„ 19 000.—
Ausstände	„ 1 000.—		
Einrichtung	„ 500.—		
	Mk. 21 500.—		Mk. 21 500.—

gehabt hat.

ergebende *Mehr* an den Warenvorräten zum Ausdrucke. Dieses Mehr bildet einen Teil des Gewinns. Ist dagegen der Wert der am *Ende* des Geschäftsjahrs vorhandenen Warenvorräte *geringer* als der Wert des beim *Beginne* des Geschäftsjahrs vorhandenen Warenbestands, so wird um dieses *Weniger* der Gewinn kleiner.

[5]) Wird in einem Geschäftsbetriebe nur alle zwei Jahre Inventur gemacht (§ 39 III HGB.), so hat, weil die Warenaufnahme nur auf Schätzung beruht, die Bilanz für das erste Jahr keinen Anspruch auf ziffermäßige Genauigkeit. Damit will jedoch nicht gesagt werden, daß eine solche Bilanz deswegen nicht als Besteuerungsgrundlage gelten kann.

Nach dieser Inventurbilanz, auch Vermögensbilanz genannt, betrug das reine Geschäftsvermögen am Schlusse

des Jahres	19 000 Mk.,
während es zu Beginn des Jahres nur	7500 „
betragen hat. Es hat sich also um	11 500 Mk.

vermehrt.

Der Geschäftsmann hat aber während des Jahres aus der Geschäftskasse 4000 Mk. entnommen und zu privaten Zwecken verbraucht. Hätte er diesen Betrag nicht der Kasse entnehmen müssen, sondern seine privaten Bedürfnisse z. B. aus seinen Kapitalrenten bestreiten können, so wäre der Kassabestand am 31. Dezember statt 6000 Mk. 10 000 Mk. gewesen. Die entnommenen 4000 Mk. sind daher der Mehrung des Vermögens zuzurechnen.

Für die Steuererklärung sind noch 200 Mk. Warenentnahmen aus dem Betrieb und 300 Mk. Einkommensteuern, die der Geschäftskasse entnommen wurden, im ganzen also 500 Mk. zuzurechnen, so daß sich ein steuerbares Einkommen von 16 000 Mk. ergibt.

Auf drei verschiedenen Wegen sind wir nun zum gleichen Ziele gekommen. Die bilanzmäßige Feststellung des Gewinnes hat vor den übrigen Berechnungsarten die größere Einfachheit, Übersichtlichkeit und durch die gleichzeitige Feststellung des Vermögensstandes auch die größere Vollkommenheit voraus.

Der Unterschied zwischen Aktiven und Passiven,[6]) d. i. das reine Geschäftsvermögen am Schlusse des Geschäftsjahres, wird mit dem reinen Geschäftsvermögen zu Beginn des Geschäftsjahres verglichen. Die sich hiebei ergebende Mehrung des Reinvermögens ist Gewinn, die Verminderung ist Verlust. Das Reinvermögen, das in der Bilanz unter der Bezeichnung „Kapital“ erscheint, ist der Gradmesser nicht nur für die Beurteilung der Vermögenslage, sondern auch für die Feststellung des Gewinnes. Alle die tausendfältigen Geschäftsvorfälle, die sich im Laufe des Jahres ereignen, sind daher für die Gewinnermittelung unter dem Gesichtswinkel zu betrachten, welchen Einfluß sie schließlich auf das Kapitalkonto haben. Eine Reihe von Geschäftsvorfällen sind auf das Kapitalkonto ohne Einfluß, sie haben also auch auf den Gewinn keine Wirkung. Die Kenntnis dieser Geschäfts- bzw. Buchungsvorfälle ist namentlich auch für die Steuer von Wichtigkeit, weshalb im nachfolgenden hierüber eine Untersuchung an einfachen Beispielen angestellt wird.

Für diese Untersuchungen ist noch einmal vorauszuschicken, daß die Bilanz eine Vermögensaufstellung ist und daß sie ein Bild von dem Vermögen gibt, wie es gerade an einem bestimmten Zeitpunkt, dem Bilanztage, vorhanden war. Aus

---

[6]) Vergleiche hier § 17 S. 193 „Einfache Buchführung“.

einer Bilanz ist also nur zu ersehen, was am Bilanztage gewesen ist, nicht etwa Vorgänge, die sich während des Jahres zugetragen haben, wie z. B. Warenumsätze. Es ist deshalb auch unkorrekt, wie das in der Praxis häufig geschieht, von einer Bilanz vom 1. 1.—31. 12. 1919 zu sprechen und zu schreiben. Es kann nur eine Bilanz für den 31. 12. oder irgendeinem anderen Tag geben. Immerhin mag der Kürze wegen gestattet sein statt „Bilanz für den Schluß des Jahres ..." zu sagen „Bilanz des Jahres ...".

Veränderungen am Vermögen, die sich im gleichen Betrage innerhalb der Aktivseite der Bilanz abspielen, sind auf das Kapitalkonto und den Gewinn ohne Einfluß.

Veränderungen solcher Art sind:

Wareneinkauf gegen bar; Bareinkauf von Roh- und Hilfsstoffen, Einrichtungsgegenständen, Maschinen usw. Was an Geld oder Guthaben aus dem Kassa-, Bank- oder Postscheckkonto herauskommt, wird in Form von Waren, Mobilien, Maschinen usw. im gleichen Werte den Geschäftsaktiven wieder einverleibt; die Summe der Aktiven bleibt unverändert, damit auch der Unterschied zwischen Aktiven und Passiven, das Kapital. Der Vorfall berührt den Gewinn nicht.

Entnahmen für den Haushalt usw., **wenn** die entnommenen Beträge im Kontokorrentbuch als Debitor erscheinen, d. h. wenn die buchmäßige Behandlung so erfolgt, als wäre der entnommene Betrag nicht dem Geschäftsinhaber gegeben, sondern einer anderen Person geliehen worden.

Zahlung von Lebensversicherungsprämien für den Geschäftsherrn, **wenn** die verausgabten Summen im gleichen Betrage als Wert der Lebensversicherung unter den Bilanzaktiven erscheinen (aktiviert sind).

In beiden Fällen wird wieder die Summe der Bilanzaktiven nicht verändert. Was aus der Kasse herausgenommen wurde, erscheint als Forderung des Geschäfts (Debitor) oder als sonst ein Aktivum (Lebensversicherungskonto).

Wurden wie hier Privatentnahmen aktiviert, so sind sie bei Feststellung des steuerbaren Reingewinnes der in der Bilanz ausgewiesenen Vermögensmehrung, dem Bilanzgewinn, nicht mehr zuzurechnen.

Das Kapitalkonto und damit auch der Gewinn bleiben ferner unverändert bei jenen Geschäftsvorfällen, in denen sich die Aktiven und gleichzeitig auch die Passiven (Kreditoren sowohl wie Reserven) um den gleichen Betrag erhöhten oder verminderten.

Erhöhungen sowohl der Aktiven als auch der Passiven treten ein, wenn ich Waren auf Kredit kaufe. Der unter den Aktiven aufgeführte Warenbestand wird um beispielsweise

10 000 Mk. höher, dafür erhöhen sich aber auch die unter den Passiven aufgeführten Schulden um den gleichen Betrag. Der Unterschied zwischen Aktiven und Passiven bleibt der gleiche; der Geschäftsvorfall ist auf den Gewinn ohne Einfluß.

Verminderung der Aktiven und Passiven um den gleichen Betrag ergeben sich in folgenden Fällen:

1. Bei Bezahlung von Waren-, Bank-, Darlehens- oder sonstigen Geschäftsschulden. Über den Begriff einer Geschäftsschuld kann kein Zweifel bestehen: Sobald der Gläubiger ein ordnungsgemäß errichtetes Konto in den Geschäftsbüchern hat oder — bei älteren Schulden — auf der Kreditorenliste gestanden hat, hat man es mit einer Geschäftsschuld zu tun.

Gebe ich meinem Warenlieferanten aus meinem Wechselportefeuille eine Rimesse über 10 000 Mk., so vermindern sich die Aktiven meiner Bilanz um diesen Betrag; um die gleiche Summe verringern sich aber auch meine Schulden. Der Unterschied zwischen Aktiven und Passiven bleibt der gleiche, der Gewinn wird nicht beeinflußt.

Ganz dasselbe ist es, wenn ich meinem stillen Teilhaber von den mir bei Geschäftsgründung geliehenen 20 000 Mk. den Betrag von 10 000 Mk. in barem zurückzahle. Die Aktiven vermindern sich um 10 000 Mk., die Schulden werden um 10 000 Mk. kleiner, der Unterschied zwischen Aktiven und Passiven bleibt der nämliche, der Vorgang hat auf den Gewinn gar keinen Einfluß. Etwas anders ist es, wenn man aus Geschäftsgeldern Privatschulden, die nicht in den Geschäftsbüchern stehen, heimzahlt.

2. Bei Ausgaben oder Verlusten, für welche im Vorjahre Rückstellungen gemacht wurden.

Bei einem Kaufmanne sind die Steuern für 1920 in diesem Jahre nicht mehr erhoben worden; er bildet deshalb eine Rücklage in Höhe von 5000 Mk., indem er in seiner Schlußbilanz für 1920 diesen Posten unter die Passiven als Steuerreserve einstellt. Wenn er nun im Jahre 1921 5000 Mk. seiner Kasse zur Zahlung der Steuern für 1920 entnimmt, vermindert er damit seine Aktiven um diesen Betrag, gleichzeitig vermindert er aber auch die Summe seiner Passiven (d. s. Kreditoren und Reserven) um den gleichen Betrag, indem er das Steuerreservekonto auflöst. Der Unterschied zwischen Aktiva und Passiva bleibt auf diese Weise unverändert, der Buchungsvorfall ist auf den Gewinn des Jahres 1921 ohne Einfluß geblieben.

Ganz ähnlich ist der Sachverhalt, wenn für zweifelhafte Forderungen im Jahre 1920 eine Reserve gelegt wurde, im Jahre 1921 aber der Schuldner Konkurs machte. Hier wird der Geschäftsinhaber seine Forderung an den zahlungsunfähigen Kunden dadurch aus seinen Aktiven herausnehmen, daß er sie über Delkrederekonto ausbucht, wodurch er gleichzeitig die Passiven (Delkrederekonto) um den zu Verlust gegangenen Betrag vermindert. Auch durch diesen Geschäftsvorfall wird der Gewinn des Jahres 1921 nicht beeinflußt, die Aktiva und die Passiva haben sich um den gleichen Betrag vermindert, ihr Unterschied (Kapitalkonto) ist unverändert geblieben.

Gerade die hier geschilderten Geschäftsvorfälle geben den an bilanzmäßiges Rechnen nicht Gewöhnten häufig Anlaß zu Fehlschlüssen. Bei der Rechnung mit Einnahmen und Ausgaben sind für die Ermittelung des zu versteuernden Einkommens die Aufwendungen zur Schuldentilgung dem Unterschied der Einnahmen über die Ausgaben zuzusetzen. Bei der Vermögensrechnung des Kaufmanns sind solche Aufwendungen, wie soeben geschildert, ohne Einfluß auf den Bilanzgewinn. Diese Tatsache deckt sich ganz mit der algebraischen Regel, daß der Wert einer Gleichung unverändert bleibt, wenn man auf beiden Seiten den gleichen Betrag addiert oder subtrahiert.

Der relativ geringen Zahl von Buchungsvorfällen, die das Geschäftsvermögen und den Reingewinn nicht beeinflussen, steht eine Unzahl von Geschäftsvorfällen gegenüber, die Gewinn oder Verlust erbringen und das Betriebsvermögen und den Gewinn vermehren oder vermindern.

III.

Die Bilanzen, wie sie in der Praxis aufgestellt werden, sind sehr wichtige Grundlagen für die Beurteilung der Vermögenslage und die Berechnung des Ertrages, aber weder in der einen noch in der anderen Hinsicht bilden sie ein absolut einwandfreies Material. Will man ein zutreffendes Urteil fällen, so muß man in jedem einzelnen Falle feststellen, nach welchen Grundsätzen die Bilanz aufgestellt ist, wie die Inventurwerte ermittelt, in welcher Weise die Abschreibungen vorgenommen wurden usw. Erst dann kann in die sachliche Prüfung vom steuerrechtlichen Standpunkt aus eingetreten werden.[7]) Es soll nicht Aufgabe des vorliegenden Buches sein, die Bilanz auch vom kaufmännischen und privatwirtschaftlichen Standpunkte aus zu betrachten. Hierüber sei auf die erschienenen Bilanzschlüssel (z. B. von Dr. Paul Gerstner) verwiesen.

Wie schon erwähnt, muß jede Bilanz individuell behandelt werden. Denn die Buchführung gewährt einen großen Spielraum, sie läßt sich nicht in feste Regeln drängen. Die einzelnen Buchungsvorfälle können daher in den verschiedensten Formen richtig dargestellt werden. Deshalb muß sich die Steuer-

[7]) Die handelsrechtlichen Vorschriften über die Aufstellung und Veröffentlichung der Bilanz, sowie die steuerrechtlichen Vorschriften über die Pflicht zur Einreichung und Erläuterung der Bilanz an die Steuerbehörde, ferner über die Grundlage der Bilanz für die Besteuerung sind im § 1 S. 1ff. behandelt.

behörde ganz nach den Gepflogenheiten des Geschäftsmannes richten und sich in seine Methode, den Gewinn zu ermitteln, hineindenken. Bei Bücher- und Bilanzprüfungen durch den Steuerbeamten wird es sich empfehlen, ein für allemal aktenmäßig festzuhalten, welche Besonderheiten der Geschäftsmann bei Aufstellung seiner Bilanz übt, um bei späteren Veranlagungen darauf Rücksicht nehmen zu können und unnötige Anfragen zu vermeiden.

Eine kursorische Prüfung der Bilanz läßt sich dadurch vornehmen, daß man die Unterlagen für die einzelnen Bilanzposten einsieht.

Der Kassabestand ist aus dem Kassabuch und bei doppelter Buchführung auch noch dem Kassakonto zu entnehmen.

Für die Prüfungen des Postscheck- und Bankguthabens stehen die Abrechnungen und Bankkontokorrentauszüge zur Verfügung.

Debitoren prüft man an der Hand der Debitorenliste; soll auch diese nachgesehen werden, so müßte man das Kontokorrent oder Hauptbuch zu Hilfe nehmen und feststellen, ob sämtliche Geschäftsaußenstände in der Debitorenliste enthalten sind.

Für Wechsel stehen Hilfsbücher (Skontri), Wechsel-Kopierbücher und bei doppelter Buchführung das Wechselkonto zur Verfügung.

Den Warenbestand prüft man nach der Warenaufnahme und beachtet die Art der Bewertung und Abschreibung. Besonders ist noch darauf zu sehen, daß bei Abschreibungen der um die Abschreibung verringerte Betrag auf neue Rechnung vorgetragen wird und nicht der ursprüngliche (§ 33a letzter Satz REinkStG. Ausführlicheres hierüber siehe unter § 8 Warenkonto und § 10 Abschreibungen).

Für die Anlagen, wie Immobilien, Mobilien, Maschinen, Werkzeuge, Geräte, Fuhrpark u. dgl. gibt das Hauptbuch, die Inventuraufnahme und meist noch besondere Hilfsmittel, wie Lagepläne, Werkstätteninventar u. ähnl. die Möglichkeit zur Prüfung.

Die Kreditoren sind in der Kreditorenliste festgehalten. Die Prüfung dieser Liste ist besonders zu empfehlen, weil nicht selten unter den Kreditoren echte Reserven versteckt sind. Die offenen Reservenkonten lassen sich an der Hand des Hauptbuches überblicken.

Wie mit den einzelnen Posten der Bilanz, so verfährt man auch mit den Vorträgen in der Gewinn- und Verlustrechnung. Findet man den Aufbau der Bilanz und die Bewertung der Bilanzposten in Ordnung, so geht man an die weitere Aufgabe und untersucht, ob die steuerrechtliche Beurteilung etwa zu Änderungen Anlaß gibt. In dieser Hinsicht ist bei der Gewinn- und Verlustrechnung besonderes Augenmerk zu richten:

1. auf das Gehälter- und Löhnekonto, weil häufig unter dieser Position Gehälter für den Geschäftsinhaber oder dessen Frau, oder

den Geschäftsteilhaber einer einfachen Handelsgesellschaft oder Kommanditgesellschaft sich verrechnet finden; § 7 Ziff. 3 REink.-StG. (vgl. § 4 Gewinn- und Verlustkonto);

2. auf das Zinsenkonto, weil diesem unter Umständen Zinsen für die Geschäftseinlagen belastet sind; § 15 Ziff. 2 REinkStG. (vgl. § 5 Zinsenkonto);

3. auf das Unkostenkonto, das neben den steuerrechtlich nicht abziehbaren Einkommen- und Personalsteuern sehr oft sonstige steuergesetzlich nicht abzugsberechtigte Ausgaben, also Ausgaben für private Zwecke und geschäftliche Anschaffungen, welche auf ein Bestandskonto hätten gebucht werden sollen, enthält; § 15 Ziff. 1 und 4 REinkStG.;

4. auf Rückstellungen und Abschreibungen, die nicht selten über das erforderliche Maß hinausgehen.

Als zweckmäßig dürfte sich erweisen, die Bilanz an der Hand von praktischen Beispielen zu betrachten und dabei die bilanztechnische und steuertechnische Seite in gleicher Weise zu berücksichtigen.

Aktiva Bilanz für 31. XII. 1919 **Passiva**

Aktiva		Passiva		
Immobilien	Mk. 100 000	Schulden		
Kassa, Bank- u. Postscheck	„ 10 000	a) Hypothek .	Mk. 40 000	
Wechsel	„ 15 000	b) Lieferanten	„ 35 000	
Ausstände	„ 30 000	c) Darlehen .	„ 10 000	
Waren	„ 50 000			Mk. 85 000
Einrichtung	„ 1 000	Delkredere		„ 3 000
		Reserve f. Eink.-Str. . . .		„ 2 000
		„ f. Umbau . . .		„ 4 000
		Kapital		„ 112 000
	Mk. 206 000			Mk. 206 000

Aktiva Bilanz für 31. XII. 1920 **Passiva**

Aktiva		Passiva		
Immobilien	Mk. 99 000	Schulden		
Kassa, Bank	„ 9 000	a) Hypothek	Mk. 39 400	
Wechsel	„ 16 000	b) Lieferanten	„ 50 000	
Ausstände	„ 45 000	c) Darlehen .	„ —	
Waren	„ 55 000			Mk. 89 400
Einrichtung	„ 850	Delkredere		„ 4 367
		Reserve f. Eink.-Str.		„ 4 000
		„ f. Umbau		„ 5 000
		Kapital		„ 122 083
	Mk. 224 850			Mk. 224 850

Wie groß ist der zu besteuernde Gewinn?

Auf das im Jahre 1920 erzielte steuerbare Einkommen kommt man, wenn man den Kapitalstand am 31. 12. 1920 zu

122 083 Mk.	mit dem Kapitalstand am 31. 12. 1919 zu
112 000 „	abgleicht. Dem Unterschiede mit
10 083 Mk.	werden die steuerlich nicht als Werbungskosten anerkannten Beträge zugesetzt, nämlich
2000 „	für im Jahre 1920 zurückgestellte Einkommensteuern (die übrigen 2000 Mk. waren am 31. 12. 1919 bereits vorhanden)
1000 „	(5000 — 4000 Mk., die im Vorjahr schon zurückgestellt waren) Rückstellung für Umbau, als Gewinnreservierung (= Zuweisung an eine echte Reserve)
1800 „	laut Kassabuch im Jahre 1920 bezahlte Einkommensteuern, die nicht zu Lasten der Steuerreserve verrechnet wurden,
10 000 „	die laut Kassabuch, Bankkonto oder Privatkonto dem Geschäft zu privaten Zwecken (für den Haushalt, Privatwohnung, Kleidung usw., zu Kapitalrücklagen — Ersparnissen — usw.) entnommen wurden einschließlich des Wertes der Waren, die dem Geschäft für den Haushalt ohne Bezahlung entnommen wurden.
24 883 Mk.	

Wären die während des Jahres 1920 bezahlten Einkommensteuern von 1800 Mk. zu Lasten der Steuerreserve verrechnet worden, so würde diese nicht mehr 4000 Mk., sondern nur mehr 4000 Mk. — 1800 Mk. = 2200 Mk. betragen. Da sie noch mit 4000 Mk. in der Bilanz für 31. 12. 1920 erscheint, so beweist das, daß die Barzahlung dem Geschäft ohne Rücksicht auf die Reserve belastet ist, wodurch sich die Zurechnung der 1800 Mk. zum Bilanzgewinn rechtfertigt.

Bei Kürzung der 1800 Mk. an der im Vorjahr gelegten und versteuerten Reserve, also wenn am 31. 12. 1920 die Steuerreserve nur mit 2000 Mk. — 1800 Mk. = 200 Mk. + 2000 Mk. Zuweisung in 1920 = 2200 Mk. in der Bilanz erschiene, dürften die 1800 Mk. dem Bilanzgewinn nicht mehr zugeschlagen werden. Denn hier wäre der Fall gegeben, daß Aktiva (Kassa) und Passiva (Steuerreserve) sich um den gleichen Betrag vermindern, wodurch sich, wie oben (S. 33) schon ausgeführt, der Gewinn oder Verlust nicht ändert. Das gilt gleicherweise sowohl für die doppelte wie auch für die einfache kaufmännische Buchführung; bei der einfachen kaufmännischen Buchführung werden bekanntlich selten Konten für solche Zwecke errichtet werden, die Verrechnung erfolgt vielmehr nur in den Bilanzen selbst. Die Wirkung auf das Kapitalkonto und damit auch auf den Gewinn ist in beiden Fällen die gleiche.

Einiges über die buchmäßige Behandlung der Privatentnahmen.

Beispiel I.

Aktiva — Bilanz für 31. XII. 1919. — Passiva

Aktiva		Passiva		
Immobilien	Mk. 100 000	Schulden:		
Kassa	„ 10 000	Hypotheken	Mk. 40 000	
Wechsel	„ 15 000	Lieferanten	„ 35 000	
Ausstände	„ 30 000	Darlehen	„ 10 000	
Waren	„ 50 000			Mk. 85 000
Einrichtung	„ 1 000	Delkredere		„ 3 000
		Steuerreserve		„ 2 000
		Umbaureserve		„ 4 000
		Kapital		„ 112 000
	Mk. 206 000			Mk. 206 000

Aktiva — Bilanz für 31. XII. 1920. — Passiva

Aktiva		Passiva		
Immobilien	Mk. 99 000	Schulden:		
Kassa	„ 9 000	Hypothek	Mk. 39 400	
Wechsel	„ 16 000	Lieferanten	„ 50 000	
Ausstände	„ 45 000			Mk. 89 400
Waren	„ 55 000	Delkredere		„ 4 367
Einrichtung	„ 850	Steuerreserve		„ 4 000
		Umbaureserve		„ 5 000
		Kapital		„ 122 083
	Mk. 224 850			Mk. 224 850

Beispiel II.

Aktiva — Bilanz für 31. XII. 1919. — Passiva

Aktiva		Passiva		
Immobilien	Mk. 100 000	Schulden:		
Kassa	„ 10 000	Hypothek	Mk. 40 000	
Wechsel	„ 15 000	Lieferanten	„ 35 000	
Ausstände	„ 30 000	Darlehen	„ 10 000	
Waren	„ 50 000			Mk. 85 000
Einrichtung	„ 1 000	Delkredere		„ 3 000
Privatentnahme	„ 6 000	Steuerreserve		„ 2 000
		Umbaureserve		„ 4 000
		Kapital		„ 118 000
	Mk. 212 000			Mk. 212 000

Aktiva Bilanz für 31. XII. 1920. **Passiva**

Aktiva		Passiva	
Immobilien	Mk. 99 000	Schulden	Mk. 89 400
Kassa	„ 9 000	Delkredere	„ 4 367
Wechsel	„ 16 000	Steuerreserve	„ 4 000
Ausstände	„ 45 000	Umbaureserve	„ 5 000
Waren	„ 55 000	Kapital	„ 132 083
Einrichtung	„ 850		
Privatentnahmen . . .	„ 10 000		
	Mk. 234 850		Mk. 234 850

Beispiel III.

Aktiva Bilanz für 31. XII. 1919. **Passiva**

Aktiva		Passiva	
Immobilien	Mk. 100 000	Schulden	Mk. 85 000
Kassa	„ 10 000	Delkredere	„ 3 000
Wechsel	„ 15 000	Steuerreserve	„ 2 000
Ausstände	„ 30 000	Umbaureserve	„ 4 000
Waren	„ 50 000	Kapital	„ 112 000
Einrichtung	„ 1 000		
	Mk. 206 000		Mk. 206 000

Aktiva Bilanz für 31. XII. 1920. **Passiva**

Aktiva		Passiva	
Immobilien	Mk. 99 000	Schulden	Mk. 89 400
Kassa	„ 9 000	Delkredere	„ 4 367
Wechsel	„ 16 000	Steuerreserve	„ 4 000
Außenstände	„ 45 000	Umbaureserve	„ 5 000
Waren	„ 55 000	Kapital	„ 122 083
Einrichtung	„ 850		
	Mk. 224 850		Mk. 224 850

Zu Bilanz-Beispiel I und II.

Soll Gewinn- und Verlust-Konto für 1920. **Haben**

Soll		Haben	
An Gehälter u. Löhne-Kto.	Mk. 7 000	Per Waren-Kto. . . .	Mk. 36 000
„ Handlungsunkosten-Kto.	„ 6 000	„ Immobilienertr.-Kto.	„ 7 333
„ Hypothekenzinsen-Kto. .	„ 1 900		
„ Zinsen-Kto.	„ 400		
„ Steuer-Kto.	„ 3 800		
„ Umbaureserve-Kto. . .	„ 1 000		
„ Immobilien-Kto. (Abschr.)	„ 1 000		
„ Einrichtungs-Kto. „	„ 150		
„ Delkredere-Kto.	„ 2 000		
„ Kapital-Kto. (Gewinn)	„ 20 083		
	Mk. 43 333		Mk. 43 333

Zu Bilanz-Beispiel III.

Soll — Gewinn- und Verlust-Konto 1920. — Haben

Soll			Haben		
Gehälter und Löhne	Mk.	7 000	Waren	Mk.	36 000
Handlungsunkosten	„	6 000	Immobilienertrag	„	7 333
Hypothekenzinsen	„	1 900			
Zinsen	„	400			
Steuern	„	3 800			
Umbaureserve	„	1 000			
Immobilienabschreibung	„	1 000			
Einrichtungsabschreibung	„	150			
Delkredere	„	2 000			
Privat	„	10 000			
Kapital, Gewinn	„	10 083			
	Mk.	43 333		Mk.	43 333

Die Entnahmen aus dem Geschäft für den Haushalt, zum eigenen Gebrauch oder Verbrauch, zu Anlagen in Wertpapieren oder zum Erwerb von Grundstücken, Schmuck, Kunstgegenständen, die nicht dem Gewerbe dienen sollen, zur Unterstützung von Verwandten usw. schmälern *auf jeden Fall* den durch *Abgleichung des reinen Vermögens* der Vorjahrsbilanz mit jenem der Bilanz für das laufende Geschäftsjahr ermittelten Gewinn.

In Bilanz-Beispiel I sind die Privatentnahmen — wie wir aus der zugehörigen Verlust- und Gewinnrechnung ersehen — *über Kapitalkonto* abgebucht.

In Bilanz-Beispiel III sind die Privatentnahmen — wie wir aus der zugehörigen Verlust- und Gewinnrechnung ersehen — *über Verlust und Gewinn* abgebucht.

In beiden Fällen weist das **Kapitalkonto den gleichen Betrag** aus; deshalb ist *in beiden Fällen* dem **Bilanz**gewinn[7]) für die Ermittlung des steuerbaren Einkommens der Betrag der Privatentnahmen zuzurechnen. Etwas anderes ist es, wenn man *von dem in der Verlust- und Gewinnrechnung ausgewiesenen Gewinn ausgeht*. In diesem Falle sind die Privatentnahmen auf den Gewinn ohne Einfluß, wenn sie über Kapitalkonto abgebucht sind — Beispiel I — und sind dem Saldo des Gewinn- und Verlustkontos erst zuzurechnen, wenn sie über Verlust und Gewinn geführt sind, wie in Beispiel III.

Eine dritte Möglichkeit die Privatentnahmen buchmäßig zu behandeln besteht darin, daß sie aktiviert werden — Bilanzbeispiel II —. Auch hier beeinflussen sie den Gewinn nicht, sie

[7]) Mk. 122 083 — Mk. 112 000 =
„ 10 083
\+ „ 10 000 Entnahme
Mk. 20 083

erscheinen gewissermaßen als Debitoren des Geschäftes und es ist, wie schon erwähnt, nur eine Verschiebung innerhalb der Aktiven der Bilanz eingetreten. Das Kapitalkonto ist im Vergleich zu den beiden anderen Fällen — Bilanzbeispiel I und III — um den Betrag der Privatentnahmen höher (132 083 Mk. gegen 122 083 Mk.). Doch ist für die Feststellung des Bilanzgewinns zu beachten, daß an dem Stande des Kapitalkontos in der Vorjahrsbilanz erst die dort aktivierten Privatentnahmen abgesetzt werden müssen, weil durch die aktivierten Privatentnahmen das unter den Passiven der Bilanz stehende Kapitalkonto größer wird (118 000 Mk. — 6000 Mk.), so daß sich als reines Geschäftsvermögen am 31. Dezember 1919 oder richtiger am 1. Januar 1920 der Betrag

von	112 000 Mk.
ergibt. Abgeglichen mit	132 083 „
der Schlußbilanz, ergibt den Reingewinn von . .	20 083 Mk.

wie in der Verlust- und Gewinnrechnung — der gleiche wie zu Beispiel I —.

Für die Feststellung des steuerbaren Gewinns kommt wie im ersten Beispiel hinzu

2000 Mk. Rückstellung für Einkommensteuern,
1800 „ der Verlust- und Gewinnrechnung belastete Einkommensteuern,
1000 Mk. Rückstellung für Umbau.

Aus dem Bilanzbeispiel und der Verlust- und Gewinnrechnung läßt sich auch die buchmäßig richtige Behandlung der Annuitätentilgung verfolgen. Die Bilanz weist die Hypothekenschulden am 31. Dezember 1918 mit 40 000 Mk., am 31. Dezember 1919 mit 39 400 Mk. aus, und die Verlust- und Gewinnrechnung verrechnet 1900 Mk. Hypothekenzinsen. Die Verminderung des Hypothekenkapitals gab einen Fingerzeig nachzuforschen, ob ein Annuitätenkapital in Frage steht und der Geschäftsmann erklärte daraufhin, daß sein Haus mit einer 5%igen Annuität zu 50 000 Mk. belastet sei, 4% seien Zinsen, 1% Tilgung; seit etwa 10 Jahren zahle er am Kapital ab. Nach seiner Bankquittung treffen von den 2500 Mk. Annuitätenzins 1900 Mk. als Zins für das Restkapital und 600 Mk. sind Kapitaltilgung. Er hat zunächst die ganzen 2500 Mk. dem Hypotheken*zinsen*konto belastet und das Kassakonto für diesen Betrag erkannt, vor Abschluß aber wurden 600 Mk. Tilgung am Hypotheken*kapital*konto abgebucht und dem Hypotheken*zinsen*konto gutgeschrieben, so daß dieses nur mehr mit 1900 Mk. Aufwand in die Verlust- und Gewinnrechnung überging. Auf diese Weise ist die Tilgung ordnungsgemäß, d. h. so, daß sie den Gewinn nicht schmälert, verrechnet und es kann auch vom steuerrechtlichen Standpunkt aus betrachtet der Betrag der Tilgung dem Gewinn nicht mehr zugeschlagen werden. Wäre die Buchung nicht in dieser Weise erfolgt, so müßte der Tilgungsbetrag dem Bilanzgewinn zugeschlagen werden, weil nach § 15 Ziff. 1 REinkStG. Aufwendungen zur Schuldentilgung vom Gesamtbetrage der Einkünfte nicht abgezogen werden dürfen.

Ganz das Gleiche gilt für die aus der Bilanz 1919 verschwundene **Darlehensschuld.**

Die Bilanz 1919 weist noch 10 000 Mk. Darlehensschuld aus; in der Verlust- und Gewinnrechnung für das Jahr 1920 finden wir 400 Mk. Zinsen dafür verrechnet. Der Geschäftsinhaber klärt uns auf Befragen auf, daß es sich um ein 5%iges Darlehen handle, das er im September 1920 zurückbezahlt habe. Durch die Rückzahlung wird weder das reine Geschäftsvermögen noch der Gewinn irgendwie beeinflußt. Wir haben bereits früher gehört,[8]) daß sich durch die Rückzahlung die Geschäftsaktiven (Kassakonto oder Bankguthaben) und die Geschäftspassiven (Darlehenskonto) um den gleichen Betrag vermindern, und daß in diesem Falle Vermögen und Ertrag unberührt bleiben. Der Fall läge anders, wenn wir es mit einer Geldrechnung nach Einnahmen und Ausgaben zu tun hätten und nicht mit einer kaufmännischen Vermögensrechnung.

Da die 10 000 Mk. nicht mehr das ganze Jahr, sondern nur noch rund 9 Monate zu verzinsen waren, erscheinen in der Verlust- und Gewinnrechnung auch nur 400 Mk. und nicht 500 Mk. Zinsen.

Etwas über Zinsen aus dem Eigenkapital.

Bilanz auf den 31. XII. 1919.

Aktiva		Passiva	
Immobilien	Mk. 100 000	Schulden	Mk. 85 000
Kassa	„ 10 000	Delkredere	„ 3 000
Wechsel	„ 15 000	Steuerreserve	„ 2 000
Ausstände	„ 30 000	Umbaureserve	„ 4 000
Waren	„ 50 000	Kapital	„ 112 000
Einrichtung	„ 1 000		
	Mk. 206 000		Mk. 206 000

Bilanz auf den 31. XII. 1920.

Aktiva		Passiva	
Immobilien	Mk. 99 000	Schulden	Mk. 89 400
Kassa	„ 9 000	Delkredere	„ 4 367
Wechsel	„ 16 000	Steuerreserve	„ 4 000
Ausstände	„ 45 000	Umbaureserve	„ 5 000
Waren	„ 55 000	Kapital	
Einrichtung	„ 850	Stand: 31. XII. 1919 . 112 000	
		— Privatgebr. 1920 . 10 000	
		102 000	
		+ 5% Zinsen . . . 5 600	
		+ Gewinn 14 483	
			122 083
	Mk. 224 850		Mk. 224 850

[8]) Seite 32.

Soll	Verlust- und Gewinn-Rechnung für 1920.		Haben
Gehälter und Löhne . . .	Mk. 7 000	Waren	Mk. 36 000
Handlungsunkosten	„ 6 000	Immobilienertrag	„ 7 333
Hypothekenzinsen	„ 1 900		
Zinsen	„ 6 000		
Steuer	„ 3 800		
Umbaureserve	„ 1 000		
Abschreibungen	„ 1 150		
Delkredere	„ 2 000		
Kapital	„ 14 483		
	Mk. 43 333		Mk. 43 333

Der Geschäftsinhaber hat sich für sein im Geschäfte steckendes Vermögen 5% Zinsen gutgeschrieben. Die Zinsen werden meist dem Kapitalkonto, aber auch dem Privatkonto gutgeschrieben (siehe Abhandlung Kapital- und Privatkonto). Die Belastung erfolgt dem Geschäfte gegenüber auf dem Zinsenkonto, das dadurch mit einem um die 5% aus 112 000 Mk. = 5600 Mk. höheren Saldo in die Verlust- und Gewinnrechnung übergeht, wodurch sich der in der Verlust- und Gewinnrechnung ausgewiesene Reingewinn von 20 083 Mk. auf 14 483 Mk. mindert.

Für die steuerrechtliche Beurteilung liegt, wenn die Zinsen dem Kapitalkonto erkannt sind, der Fall umgekehrt wie bei den Privatentnahmen. Geht man nämlich für die Feststellung des Gewinns **von der Bilanz** aus, indem man die Bilanz des heurigen Jahres mit der Vorjahrsbilanz abgleicht 122 083 — 112 000 Mk., so erhält man den Unterschied mit 10 083 Mk. ebenso, wie wenn die Zinsen dem Geschäfte gar nicht belastet worden wären. Das kommt davon, daß die Zinsen dem Kapitalkonto gutgeschrieben worden sind, d. h. in dessen Saldo enthalten sind. Man darf also, wenn man **von der Bilanz** ausgeht, die dem Geschäfte belasteten Zinsen für die Feststellung des steuerbaren Gewinns n i c h t m e h r zurechnen. Etwas anderes ist es, wenn man **von der Verlust- und Gewinnrechnung** ausgeht. Dem in der **Verlust- und Gewinnrechnung** ausgewiesenen Gewinn sind die dem Geschäfte belasteten **Zinsen** zuzuschlagen, weil sie auf der Sollseite der Verlust- und Gewinnrechnung als Aufwand erscheinen. Also 14 483 + 5600 Mk. = 20 083 Mk. Dem nach der **Bilanz** berechneten Gewinn sind dagegen **die Privatentnahmen** zuzuschlagen, weil durch die Herausnahme des Betrages für private Zwecke das aktive Vermögen kleiner geworden ist. Dies drückt sich naturgemäß auch in dem Unterschiede zwischen Aktiva und Passiva, d. i. in dem Kapitalkonto, aus, also 10 083 + 10 000 Mk. = 20 083 Mk.

Wir erfahren aus dieser Rechnung zweierlei:

1. daß *ein Unterschied* ist zwischen *bilanzmäßigem Gewinn* und dem *Reingewinn nach der Verlust- und Gewinnrechnung*.[9]) In der Praxis und namentlich in der Steuerpraxis werden diese grundverschiedenen Begriffe nicht immer mit der wünschenswerten Schärfe auseinandergehalten.

2. Daß man bei Kenntnis der Privatentnahmen durch Vergleich des Bilanzgewinns mit dem Gewinn der Verlust- und Gewinnrechnung feststellen kann, ob *sich der Geschäftsmann für seine Einlage Zinsen gutgeschrieben hat*.[10])

Würde es sich in dem gegebenen Beispiele darum handeln, den *Geschäftsgewinn* für sich allein, also ohne das Erträgnis aus dem Hause festzustellen, z. B. deshalb, weil das Haus in Polen liegt und seine Erträgnisse in Deutschland infolge eines Staatsvertrages[11]) nicht steuerpflichtig sein würden, so müßten

von den	14 483 Mk.
Gewinn nach der Gewinn- und Verlustrechnung die Immobilienerträgnisse abgesetzt werden mit . . .	7333 „
	7150 Mk.
dagegen unter den Aufwendungen jene für das Haus mit 1900 Mk. für Hypothekenzinsen und 1000 Mk. für Abschreibungen = ...	+ 2900 „
herausgenommen werden, so daß sich der reine Geschäftsgewinn auf	10 050 „
stellt, dem für die Feststellung des steuerbaren Gewinns zuzuschlagen wären Einkommensteuern	3800 „
Umbaureserve	1000 „
Zins für das Eigenkapital	5600 „

Diese Ausscheidung ist mit Umständlichkeiten verknüpft, sobald der betreffende Geschäftsherr nicht doppelte, sondern nur einfache Buchführung hat. Hier muß auf die Abhandlung über Gewinnermittlung bei einfacher Buchführung § 17 S. 193 verwiesen werden.

Zur Schärfung des Urteils über Bilanzen hier noch einige ungewöhnliche Bilanzbeispiele:

---

9) Die vorausgegangenen Ausführungen, insbesondere die Zahlenbeispiele auf Seiten 38—43, lassen gar keinen Zweifel aufkommen, daß sich diese Folgerung nur auf Bilanzen von Einzelkaufleuten und offenen Handelsgesellschaften usw., nicht aber auf Aktiengesellschaften und andere juristische Personen beziehen kann.

Die Kritik des Dr. Veit Simon in der Juristischen Wochenschrift Heft 2, 1921, S. 92, wonach kein Unterschied zwischen Bilanzgewinn und Gewinn nach dem Gewinn- und Verlustkonto bestehen würde, geht daher fehl.

10) Vorausgesetzt, daß sich nicht noch andere Veränderungen im Kapitalkonto ergeben haben.

11) Nach § 6 des REinkStG. sind auch Einkünfte von im Auslande gelegenen Grundbesitze steuerpflichtig, sofern die subjektive Steuerpflicht gegeben ist.

Bilanz für 31. XII. 1917.

Aktiva		Passiva	
Kassa	Mk. 500	Schulden	Mk. 41 500
Ausstände	„ 5 000		
Waren	„ 4 000		
Maschinen	„ 20 000		
Verlust	„ 12 000		
	Mk. 41 500		Mk. 41 500

Bilanz für 31. XII. 1918.

Aktiva		Passiva	
Kassa	Mk. 800	Schulden	Mk. 31 800
Ausstände	„ 6 000		
Waren	„ 3 000		
Maschinen	„ 18 000		
Verlust	„ 4 000		
	Mk. 31 800		Mk. 31 800

Bilanz für 31. XII. 1919.

Aktiva		Passiva	
Kassa	Mk. 1 000	Schulden	Mk. 21 000
Ausstände	„ 4 000	Kapital	„ 3 000
Waren	„ 3 000		
Maschinen	„ 16 000		
	Mk. 24 000		Mk. 24 000

Was ist in den Jahren 1918 und 1919 verdient worden, wenn dem Geschäfte im Jahre 1918 6000 Mk., im Jahre 1919 8000 Mk. zu Privatzwecken entnommen wurden?

1918:	Verlust 1917	12 000 Mk.
	Verlust 1918	4000 „
	Minderung des Verlusts	8000 Mk.

Wodurch ist diese Verminderung des Verlustes eingetreten? Nachdem keine Einlagen gemacht wurden nur dadurch, daß das Geschäft im Jahre 1918 Gewinn abgeworfen hat und mit diesem Gewinn der Verlust der früheren Jahre vermindert werden konnte. Da aber dem Geschäfte noch 6000 Mk. zu Privatzwecken entzogen wurden, sind diese 6000 Mk. der Verlustminderung zuzurechnen, so daß sich für 1918 ein Gewinn von 14 000 Mk. ergibt.

Anders läge der Fall, wenn die Verminderung des Verlustes durch Einlagen, die der Inhaber aus Privatmitteln gemacht hatte, gedeckt worden wäre. Dann müßte, wie das bei Einlagen immer zu geschehen hat, von dem errechneten Gewinn zu 14 000 Mk. die Summe der Einlage wieder abgesetzt werden, z. B. 3000 Mk., und der Gewinn wäre nur 11 000 Mk. Die Einlagen sind aus dem Kassabuch oder Bankbuche oder Effektenkonto und, wenn ein Kapital- oder Privatkonto geführt wird, auch aus diesen ersichtlich. Auf das Ergebnis ist es ohne Einfluß, ob die Einlage innerhalb des Bilanzjahres zu Beginn oder gegen Schluß des Jahres, in einer Summe oder in mehreren Beträgen erfolgt ist. Stets ist die Gesamtsumme der im Bilanzjahre gemachten Einlagen am ermittelten Gewinn abzusetzen (vgl. § 3 Kapitalkonto S. 51).

1919:	Verlust 1918	4000 Mk.
	Vermögen 1919 . . .	3000 „
	Vermögensmehrung . .	7000 Mk.
	Privatentnahmen . . .	8000 „
	Gewinn	15 000 Mk.

Der unter den Aktiven ausgewiesene Verlust ist natürlich ebensowenig ein Aktivum, wie das unter den Passiven erscheinende Eigenvermögen des Geschäftsinhabers ein Passivum ist; er ist auf der Aktivseite negatives Kapital.

IV.

In den vorstehenden Abschnitten II und III wurde vorwiegend die Bilanz des Einzelkaufmanns behandelt. Wenn nun auch zwischen dieser Bilanz und der Bilanz einer Gesellschaft ein Unterschied nur in formaler, im Grunde genommen aber nicht in materieller Hinsicht besteht, sollen doch noch nachstehend an der Hand von Beispielen Bilanzen von Gesellschaften steuerrechtlich behandelt werden.

Die formalen Unterschiede bestehen darin, daß das Reinvermögen in der Bilanz des Einzelkaufmanns in der Regel in einem Posten (Kapitalkonto), in der Bilanz der offenen Handelsgesellschaft und der einfachen Kommanditgesellschaft dagegen in der Regel in mehreren Posten (Teilhaberanteile) angegeben ist, während in der Bilanz der Aktiengesellschaft das Grundkapital, etwaige Reserven und der Gewinn-Saldo der Vorschrift in § 261 Ziff. 5 und 6 HGB. entsprechend getrennt ausgewiesen werden müssen.

Bilanz einer Aktiengesellschaft.

Bei der Aktiengesellschaft sind die sämtlichen Gesellschafter (Aktionäre) mit Einlagen auf das in Aktien zerlegte Grundkapital der Gesellschaft beteiligt, ohne persönlich für deren Verbindlichkeiten zu haften (§ 178 HGB.). Das Anteilsrecht des Aktionärs an der AG. stellt die Aktie dar. Die AG. ist juristische Person (§ 210 HGB.). Sie ist für sich Steuerträgerin (§ 1 Nr. 1 Körpersch.-StG.); ihre Gesellschafter versteuern Kapitalertrag (§ 8 Nr. 1 REinkStG. und § 2 KapErtrStG.).

Aktiva **Bilanz per 31. Dezember 1923.** **Passiva**

Aktiva	Mk.	Pf.	Mk.	Pf.	Passiva	Mk.	Pf.
Grund- und Bodenkonto		[12])	400 000	—	Aktienkapitalkonto . . .	1 500 000	—
Gebäudekonto	470 000	—			Hypothekenkonto . . .	50 000	—
1% Abschreibung . . .	4 700	—	465 300	—	Hausertragskonto . . .	2 500	—
Utensilienkonto	20 000	—			Kreditorenkonto . . .	60 000	—
10% Abschreibung . .	2 000	—	18 000	—	Dividendenkonto, unerhobene Dividenden .	150	—
Maschinenkonto	180 000	–			Reservefondskonto (gesetzl. Reserve) . .	11 600	—
15% Abschreibung . .	2 700	—	177 300	—	Spezialreservefondskonto	30 000	—
Fuhrwerkskonto . . .	5 000	—			Delkrederekonto	7 500	—
50% Abschreibung . .	2 500	—	2 500	—	Gewinn- u. Verlustkonto, Reingewinn	94 000	—
Lagerbestand			400 000	—			
Kassakonto			6 000	—			
Wechselkonto			26 000	—			
Debitorenkonto			160 000	—			
Effektenkonto			100 000	—			
Bankguthaben			600	—			
			1 755 700	—		1 755 750	—

Soll **Gewinn- und Verlustrechnung.** **Haben**

Soll	Mk.	Pf.	Mk.	Pf.	Haben	Mk.	Pf.
Abschreibungen:					Gewinnvortrag von 1922	2 570	—
Gebäudekonto	4 700	—			Effektenkonto	3 100	—
Utensilienkonto	2 000	—			Generalwarenkonto . .	196 730	—
Maschinenkonto	2 700	—			Hausertragskonto . . .	14 900	—
Fuhrwerkskonto . . .	2 500	—	11 900	—	Zinsenkonto	2 500	—
Handlungsunkostenkonto			97 500	—			
Steuer- und Arbeiterversicherungskonto .			15 100	—			
Provisionskonto . . .			1 300	—			
Reingewinn und seine Verwendung:							
Delkrederekonto	3 000	—					
Vergütungen an den Aufsichtsrat	3 500	—					
Vergütungen an den Vorstand	1 200	—					
Vergütungen an die Angestellten	3 000	—					
Gesetzlicher Reservefonds	5 000	—					
Dividende 5%	75 000	—					
Vortrag auf neue Rechnung	3 300	—	94 000	—			
			219 800	—		219 800	—

[12]) Der Einfachheit wegen wurden runde Ziffern genommen.

Der steuerbare Gewinn berechnet sich hienach wie folgt:

Gewinn lt. Bilanz und Gewinn- und Verlustrechnung		94 000 Mk.,
hiezu:		
zu hohe Abschreibung auf Fuhrwerke (statt 50% werden nur 20% zugelassen) = 30% aus 5000 Mk. = ...		1500 „
die dem Steuerkonto belastete Körperschaftssteuer (§ 8 Nr. 2 KörperschStG.).		1000 „
	Summa	96 500 Mk.
hievon ab:		
Gewinn-Vortrag[13]) (vgl. § 4 Gewinn- und Verlustkonto)	2570 Mk.,	
Vergütungen:		
an die Mitglieder des Aufsichtsrats	3500 „	
an die Mitglieder des Vorstands . .	1200 „	
an die Angestellten	3000 „	

(Diese Vergütungen werden hier als Entschädigung oder Belohnung für die Tätigkeit der Genannten gewährt; sie gelten daher nicht als steuerbares Einkommen der AG. — vgl. § 6 Nr. 6 KörperschStG. —).

Die Zuweisung zum Delkrederekonto dient in vorliegendem Falle nicht zur richtigen Bewertung von Debitoren, sie ist vielmehr eine Rücklage zur Deckung künftiger möglicher Ausfälle. Sie ist daher steuerpflichtig und hier nicht abzuziehen (vgl. § 12 Delkrederekonto).

Ebenso ist die Zuweisung zum gesetzlichen Reservefonds steuerpflichtig (vgl. § 9 Reserven).

Der Ertrag aus dem Hause mit 14 900 Mk. ist, nachdem es sich hier um eine gewerbetreibende AG. handelt, gewerbliches Einkommen (§ 344 HGB., vgl. EntschBOK. Bd. 16 S. 152).

	Summe der Abgänge	10 270 „
Es verbleibt sonach ein steuerbares Einkommen von		86 230 Mk.

Bilanz einer offenen Handelsgesellschaft.

Wenn mehrere Personen vertragsmäßig ein Handelsgewerbe auf gemeinschaftliche Rechnung unter gemeinschaftlicher Firma betreiben und es ist bei keinem der Gesellschafter die Haftung gegenüber den Gesellschaftsgläubigern auf die etwaige Ein-

[13]) Ein Verlust-Vortrag ist nicht auszuscheiden (vgl. § 4 Gewinn- und Verlustkonto).

lage beschränkt, so ist dies die offene Handelsgesellschaft. Sie ist keine juristische Person, hat aber gewisse Rechte der Körperschaften juristischer Personen. Denn sie kann unter ihrer Firma Vermögensrechte erwerben, Verbindlichkeiten eingehen, klagen und verklagt werden, den einzelnen Gesellschaftern als Gläubiger oder Schuldner gegenüberstehen usw. (§§ 105 ff. HGB., PrOVG. Bd. 6 S. 387, 9 S. 384, 14 S. 83, Maatz S. 200).

Die offene Handelsgesellschaft[14]) ist eine rein individualistische Gesellschaftsform, in der Kapital und Arbeit vergesellschaftet wird, im Gegensatz zur rein kapitalistischen Gesellschaftsform der Aktiengesellschaft.

Aktiva	Bilanz auf den 31. XII. 1920		Passiva
Kassa	Mk. 3 000	Kreditoren	Mk. 20 000
Debitoren	„ 28 000	Kapital A (Kapitalanteile) . . .	„ 20 000
Waren	„ 40 000	„ B (Kapitalanteile) . . .	„ 30 000
Inventar	„ 1 000	„ C (Kapitalanteile) . . .	„ 2 000
	Mk. 72 000		Mk. 72 000

Laut Gesellschaftsvertrag ist am Gewinn und Verlust beteiligt:
A mit 40%,
B mit 50%,
C mit 10%.

Aktiva	Bilanz auf den 31. XII. 1921		Passiva
Kassa	Mk. 1 000	Kreditoren	Mk. 20 000
Inventar	„ 500	Kapital A	„ 11 000
Debitoren	„ 30 000	„ B	„ 18 750
Waren	„ 18 000	„ C	„ —
Konto C (Mitinhaber) .	„ 250		
	Mk. 49 750		Mk. 49 750

[14]) Hier wäre noch die einfache Kommanditgesellschaft und die Kommanditgesellschaft auf Aktien zu erwähnen. Die einfache Kommanditgesellschaft ist eine Gesellschaft, deren Zweck auf den Betrieb eines Handelsgewerbes unter gemeinschaftlicher Firma gerichtet ist und bei der bei einem oder bei einigen von den Gesellschaftern die Haftung gegenüber den Gesellschaftsgläubigern auf den Betrag einer bestimmten Vermögenseinlage beschränkt ist (Kommanditisten), während bei dem anderen Teile der Gesellschafter eine Beschränkung der Haftung nicht stattfindet (persönlich haftende Gesellschafter oder Komplementäre) — vgl. §§ 161 ff. HGB. — Sie ist eine Abart der offenen Handelsgesellschaft. Wenn dagegen das gesamte Einlagekapital der Kommanditisten, das Grundkapital in Aktien zerlegt wird, so handelt es sich um eine Kommanditgesellschaft auf Aktien (§ 320 HGB.). Diese ist eine Unterart der Aktiengesellschaft und wie diese eine juristische Person.

Die einfache Kommanditgesellschaft ist dagegen keine juristische Person. Sie ist daher wie die offene HG. als solche weder nach dem KörperschStG. noch nach dem REinkStG. zu besteuern; es ist vielmehr jeder einzelne Gesellschafter für sich mit seinem Gewinnanteil nach dem REinkStG zu veranlagen.

Dagegen ist die Kommanditgesellschaft auf Aktien als juristische Person nach dem KörperschStG. zu besteuern.

Durch den eingetretenen Verlust von insgesamt 22 500 Mk., an dem der Gesellschafter C mit 10% = 2250 Mk. beteiligt ist, wurde seine Kapitaleinlage aufgezehrt, so daß er statt einer Forderung an die Gesellschaft eine Schuld von 250 Mk. an diese hat. Die Schuld des Gesellschafters ist eine Forderung der Gesellschaft an diesen, weshalb der Betrag von 250 Mk. als Aktivum in der Gesellschaftsbilanz auszuweisen ist. Es geht also das Konto des Gesellschafters C von der Passivseite der Bilanz auf die Aktivseite als sein negatives Kapital über.

Die offene Handelsgesellschaft ist als solche weder nach dem KörperschStG. noch nach dem REinkStG. zu besteuern; es ist vielmehr jeder einzelne Gesellschafter für sich mit seinem Gewinnanteil nach dem REinkStG. zu veranlagen.

Für die Besteuerung ist es daher zweckmäßig, bei dieser Gesellschaft wie auch bei der einfachen Kommanditgesellschaft in der Bilanz nicht ein einheitliches Reinvermögen des ganzen Unternehmens, sondern die Anteile der einzelnen Gesellschafter (Kapitalkonti) gesondert auszuweisen.

Im vorliegenden Falle ist dem Kapitalkonto des einzelnen Gesellschafters der ihn treffende bilanzmäßige Verlustanteil schon belastet. Der Gewinn oder Verlust der einzelnen Gesellschafter berechnet sich wie folgt.

Die Privatentnahmen sollen nicht dem Kapitalkonto, sondern dem Geschäfte unter Unkosten belastet sein; entnommen wurden von A 8000 Mk., von B 6000 Mk. und von C 3000 Mk. An Einkommensteuern wurden dem Unkostenkonto belastet für A 2000 Mk., für B 500 Mk. und für C 200 Mk.

Es hat sonach als Gesellschafter der offenen Handelsgesellschaft zu versteuern:

A Kapitalkonto am 31. 12. 1920	20 000	Mk.
„ „ 31. 12. 1921	11 000	„
sohin Bilanzverlust	— 9 000	Mk.
+ Privat-Entnahmen	8 000	„
+ Steuern	2 000	„
steuerbares Einkommen	1 000	Mk.
B Kapitalkonto am 31. 12. 1920	30 000	Mk.
„ „ 31. 12. 1921	18 750	„
sohin Bilanzverlust	— 11 250	Mk.
+ Privat-Entnahmen	6 000	„
+ Steuern	500	„
Verlust oder negativer Steuerbestandteil	**4 750**	**Mk.**

C Kapitalkonto am 31. 12. 1920		2 000 Mk.
„ „ 31. 12. 1921		— „
dagegen 250 Mk. Schuld an die Gesellschaft		250 „
sohin Verlust	—	2 250 Mk.
+ Privat-Entnahmen		3 000 „
+ Steuern		200 „
steuerbares Einkommen		950 Mk.

Nachdem nun in § 2 gezeigt wurde, wie der steuerbare Gewinn aus der Bilanz zu ermitteln ist, werden in den folgenden Paragraphen noch die wichtigeren Konten buchtechnisch sowie handels- und steuerrechtlich behandelt.

§ 3. Kapital- und Privatkonto.

Das Kapitalkonto ist das Hauptkonto des Reinvermögens. Weitere Konten des Reinvermögens sind die Reserve-Konten. „Das Kapitalkonto kann man als das aus der Natur der doppelten Buchführung hervorgegangene Gegengewichtskonto bezeichnen. Seine Ziffer drückt in Geld denjenigen Betrag aus, der von den auf der Debetseite des Bilanzkontos aufgeführten Vermögenswerten übrig bleibt, sofern man die tatsächlich darin enthaltenen, aber wirtschaftlich entweder einer anderen Person (echte Kreditoren) oder einer anderen Zeit (unechte Kreditoren) angehörigen Vermögenswerte abzieht. Während demnach die Aktivseite die Summe des Bruttovermögens aufweist, zeigt das Kapital-Konto auf der Passivseite die Ziffer des Rein- oder Nettovermögens, d. h. denjenigen Betrag an, bis zu dem das Geschäftsvermögen in wirtschaftlicher Beziehung dem Geschäftseigentümer gehört." (Fischer, Bil.-Werte 2. Teil S. 258.)

Das Kapitalkonto verrechnet sonach das reine Vermögen des Unternehmers. Es gehört sowohl der Vermögens- wie auch der Gewinnrechnung an.

Seinem Zweck und seiner Struktur nach steht es dem Bilanzkonto am nächsten. Wie dieses weist es das gesamte im Unternehmen steckende Vermögen aus, jedoch mit dem Unterschiede, daß daß Bilanzkonto nur den augenblicklichen Stand des Geschäftsvermögens am Bilanztage ausgeschieden nach den in Gruppen zusammengefaßten Besitzteilen und Schulden angibt, während das Kapitalkonto, ausgehend vom Vermögen zu Beginn der Geschäftsperiode, auch die während derselben eingetretenen Änderungen in bestimmtem Umfange ersehen läßt. Das Kapitalkonto gibt dagegen über die Zusammensetzung des Vermögens keinen Aufschluß, sondern nur über dessen Höhe.

Das Bilanzkonto hat mit der Aufnahme des Vermögensstandes am Bilanztag seine Aufgabe erfüllt und das ganze Jahr hindurch hat man mit dem Bilanzkonto nichts mehr zu tun. Im

Gegensatz hiezu müßten eigentlich auf dem Kapitalkonto alle Veränderungen, die auf irgendwelche Art am Geschäftsvermögen vorkommen, zu- und abgebucht werden. Hiedurch würde nicht nur das Kapitalkonto, sondern die ganze Buchführung unübersichtlich. Um nun eine bessere Übersicht über die Ergebnisse des Geschäftes zu haben, werden die während des Jahres durch den Geschäftsbetrieb eingetretenen Änderungen an den Beständen und die erzielten einzelnen Gewinne und Verluste auf den betreffenden Bestands- oder Betriebskonten verrechnet. Diese Veränderungen werden am Jahresschlusse abgeglichen und die Gewinn- oder Verlustsaldi auf dem Gewinn- und Verlustkonto gesammelt. Der Unterschied zwischen den erzielten Gewinnen und den erlittenen Verlusten geht als Vermehrung oder Verminderung des Vermögens auf das Kapitalkonto über. Statt vieler tausender Zu- und Abbuchungen zeigt am Jahresschluß ein einziger Vortrag den Erfolg des ganzen Jahres an. Durch die Zuhilfenahme des Gewinn- und Verlustkontos wird also die Übersichtlichkeit besser; außerdem wird die Zusammensetzung des Geschäftsgewinnes oder -Verlustes vor Augen geführt.

Infolge dieser Ausscheidung bleiben zur Verbuchung auf Kapitalkonto in der Hauptsache nur mehr die im Laufe des Geschäftsjahres außerhalb des Betriebes dem Geschäfte zugeführten oder entnommenen Beträge (Einlagen, Privatentnahmen), so daß man für das Kapitalkonto folgendes typische Bild bekommt:

Soll — Kapital-Konto — Haben

1. I. 1920	Passiva zu Beginn d. Gesch.-J.	1. I. 20	Aktiva zu Beginn des Gesch.-J.
1. I./31. XII. 1920	Versch. Entnahmen	1. I. 20—31. XII. 20	Versch. Einlagen
31. XII. 20	Verlust . . . . . oder	. . . .	Gewinn
"	Reinvermögen Ende d. Jhrs.		
1. I.—31. XII. 1921	Versch. Entnahmen	1. I. 1921	Reinvermögen z. Beginn d. J
31. XII. 21	Reinvermögen am Ende	1. I.—31. XII. 1921	Versch. Einlagen
		31. XII. 21	Gewinn
		1. I. 22	Reinvermögen zu Beginn

Einlagen und Entnahmen können entweder einzeln dem Kapitalkonto gutgeschrieben oder belastet werden oder sie werden das Jahr über auf einem weiteren Hilfskonto zum Kapitalkonto, dem

Privatkonto,

gesammelt und lediglich ihre Abgleichung (Saldo) dem Kapitalkonto belastet, wenn die Entnahmen die Einlagen übersteigen, oder gutgeschrieben, wenn die Einlagen höher sind als die Entnahmen.

In diesem Falle zeigt das Schema des Kapitalkontos folgendes Bild:

Soll		Kapital=Konto	Haben
31.XII.20	An Privatkonto (f. d. Entnahmen)	1. I. 20	Per Bilanzkonto (f. d. Anfangsvermögen)
31.XII.20	An Bilanzkonto (f. d. Endvermögen)	31.XII.20	Per Verlust= u. Gewinnkonto (f. d. Gewinn)
31.XII.21	An Verlust= u. Gewinnkonto (f. d. Verlust)	1. I. 21	Per Bilanzkonto (f. d. Anfangsvermögen)
"	An Bilanzkonto (f. d. Endvermögen)	"	Per Privatkonto (f. d. Einlagen)
		1. I. 22	Per Bilanzkonto

Betreiben mehrere Personen zusammen ein Geschäft als offene Handelsgesellschaft, so erhält jeder Teilhaber für seine Einlage ein Kapitalkonto. Daneben erhält jeder Teilhaber noch ein Privat= oder Kontokorrentkonto, auf welchem seine Entnahmen in bar oder Waren, wie auch seine etwaigen Einlagen verrechnet werden, genau wie beim Einzelkaufmann. Am Schlusse des Jahres kann man den Gewinnanteil, sowie die meist vereinbarte Verzinsung des Einlagekapitals oder den vereinbarten Gehalt für die Tätigkeit eines Teilhabers im Geschäft dem Privatkonto gutschreiben. Der Saldo wird dem Kapitalkonto belastet oder gutgeschrieben. Der auf diese Weise sich ergebende Kapital=Saldo stellt dann die Kapitaleinlage am Bilanztage dar.

Bei der Einzelfirma wie bei der offenen Handelsgesellschaft sind Privatkonto (Kontokorrentkonto) und Gewinn= und Verlustkonto mit dem Kapitalkonto zu saldieren. Beide sind ja, wie eben geschildert, nur Hilfskonten des Kapitalkontos und aus dem Charakter als Hilfskonten folgt, daß sie mit dem Hauptkonto verbunden werden, nicht etwa mit einem fremden Konto.

Der Saldo des Privatkontos wird nicht selten in das Gewinn= und Verlustkonto übertragen. Da die Privatentnahmen aber nicht Geschäftsverlust sind, ist für sie in der Gewinn= und Verlustrechnung kein Raum. Sind sie dennoch über Gewinn= und Verlustkonto gebucht, so ist für die Feststellung des steuerbaren Gewinns der Gewinnsaldo entsprechend zu erhöhen oder der Verlustsaldo zu kürzen.

Vielfach wird der Saldo des Gewinn= und Verlustkontos statt dem Kapitalkonto dem Bilanzkonto gutgeschrieben oder belastet.

Das verrät, daß dem Buchhalter oder Geschäftsherrn die inneren Zusammenhänge der genannten Konten fremd sind. Diese Art des Abschlusses war übrigens in der älteren französischen Buchführung üblich.

Zur Rechtfertigung dieser dem Wesen und dem Zwecke des Gewinn- und Verlustkontos als Hilfskonto des Kapitalkontos widersprechenden Buchungsweise wird das Beispiel der Aktiengesellschaften herangezogen und behauptet, das Handelsgesetzbuch schreibe vor, daß der Gewinn aus der Bilanz ersichtlich sein müsse, oder die Banken und Steuerbehörden bestünden darauf. Dabei wird aber übersehen, daß ein Unterschied ist zwischen Bilanz und Bilanz**konto**. Hierüber gibt der Abschnitt Bilanzen, § 2, nähere Erläuterungen. Außerdem bleibt dabei außer acht, daß die für Aktiengesellschaften geltenden Sondervorschriften in § 261 HGB. wegen der Verschiedenheit des Charakters des Kapitalkontos und des Aktienkapitalkontos nicht schematisch auf Einzelkaufleute und einfache Handelsgesellschaften angewendet werden dürfen. Der für die Bilanzaufstellung wichtigste Unterschied besteht aber darin, daß das Aktienkapital, von beschlußmäßig festgelegten Kapitalerhöhungen oder -herabsetzungen abgesehen, stets unverändert vorgetragen werden muß.

Das Aktienkapitalkonto hat nicht wie das Kapitalkonto des Einzelkaufmannes den Zweck, das **gesamte** im Unternehmen steckende Vermögen auszuweisen[1]) und kann deshalb auch nicht mit dem Reinvermögen der Bilanz übereinstimmen. Die Übereinstimmung des Kapitalkontos mit dem Bilanzkonto ist aber unbedingtes Erfordernis des Buchabschlusses des Einzelkaufmanns und der einfachen Handelsgesellschaft. Diesem Erfordernis kann nur dadurch Rechnung getragen werden, daß das Gewinn- und Verlustkonto mit dem Kapitalkonto ausgeglichen wird.

Das Handelsgesetzbuch schreibt aber auch für den Einzelkaufmann nicht vor, daß die Bilanz den Gewinn ausweisen müsse, sondern es verlangt in § 39 lediglich, daß der Kaufmann bei Beginn und für den Schluß eines jeden Geschäftsjahres eine Inventur und eine Bilanz mache, in der **sein Vermögen** genau verzeichnet ist.

Bei der einfachen **Kommanditgesellschaft** wird Kapitalkonto und Privat- oder Kontokorrentkonto ganz ähnlich wie bei der offenen Handelsgesellschaft geführt. Es erhält sowohl der persönlich haftende Teilhaber, wie auch der Kommanditist ein Kapitalkonto. Da aber das Kapitalkonto des letzteren nicht vermehrt wird, so wird die Erfolgsberechnung für ihn auf seinem Kontokorrentkonto vorgenommen. Ein sich etwa ergebender Ver-

---

[1]) Bei der Aktiengesellschaft bilden das Grundkapital die echten Reserven und der Bilanz-Gewinn das Reinvermögen.

lust wird seinem Kapitalkonto belastet; für einen sich ergebenden Gewinn dagegen bleibt er Gläubiger der Gesellschaft.

Ist jemand als **stiller Gesellschafter** an einem Geschäft beteiligt, so erhält auch er ein Konto eröffnet, mit dem Zusatz „st. Ges.". Das eingelegte Kapital, die vereinbarten Zinsen und die vertragsmäßigen Gewinnanteile werden dem Konto gutgeschrieben, alle Auszahlungen belastet.

Bei der **Gesellschaft mit beschränkter Haftung** erhält jeder Gesellschafter nur dann ein eigenes Konto, wenn die Gesellschafter **nicht zahlreich** sind, andernfalls wird nur **ein** Kapitalkonto „Stammkapital oder Stammeinlagekonto" errichtet. Die einzelnen Einlagen erscheinen dann auf den Kontokorrentkonten. Die übrigen Buchungen erfolgen wie bei der offenen Handelsgesellschaft. Das Stammkapital muß stets unverändert bleiben, wie bei der Aktiengesellschaft; deshalb gelten die weiter oben gegebenen Abschlußregeln für die G. m. b. H. und die AG. nicht.

Bei der **Aktiengesellschaft** wird nur ein Kapitalkonto geführt. Besteht einmal das Aktienkapitalkonto in voller Höhe, so hat es stets unverändert zu bleiben. Die Ausnahmen sind bereits erwähnt. Ein Privatkonto oder ein Privatkontokorrent zur Buchung der Entnahmen usw. in dem Sinne wie bei der offenen Handelsgesellschaft gibt es hier selbstverständlich nicht.

Es kommt auch vor, daß die Privatentnahmen nicht über Kapitalkonto, auch nicht über Gewinn- und Verlustkonto abgebucht werden, sondern als Forderung des Geschäftes unter den Debitoren erscheinen. (Buchung: Kassakonto erkannt, Debitoren-Konto belastet). Auch in diesem Falle wird das Kapitalkonto seinem bereits eingangs erwähnten Zwecke, mit dem Bilanzkonto das gesamte im Unternehmen angelegte Vermögen auszuzeigen, nicht gerecht. Bilanzkonto und Kapitalkonto weisen mehr aus als vorhanden ist. Der Geschäftsmann bucht deshalb auch im nächsten Geschäftsjahr seine aktivierten Privatentnahmen am Kapitalkonto ab. Damit beweist er selbst, daß sein Abschluß eigentlich unfertig war, die Abbuchung hätte richtiger vor Abschluß erfolgen sollen.

Die Aktivierung der Privatentnahmen kann übrigens zu unehrlichen Machenschaften führen. Handelt es sich nämlich um ein schlechtarbeitendes Geschäft oder braucht der Inhaber erheblich mehr für sich als er verdient, so kommt er, um dieses Mißverhältnis zu verdecken, auf die Idee, die Privateinnahmen Jahr für Jahr weiter zu aktivieren, ohne sie je abzubuchen. Er führt sie in einem solchen Falle natürlich nicht als Privatentnahmen in der Bilanz gesondert auf, sondern mit den Debitoren in einer Summe. Damit täuscht er seinen Gläubigern einen günstigen Geschäftsstand vor, obwohl er vielleicht längst konkursreif wäre.

Hat man aber einmal eine Bilanz vor sich, in der die Privatentnahmen aktiviert sind, so dürfen sie auch steuerrechtlich betrachtet dem Bilanzgewinne nicht mehr zugeschlagen werden, denn die Geschäftsaktiven haben sich bei dieser Buchbehandlung nicht vermindert, sondern nur verschoben. Statt beispielsweise 5000 Mk. mehr Bargeld sind 5000 Mk. mehr Debitoren in der Bilanz.

Die Richtigkeit der Grundregel, daß das Gewinn- und Verlustkonto und das Privatkonto mit Kapitalkonto ausgeglichen werden muß, läßt sich auch algebraisch beweisen.

Unabhängig von der Gewinn- und Verlustrechnung kann, wie unter Bilanz erörtert, die in einer Geschäftsperiode erzielte Vermögensmehrung ermittelt werden, indem man die Schlußinventur mit der Anfangsinventur abgleicht. Rechnet man zu dieser Vermögensmehrung (oder Minderung) die Privatentnahmen, so ergibt sich der Reingewinn.

Also Endvermögen — Anfangsvermögen = Vermögensmehrung (I),
Vermögensmehrung + Privatentnahmen = Reingewinn (II)
oder in Buchstaben ausgedrückt:

$$\text{I. } e - a = v; \quad \text{II. } v + p = r$$
$$\text{oder } v = r - p$$

Substituiert man in der ersten Gleichung v durch den Ausdruck r — p, so erhält man

$$e - a = r - p \text{ oder anders geordnet}$$
$$p + e = a + r,$$

d. h. Privatentnahme + Endvermögen = Anfangsvermögen + Gewinn;

in Kontoform ausgedrückt:

Soll		Kapital-Konto	Haben
Privatkonto	p	Bilanzkonto, Anfangsvermögen . .	a
+ Bilanzkonto, Endvermögen . .	e	Verlust- u. Gewinnkonto, Reingewinn	r
	p + e	=	a + r

Bisher wurde, um die Buchungsvorgänge auf dem Kapitalkonto klar und einfach erscheinen zu lassen, von einer namentlich bei Gesellschaften sehr häufig vorkommenden Buchung nicht gesprochen, das ist die Gutschrift der Zinsen für die Einlage.

Bei der Verzinsung der Geschäftseinlage wird von der Ansicht ausgegangen, daß das investierte Kapital auch ohne die kaufmännische Tätigkeit des Besitzers sich mit einem gewissen Satz verzinsen würde, weshalb ein bestimmter Betrag des Betriebsergebnisses, der bei Gesellschaften im Gesellschaftsvertrag festgelegt ist — meist sind es 4% (vgl. § 121 HGB.) —, als Verzinsung des Einlagekapitals betrachtet wird. Diese Verzinsung wird der Gewinn- und Verlustrechnung über Zinsenkonto belastet und dem Kapitalkonto gutgeschrieben und erst der dann verbleibende Rest des Betriebsergebnisses wird als geschäftlicher Reingewinn erachtet.

Durch diesen Vorgang nimmt das Kapitalkonto folgende Form an:

Kapital-Konto

Privatentnahmen	Anfängliches Reinvermögen
	Zinsen für die Einlage
Schließliches Reinvermögen	Gewinn des laufenden Jahres

Die Zinsen für die Einlagen werden aber nicht selten auch statt dem Kapitalkonto dem Privatkonto gutgeschrieben. Dann erscheint der Saldo des Privatkontos um die gutgeschriebenen Zinsen geringer, was für die Feststellung des steuerbaren Einkommens zu beachten ist.

Neben dem Bilanzkonto und dem Verlust- und Gewinnkonto ist das Kapitalkonto vorzüglich geeignet, den geschäftlichen Erfolg ersehen zu lassen. Je nach der vom Geschäftsinhaber beliebten Buchungsweise gestaltet sich die Gewinnermittlung, insbesondere die Ermittlung des steuerpflichtigen Gewinns, verschieden. Einige Beispiele mit den gleichen Zahlen mögen die Verschiedenheit des Ermittlungsverfahrens verdeutlichen.

I.

Soll		Kapital-Konto		Haben
An Privatkonto . . .	Mk. 8 000.—		Per Eröffnungs-Bilanz (Anfangsvermögen)	Mk. 40 000.—
An Bilanzkonto (Schlußvermögen) .	„ 44 000.—		Per Zinsenkonto . . .	„ 2 000.—
			Per Verlust-u.Gewinnkonto	„ 10 000.—
	Mk. 52 000.—			Mk. 52 000.—

Hier tritt der steuerbare Gewinn deutlich in Erscheinung. Er beträgt, nachdem steuerrechtlich die zu Lasten des Geschäfts verrechneten Zinsen für das eigene Geschäftsvermögen vom Gesamtbetrage der Einkünfte nicht abgezogen werden dürfen (vgl. § 15 Nr. 2 REinkStG. und Zinsenkonto § 5), 10 000 Mk. + 2000 Mk. = 12 000 Mk., wozu noch die dem Geschäft belasteten (bezahlten oder zurückgestellten) Personalsteuern kommen (abzüglich der im Vorjahre zurückgestellten).

Zum gleichen Ergebnis kommt man, wenn man vom Endvermögen zu 44 000 Mk. das Anfangsvermögen zu 40 000 „ abzieht, = 4000 Mk. und die während des Jahres dem Geschäfte zu Privatzwecken entzogenen 8000 Mk. zurechnet = 12 000 Mk. Nach dieser Rechnungsart dürfen natürlich die dem Geschäfte belasteten Zinsen zu 2000 Mk. nicht noch eigens dem Gewinn zugerechnet werden, weil das Endvermögen ja nur deshalb die Höhe von 44 000 Mk. erreicht hat, weil dem Kapitalkonto 2000 Mk. Zinsen gutgeschrieben wurden.

II.

Soll	Kapital-Konto		Haben
An Bilanz	Mk. 60 000	Per Bilanz	Mk. 100 000
„ Kassa (Entnahme) .	„ 13 500	„ Effekten (Einlage) .	„ 50 000
„ Effekten (Entnahme)	„ 74 000	„ Kassa (Einlage) . .	„ 30 000
„ Waren (Entnahme) .	„ 500	„ Verlust u. Gewinn .	„ 12 000
„ Bilanz	„ 44 000		
	Mk. 192 000		Mk. 192 000

Trotz der verschiedensten Entnahmen und Einlagen zeigt das Kapitalkonto hier den Gewinn mit 12 000 Mk. aus, dem nur mehr die im Bilanzjahr dem Geschäfte belasteten Personalsteuern zuzurechnen sind. Bei dieser Buchungsart sind dem Geschäfte keine Zinsen für die Geschäftseinlage belastet worden. Auf die Berechnung des steuerbaren Gewinns hat die Art der Privatentnahmen und der Einlagen keinen Einfluß; sie können in bar, in Waren, in Effekten, in Immobilien usw. erfolgen. Auch beeinflußt innerhalb des Bilanzjahres der Zeitpunkt der Entnahmen den Gewinn nicht. Es ist ganz gleichgültig, ob sie während des Jahres in 100 Posten, die sich schließlich, wie in unserem Beispiel auf 8000 Mk. mehr Entnahmen als Einlagen abgleichen, oder ob z. B. am Jahresschluß in einem Betrag 8000 Mk. dem Geschäft entzogen werden (13 500 + 74 000 + 500 — 50 000 — 30 000 = 8000).

III.

Soll	Kapital-Konto		Haben
An Bilanzkonto . . .	Mk. 44 000	Per Bilanzkonto . . .	Mk. 40 000
		„ Privatkonto . . .	„ 4 000
	Mk. 44 000		Mk. 44 000

Diese Art der Kontoführung läßt keinen Schluß auf den erzielten Gewinn oder Verlust zu. Man wird sie bei Firmen finden, die von mehreren Gesellschaftern betrieben werden. Hier kann man den steuerbaren Geschäftsgewinn, wenn keine Verlust- und Gewinnrechnung und keine Bilanz zur Verfügung steht, nur unter Zuhilfenahme des Privatkontos ermitteln, das, schematisch dargestellt, ungefähr folgendes Bild gewährt:

Soll		Privat-Konto	Haben
An Kassa	Mk. 13 000	Per Effekten	Mk. 50 000
„ Waren	„ 500	„ Kassa	„ 44 000
„ Effekten	„ 74 000	„ Salair	„ 5 000
„ Kassa	„ 14 400	„ Zinsen	„ 2 000
„ Zinsen	„ 100	„ Verlust und Gewinn	„ 5 000
„ Kapital	„ 4 000		
	Mk. 106 000		Mk. 106 000

Erst aus dem Privatkonto erfahren wir, daß ein Gewinn von 5000 Mk. erzielt wurde, daß dem Geschäftsherrn 2000 Mk. Zinsen für seine Einlage gutgebracht und 5000 Mk. Gehalt für seine Tätigkeit im Geschäft vergütet wurden, daß somit der steuerbare Geschäftsgewinn 12 000 Mk. + Steuern beträgt.

Die zahlreichen sonstigen Vorgänge, über die uns das Privatkonto noch Aufschluß gibt, sind ohne jeden Einfluß auf den steuerbaren Gewinn des Geschäftes. Immerhin ist es interessant, sich klar zu machen, was die verschiedenen Buchungen bedeuten könnten.

Das Geschäft scheint plötzlich großen Bedarf an flüssigen Mitteln gehabt zu haben, weil sich der Inhaber veranlaßt sah, 50 000 Mk. aus seinen privaten Effekten und 44 000 Mk. aus seinem Privatkapital ins Geschäft einzulegen. Die Mittel wurden aber nicht recht lange benötigt, weil anscheinend bald 13 000 Mk. + 14 400 Mk. bar und 74 000 Mk. Effekten wieder herausgezogen wurden. Daß diese Zurückziehung von zusammen 101 400 Mk. schon bald nach der Einlage von zusammen 94 000 Mk. erfolgt ist, sagt uns die Zinsenlastschrift von 100 Mk. Für die die Einlage übersteigenden 12 400 Mk. hatte der Inhaber dem Geschäft 100 Mk. Zinsen zu vergüten, die ihm belastet wurden. Auf den steuerlichen Ertrag hat dieser Vorgang keinen Einfluß. Wir erfahren weiter, daß der Inhaber oder Teilhaber dem Geschäfte Waren im Werte von 500 Mk. entnommen hat, ohne sie zu bezahlen, weshalb sie seinem Konto belastet wurden. Steuerlich sind diese 500 Mk. ebenfalls ohne Einfluß auf den Gewinn, denn sie sind durch Gutschrift auf dem Warenkonto einnahmlich verrechnet. Die übrigen Vorgänge wurden bereits bei der Berechnung des steuerbaren Gewinns erwähnt.

IV.

Werden die Privatentnahmen aktiviert oder über Gewinn- und Verlustkonto geführt, so erscheinen sie im Kapitalkonto nicht. Die Wirkung auf den steuerbaren Gewinn ist oben erläutert.

Während bei der doppelten Buchführung stets ein Kapitalkonto geführt werden muß, ist das bei der einfachen Buchführung nicht der Fall. Anerkannte Autoritäten auf dem Gebiete des Buchführungswesens setzen sich aber dafür ein, daß auch bei der einfachen Buchführung ein Kapitalkonto und ein Privatkonto geführt wird. In der Praxis findet man beides leider sehr selten. In solchen Fällen muß man sich mit der Inventur behelfen, die wie das Kapitalkonto der doppelten kaufmännischen Buchführung den Stand des reinen Geschäftsvermögens am Ende der Geschäftsperiode angibt. Unter Zuhilfenahme der Vorjahrsinventur läßt sich durch Abgleichung die in der Zwischenzeit erzielte Vermögensmehrung oder -minderung ermitteln. Fehlt auch ein Privatkonto, so muß aus dem Kassabuch, dem Bankauszug, dem Scheckbuche, dem Effektenskontro, ev. aus dem Warenskontro, festgestellt werden, was der Geschäftsinhaber für seinen privaten Gebrauch dem Geschäfte an Bargeld, Wertpapieren, Waren usw. entzogen hat. Die Summe dieser Werte zur Vermögensmehrung gerechnet, gibt den Gewinn, dem für die Steuererklärung noch die im Bilanzjahr laut Kassabuch bezahlten oder laut Inventur (Kreditoren) geschuldeten Personalsteuern (abzüglich der Vorjahrsrückstellung) zuzurechnen sind.

Bei der einfachen Buchführung sind sonach alle Vermögensveränderungen, welche durch Geschäftsvorgänge oder auf sonst eine Weise vor sich gehen, in bezug auf den steuerbaren Geschäftsgewinn stets *nach ihrem Einfluß auf das Kapitalkonto* zu beurteilen.

§ 4. Das Gewinn- und Verlustkonto.

Das Gewinn- und Verlustkonto hat den Zweck, beim Abschlusse der Bücher die Gewinn- und Verlustsaldi der einzelnen Erfolgs- und gemischten Konten zu sammeln und den reinen oder wirklichen Erfolg auszuweisen. Ihm können aber auch *zu jeder Zeit* eingetretene Verluste belastet oder Gewinne erkannt werden (Berliner I S. 66). Für jeden Gewinn wird das Gewinn- und Verlustkonto *erkannt* und das gewinnende Konto (z. B. Warenkonto) *belastet*, für jeden Verlust das Gewinn- und Verlustkonto belastet und das verlierende Konto (z. B. Unkostenkonto) erkannt. Im Soll stehen demnach die gesamten Aufwendungen, im Haben die Erträge.

Nach den Bestimmungen des Handelsgesetzbuches (§ 260) muß das Gewinn- und Verlustkonto der Aktiengesellschaft Gewinn- und Verlustposten ausweisen, es darf nicht etwa nur den Unterschiedsbetrag zwischen beiden Posten, den Reingewinn oder Reinverlust, enthalten.

Der Saldo, d. i. der Unterschiedsbetrag zwischen der Summe der Aufwendungen und der Summe der Erträgnisse, wird, wenn

Gewinn,[1]) als Vermögensmehrung dem Kapitalkonto gutgeschrieben, wenn Verlust, als Vermögensminderung dem Kapitalkonto belastet.

Das Gewinn- und Verlustkonto wird auch Betriebs- oder Erfolgsrechnung genannt. Da die Gewinn- oder Verlustsaldi der einzelnen Konten auch unmittelbar auf das Kapitalkonto übertragen werden könnten und nur zu dessen Entlastung und dessen Übersichtlichkeit das Gewinn- und Verlustkonto eingeschoben wird, ist es ein Hilfs- oder Nebenkonto des Kapitalkontos.

Das Gewinn- und Verlustkonto gibt es nur bei der doppelten kaufmännischen Buchhaltung. Die richtigere Bezeichnung wäre eigentlich Verlust- und Gewinnkonto, weil dieser Ausdruck der Form des Kontos entspräche. Im kaufmännischen Leben und auch von verschiedenen Bilanzschriftstellern mit Namen wird aber die Bezeichnung Gewinn- und Verlustkonto gebraucht.

Das Gewinn- und Verlustkonto hat folgende Form:

Soll — Gewinn- und Verlust-Konto — Haben

1917			ℳ	₰	1917			ℳ	₰
Dezbr.	31.	An Geschäfts-unkosten-Konto	3 000	—	Dezbr.	31.	Per Waren-Konto	6 000	—
"	"	An Zinsen-Konto	500	—	"	"	" Provisions-Konto . . .	1 000	—
"	"	" Abschreibungen	1 000	—					
"	"	" Kapital-Konto, Gewinn . . .	2 500	—					
			7 000	—				7 000	—

Dem logischen Aufbau der Konten entspricht es, daß die Gewinne auf der Haben-Seite und die Verluste auf der Soll-Seite stehen; denn das Reinvermögen (Kapitalkonto) steht, ohne eine Schuld des Geschäftes zu sein, auf der Passivseite der Bilanz. **Gewinne vermehren** das Reinvermögen; sie sind daher Zugänge eines Passivpostens. Sie müssen deshalb dem Kapitalkonto oder dem Gewinn- und Verlustkonto als Hilfs- oder Sammelkonto des Kapitalkontos gutgeschrieben (Haben-Seite) werden.

Da die **Verluste** das Reinvermögen **vermindern**, sind sie Abgänge eines Passivpostens. Sie sind daher dem Kapitalkonto oder dem Gewinn- und Verlustkonto zu belasten (Soll-Seite). Die wirtschaftlich richtigere Bezeichnung für Verlust ist Aufwand; denn durch die Verausgabung der Gehälter, Löhne usw. erwartet der Kaufmann doch keinen Verlust, sondern einen Gewinn. Diese Ausgaben sind der Aufwand zur Erzielung des Gewinns oder des Ertrags.

[1]) Gewinn ist eine im Betriebe erzielte Zunahme des Reinvermögens (Fischer, Bil.-Werte Teil 2 S. 313).

Die Auflösung des Gewinn- und Verlustkontos erfolgt beim Einzelkaufmann und bei der offenen Handelsgesellschaft in anderer Weise wie bei einer Kommanditgesellschaft und bei einer Aktiengesellschaft.

Beim Einzelkaufmann und bei der offenen Handelsgesellschaft gibt das Gewinn- und Verlustkonto seinen Gewinnsaldo an das Kapitalkonto ab, während der Verlust als Vermögensminderung auf dem Kapitalkonto abgeschrieben wird.

Bei einer Kommanditgesellschaft wird, wenn die Einlage des Kommanditisten voll eingezahlt ist, sein Gewinnanteil nicht seinem Kapitalkonto, sondern einem besonderen Konto, z. B. Kontokorrentkonto, gutgeschrieben. Der Verlustanteil wird dagegen auf seinem Kapitalkonto abgeschrieben.

Bei einer Aktiengesellschaft wird der Gewinn oder Verlust nicht auf dem Kapitalkonto gebucht, weil das Grundkapital als unveränderlicher Bilanzposten durch die laufende Geschäftsgebarung nicht erhöht oder vermindert werden darf; dies kann nur durch einen Gesellschaftsbeschluß geschehen. Gewinn oder Verlust bleiben entweder auf dem Gewinn- und Verlustkonto stehen, in welchem Falle sie im nächsten Jahre als Gewinn- oder Verlustvortrag erscheinen, oder der Gewinn wird dem Reserve-, Dividenden- usw. Konto gutgeschrieben, der Verlust jedoch von einem Reservekonto ganz oder teilweise abgeschrieben (s. § 13 Dividendenkonto).

Die Gewinn- und Verlustrechnung ist von Gesellschaften, die verpflichtet sind, öffentlich Rechnung zu legen, neben der Bilanz zu veröffentlichen (§§ 260—265 HGB.). Zu diesen Gesellschaften gehören die Aktiengesellschaft und die Kommanditgesellschaft auf auf Aktien, dagegen nicht die Gesellschaft m. b. H. (§ 41 Abs. 4 GmbHG.; vgl. auch S. 10).

Bei der Prüfung des Gewinn- und Verlustkontos ist zu beachten, daß der auf ihm ausgewiesene Reingewinn nicht ohne weiteres als steuerbarer Reingewinn oder der Verlust nicht ohne weiteres als negativer Steuerbestandteil anzusehen ist; es ist vielmehr dieser Gewinn oder Verlust erst festzustellen. Bei einem richtig geführten Gewinn- und Verlustkonto kann dies, wie nachstehende Beispiele zeigen, unschwer geschehen.[2]) Der steuerbare Gewinn setzt sich zusammen aus dem auf der Soll-Seite ausgewiesenen Gewinn zuzüglich jener Sollposten, die nicht geschäftliche Unkosten des Betriebsjahres oder als solche nicht berechtigt sind. Der Verlust oder negative Steuerbestandteil setzt sich zusammen aus dem auf der Haben-Seite stehenden Verlust abzüglich jener Soll-Posten, die nicht geschäftliche Unkosten des Betriebsjahres oder als solche nicht berechtigt sind (vgl. Beisp. 1).

---

[2]) S. auch Bilanz-Konto § 2.

Als solche Soll-Posten kommen besonders in Betracht Privatentnahmen (Hausverbrauch § 15 Nr. 3 REinkStG.), Einkommen- und Körperschaftssteuern (§ 15 REinkStG. und § 8 KörperschStG.), zu hohe Abschreibungen, sodann Zinsen für das eigene Kapital (§ 15 Nr. 2 REinkStG.); ferner bei einer Gesellschaft m. b. H. als Zinsen verausgabte „feste Verzinsung der Stammeinlage", die steuerbarer Gewinn ist.

Außerdem ist auszuscheiden der Gewinnvortrag aus dem Vorjahre, weil den Maßstab der Besteuerung das Jahreseinkommen eines Kalender- oder Wirtschaftsjahres bildet (§ 29 REinkStG. und § 20 KörperschStG.) und der Gewinnvortrag wirtschaftlich zu dem Geschäfts- und Bilanzgewinne des Jahres gehört, in dem er entstanden ist, nicht zu dem Gewinne des Jahres oder der Jahre, in die er übertragen ist. Ebenso bildet der von einer Bilanz zur anderen übertragene Bilanzverlust oder der nach Deckung aus den Reserven oder auf andere Weise übriggebliebene Teil des Bilanzverlustes (der Verlustvortrag) wirtschaftlich einen Posten des Jahres, in dem er entstanden ist, nicht des Jahres oder der Jahre, in die er übertragen ist. Der Verlustvortrag darf deshalb bei den nach dem Reichseinkommensteuergesetz zu besteuernden Steuerpflichtigen — den Einzelkaufleuten und einfachen Handelsgesellschaften — auf das steuerpflichtige Einkommen des nächsten Jahres oder der nächsten Jahre nicht angerechnet werden und ist daher auszuscheiden, was im Ausschusse für die Beratung des Reichseinkommensteuergesetzes besonders festgestellt wurde. Dagegen ist der Verlustvortrag bei den nach dem Körperschaftssteuergesetz zu besteuernden Steuerpflichtigen, z. B. bei den Aktiengesellschaften, Kommanditgesellschaften auf Aktien, Gesellschaften m. b. H. nicht auszuscheiden, weil nach der ausdrücklichen Bestimmung in § 7 Nr. 3 KörperschStG. die zur Deckung von Unterbilanzen **eingestellten** Beträge an dem Gesamtbetrage der Einkünfte entgegen den seitherigen steuerrechtlichen Vorschriften abzuziehen sind.[3]) Rosendorff (Körpersch.-StG. S. 193, 309) ist ebenfalls der Ansicht, daß die zur Deckung von Unterbilanzen verwendeten Beträge der Einkünfte für alle steuerpflichtigen Körperschaften stets steuerfrei bleiben.

Ein Verlustvortrag ergibt sich auch regelmäßig nur bei diesen Gesellschaften, weil für diese die Bestimmung besteht (§§ 261 Nr. 5, 288, 320 Abs. 3 HGB., § 42 Nr. 4 GmbHG.), daß stets der Nominalbetrag des Grund- oder Stammkapitals in den Passiven der Bilanz zahlenmäßig auszuweisen ist; hier darf der Jahresverlust nicht, wie beim Einzelkaufmann, dem Kapitalkonto belastet werden.

---

[3]) Die steuerrechtliche Behandlung des Verlust-Vortrags als Abzugsposten an dem Geschäftsgewinne des folgenden Jahres hat einen Vorläufer in § 24 Abs. 3 des KriegsabgGes. 1918 und in der hiezu ergangenen Entsch. RFH. vom 17. X. 1919 Bd. 2 S. 77 ff.

Nun ist bei Aktiengesellschaften und Kommanditgesellschaften auf Aktien, nicht bei Gesellschaften m. b. H., der gesetzliche Reservefonds ausdrücklich zur Deckung eines aus der Bilanz sich ergebenden Verlustes bestimmt. Ob der Verlust aber auch wirklich aus dem gesetzlichen Reservefonds gedeckt wird, hängt von dem Beschlusse der Generalversammlung ab. Diese kann auch eine andere Ausgleichung der Unterbilanz beschließen. Eine Mußvorschrift besteht demnach nicht.[4]) Die genannten Gesellschaften decken im allgemeinen den Verlust auch nicht aus der gesetzlichen Reserve, sondern tragen ihn auf das nächste Jahr über. Sie werden dies in Zukunft mit Rücksicht auf die nunmehrige Abzugsfähigkeit des Verlustes ausschließlich tun.

Wird der Verlust (der Betrag der Unterbilanz) nicht dem Gewinn- und Verlustkonto des folgenden Jahres, sondern dem Reservekonto (ges. Res.) belastet, so wird der Bilanzgewinn des folgenden Jahres nicht beeinflußt. Da der Verlust als abzugsfähige Ausgabe an dem Einkommen gekürzt werden, somit dem Jahreserträgnis zur Last fallen darf, aber aus der versteuerten Reserve gedeckt wurde, darf der Bilanzgewinn des betreffenden Jahres um den Verlust des Vorjahres dennoch gekürzt werden.

Bleibt er auf dem Gewinn- und Verlustkonto stehen, so vermindert sich dadurch der Gewinn des folgenden Jahres oder vergrößert sich der Verlust dieses Jahres. Dies ist nunmehr steuerrechtlich anzuerkennen.

Steht dagegen auf der Haben-Seite des Gewinn- und Verlustkontos ein Gewinnvortrag aus Vorjahren, so ist, um den steuerbaren Jahresgewinn festzustellen, der auf der Soll-Seite stehende Reingewinn um den auf der Gegenseite stehenden Gewinnvortrag zu kürzen oder der auf der Haben-Seite stehende Verlust um den Gewinnvortrag zu erhöhen (s. Beispiel 2 und 3).

Enthält die Soll-Seite einen auszuscheidenden Verlustvortrag, so ist der auf der Soll-Seite stehende Reingewinn um den Verlustvortrag zu erhöhen oder der auf der Haben-Seite stehende Verlust um den auf der Gegenseite stehenden Verlustvortrag zu kürzen (s. Beispiel 4).

Steht auf der Haben-Seite des Gewinn- und Verlustkontos eine Entnahme aus einer echten, versteuerten Reserve, und auf der Soll-Seite entweder direkt oder über einen gebräuchlichen Sollposten, wie z. B. Unkosten, die Ausgabe hierauf, so ist, wenn es sich um eine abzugsfähige Ausgabe handelt, die Reserve-Entnahme vom Gewinnsaldo abzusetzen. Handelt es sich aber um eine nicht abzugsfähige Ausgabe, so ist die Mehrentnahme

[4]) In dieser Frage sind die Ansichten allerdings geteilt. Auch der Reichsfinanzhof ist gegenteiliger Ansicht. In der Entsch. Bd. 3 S. 333/4 ist nämlich ausgeführt, daß der gesetzliche Reservefonds der Aktiengesellschaft uach zwingender gesetzlicher Vorschrift zum Ausgleich von Bilanz-Verlusten verwendet werden muß. Diese Ansicht ist aber in der handelsrechtlichen Wissenschaft bestritten; vgl. Rosendorff, Betr. zur Bil.- und Div.-Politik der AG. S. 19.

(z. B. 2000 Mk. Reserveentnahme, 1500 Mk. nichtabzugsfähige Ausgabe, sohin 500 Mk. Mehrentnahme) vom Gewinnsaldo abzusetzen, die Minderentnahme dagegen zuzusetzen. Ist der entnommene und verausgabte Betrag gleich, so ändert sich an dem Gewinn nichts (s. Beispiel 5 und Seite 120).

Ist dem Gewinn- und Verlust-Konto einer Gesellschaft der Aufwand und Ertrag für ein Haus belastet und gutgeschrieben, das einem Gesellschafter und nicht der Gesellschaft gehört, so ist der diesbezügliche Saldo auszuscheiden. Z. B. 10 000 Mk. Ertrag, 8000 Mk. Aufwand, gibt einen Saldo von 2000 Mk., der am Gewinn-Saldo zu kürzen oder dem Verlust-Saldo zuzusetzen ist.

Beispiele zum Gewinn- und Verlust-Konto.

Beispiel 1.

Soll — Gewinn- und Verlust-Konto — Haben

Soll	ℳ	Haben	ℳ
Löhne	7 000	Waren	19 200
Unkosten	4 000	Kapital (Verlust)	800
Abschreibungen	3 000		
Umsatzsteuer	500		
Einkommensteuer	500		
Privat	5 000		
	20 000		20 000

Steuerbar: — 800 Mk. Verlustsaldo
\+ 500 „ Einkommensteuer
\+ 5000 „ Privatentnahme
= 4700 Mk.

Beispiel 2.

Soll — Gewinn- und Verlust-Konto — Haben

Soll	ℳ	Haben	ℳ
Löhne	7 000	Gewinnvortrag	1 800
Unkosten	4 000	Waren	19 200
Abschreibungen	3 000		
Umsatzsteuer	500		
Einkommensteuer	500		
Kapital (Gewinn)	6 000		
	21 000		21 000

Steuerbar: + 6000 Mk. Gewinnsaldo
— 1800 „ Vortrag aus dem Vorjahr
4200 Mk.
\+ 500 „ Einkommensteuer
= 4700 Mk.

Beispiel 3.

Soll — Gewinn- und Verlust-Konto — Haben

Soll	ℳ	Haben	ℳ
Löhne	7 000	Gewinnvortrag	1 000
Unkosten	4 000	Waren	20 000
Abschreibungen	5 000	Zinsen von Privatvermögen	500
Einkommensteuer	1 000	Kapital (Verlust)	500
Privat	5 000		
	22 000		22 000

Steuerbar: + 1000 Mk. Einkommensteuer
+ 5000 „ Privatentnahme

6000 Mk.
− 1000 „ Gewinnvortrag aus dem Vorjahre
− 500 „ Zinsen vom Privatvermögen, die fälschlich durch die Geschäftsbücher laufen
− 500 „ Verlustsaldo

= 4000 Mk.

Beispiel 4.

Soll — Gewinn- und Verlust-Konto — Haben

Soll	ℳ	Haben	ℳ
Verlustvortrag	1 000	Waren	15 500
Löhne	7 000	Kapital (Verlust)	500
Unkosten	4 000		
Abschreibungen	3 000		
Einkommensteuer	1 000		
	16 000		16 000

Steuerbar: − 500 Mk. Verlustsaldo
+ 1000 „ Verlust vom Vorjahr [5])
+ 1000 „ Einkommensteuer

= 1500 Mk.

---

[5]) Bei einer nach dem KörperschStG. zu besteuernden Gesellschaft wären steuerbar:

− 500 Mk. Verlust-Saldo
+ 1000 „ Körperschaftssteuer

= 500 Mk.

Beispiel 5.

1. Für Aufräumungsarbeiten für einen im Vorjahr bereits verrechneten Kanalbau sind im Vorjahr 3000 Mk. für Arbeitslöhne in Reserve gestellt worden, die für die Steuer dem Gewinn zugeschlagen wurden. Die Arbeiten werden heuer erledigt, die Löhne bezahlt. Die Reserve hat keine Berechtigung mehr und wird über Gewinn- und Verlustkonto aufgelöst. Das Gewinn- und Verlustkonto zeigt folgendes Bild:

Soll — Gewinn- und Verlust-Konto — Haben

Soll		Haben	
Handlungs-Unkosten		Betriebskonto	
Löhne		Reserve f. Aufräumungsarbeiten	3000.—
Aufräumungsarbeiten . .	3 000.—		
Abschreibungen			
. . . .			
Gewinn	60 000.—		

steuerbar nur 57 000 Mk., weil die 3000 Mk. Reserven bereits im Vorjahr versteuert wurden.

2. Aus einer im Vorjahre gelegten echten (also versteuerten) Reserve zu 4000 Mk. werden heuer 3000 Mk. Einkommensteuer bezahlt und die ganze Reserve zu 4000 Mk. über Gewinn und Verlustkonto aufgelöst. In diesem Falle sind 1000 Mk. vom Gewinn des heurigen Jahres abzusetzen.

Bei Prüfung des Gewinn- und Verlustkontos ist ferner zu beachten, ob der Saldo (Gewinn oder Verlust) des Gewinn- und Verlustkontos mit der aus der Bilanz sich ergebenden Vermögensmehrung übereinstimmt. Der Bilanzschriftsteller Berliner schreibt hierüber, daß das Gesamtergebnis der an den einzelnen Vermögensgegenständen entstandenen Gewinne und Verluste bei ordentlicher Führung des Hauptbuchs aus mathematischen Gründen genau mit demjenigen übereinstimmen muß, das man aus der Vermögensbilanz dadurch gefunden, daß man sie mit der des Vorjahrs verglichen hatte. Dies gilt selbstverständlich auch für die Bilanzen der Aktiengesellschaften, weil deren Bilanzen ebenfalls den Charakter einer Vermögensbilanz haben. Ferner sagt Bilanzschriftsteller Rehm in seinem Werke „Die Bilanzen der Aktiengesellschaften", daß die Abschlußposten in der Bilanz und im Gewinn- und Verlustkonto grundsätzlich gleich sein müssen.

Nun kommt es allerdings vor, daß diese Übereinstimmung nicht in allen Fällen besteht. Dies ist dann der Fall, wenn die Privatentnahmen nicht dem Gewinn- und Verlustkonto, sondern unmittelbar dem Kapitalkonto belastet werden. Hier ist zur Feststellung des steuerbaren Gewinns der Bilanzgewinn (d. i. die durch Vergleichung der Vorjahrsbilanz mit der heurigen Bilanz gefundene Vermögensmehrung) um den Betrag der Privatentnahmen zu erhöhen, der Bilanzverlust um den genannten Betrag zu kürzen, während der Saldo des Gewinn- und Verlustkontos in dieser Richtung ohne weiteres steuerbarer Gewinn oder negativer Steuerbestandteil (Verlust) ist. Das sachliche Ergebnis bleibt also das gleiche, ob der steuerbare Gewinn aus der Bilanz oder aus dem Gewinn- und Verlustkonto festgestellt wird.

Die oben genannte Übereinstimmung besteht auch dann nicht, wenn Zinsen für das eigene Geschäftsvermögen dem Kapitalkonto gutgeschrieben und dem Zinsenkonto belastet werden; hier ist die durch Vergleichung der Bilanzen gefundene Vermögensmehrung größer als der Gewinnsaldo der Gewinn- und Verlustrechnung. Bei Feststellung des steuerbaren Gewinns ist dem Gewinnsaldo des Gewinn- und Verlustkontos der Zinsenbetrag zuzusetzen, während bei dem Bilanzgewinn weder etwas zu- noch abgesetzt wird; dieser ist also ohne weiteres steuerbarer Gewinn, vorausgesetzt, daß er nicht durch die Privatentnahmen beeinflußt wurde.

Bei Prüfung des Gewinn- und Verlustkontos empfiehlt es sich, das Gewinn- und Verlustkonto des neuen Jahres mit dem des Vorjahres zu vergleichen, um zu sehen, ob nicht Gewinne bestimmter Konten im Gewinn- und Verlustkonto des neuen Jahres nicht erscheinen und zur Bildung von stillen Reserven verwendet wurden.

Findet sich auf der Haben-Seite des Gewinn- und Verlustkontos ein Vortrag „Betriebsüberschuß", auf der Gegenseite also keine Betriebsausgaben, so ist der Steuerpflichtige zur genauen Angabe des Bruttogewinns und der einzelnen Betriebsausgaben nach Gattung zu veranlassen. Vgl. § 1 S. 15/16.

Die gleiche Aufklärung ist veranlaßt, wenn z. B. das Betriebsunkosten-, Allgemeine Unkosten-, Lohn-, Arbeiterversicherungs-, Handlungsunkosten-, Reklame-, Steuer- usw. Konto in ein Generalunkostenkonto vereinigt und nur dieses im Soll der zu veröffentlichenden Gewinn- und Verlustrechnung erscheint.

In solchen Fällen hat das Geschäft für den eigenen Gebrauch eine detaillierte sogenannte interne Gewinn- und Verlustrechnung, die die erforderliche klare Darstellung des Gewinns enthält.

Die Gewinn- und Verlustrechnung der Versicherungsgesellschaften weist auf der linken Seite, mit Einnahmen überschrieben, die Bruttogewinne, auf der rechten Seite, mit Ausgaben überschrieben, die Verluste aus. Es ist also die Soll-(Verlust-) Seite rechts, und die Haben- (Gewinn-) Seite links.

Die Gewinn- und Verlustrechnung der Versicherungsgesellschaften hat außerdem insoferne noch ein anderes Gesicht wie jene-

der anderen Gesellschaften, als die echten und unechten Reserven nach ihrem Stande zu Beginn des laufenden Geschäftsjahres im ganzen Betrage unter den Einnahmen, dagegen nach ihrem Stande am Schlusse des Jahres — ebenfalls im ganzen Betrage — unter den Ausgaben erscheinen.

Ein Beispiel:

Gewinn- und Verlust-Rechnung für das Geschäftsjahr 1917.

Einnahmen	ℳ	₰	Ausgaben	ℳ	₰
Prämien-Reserve nach der Bilanz per 31. 12. 1916 .	100 000	—	**Prämienreserve** am Schlusse des Geschäftsjahrs 1917 .	120 000	—
Gewinn-Reserve der Versicherten nach der Bilanz per 31. 12. 1916 . . .	13 000	—	**Gewinn-Reserve der Versicherten** am Schlusse des Geschäftsjahrs 1917 . .	10 000	—

Da hienach die Zu- oder Abnahme jeder Reserve, ob echt oder unecht, in dem Gewinn- oder Verlustsaldo enthalten ist, so ist zur Feststellung des steuerbaren Gewinns oder des negativen Steuerbestandteils

a) der Betrag der Zunahme echter Reserven, weil er, auf der Ausgabenseite stehend, den Gewinn drückte, oder den Verlust erhöhte, dem Gewinnsaldo zuzusetzen oder an dem Verlustsaldo zu kürzen;

b) der Betrag der Abnahme echter Reserven am Gewinnsaldo zu kürzen oder dem Verlustsaldo zuzurechnen;

c) bei der Zunahme unechter Reserven, weil steuerfrei, der Gewinn- und Verlustsaldo unverändert zu lassen;

d) bei der Abnahme unechter Reserven ebenfalls der Gewinn- und Verlustsaldo unverändert zu lassen.

§ 5. Das Zinsenkonto.

Das Zinsenkonto führt Rechnung über den Ertrag der Zinsgeschäfte. Es gehört zu den Erfolgskonten und weist als solches am Jahresschlusse keinen Bestand aus, sondern Gewinn oder Verlust. Wie jedes Erfolgskonto wird es mit dem Gewinn- und Verlustkonto abgeschlossen. Das Zinsenkonto kommt nur bei der doppelten kaufmännischen Buchführung vor.

Zinsen, die der Kaufmann zu zahlen hat, sind dem Zinsenkonto zu belasten, solche, die er zu fordern hat, diesem Konto zu erkennen (gutzuschreiben).

Da der Zins die vereinbarte oder geschäftsübliche Vergütung für geliehenes Kapital ist, kann sich der Kaufmann für sein eigenes Kapital streng genommen keine Zinsen gutschreiben. Tut er das dennoch, so sind die Zinsen als Geschäftsgewinn zu erachten und dem steuerbaren Ertrage hinzuzurechnen. In § 15 Nr. 2 REinkStG. ist ausdrücklich bestimmt, daß Zinsen für das in dem land- oder forstwirtschaftlichen oder gewerblichen Betrieb angelegte eigene Vermögen des Steuerpflichtigen vom Gesamtbetrage der Einkünfte nicht abgezogen werden dürfen. Das Handelsgesetzbuch schreibt nun allerdings für die Teilhaber einer offenen Handelsgesellschaft (§ 121 HGB.), einer Kommanditgesellschaft (§ 168 HGB.), für den Aktionär einer Aktiengesellschaft (§ 214 HGB.) und für die Gesellschafter der Kommanditgesellschaft auf Aktien vor, daß diese von dem Jahresgewinne vorweg einen Anteil von vier vom Hundert ihrer Kapitalanteile oder geleisteten Einzahlungen erhalten. (Im früheren Handelsgesetzbuche bestand ein Anspruch auf feste Verzinsung der Kapitalanteile). Diese „sogenannten Einlagezinsen" sind aber gleichwohl Bestandteil des steuerbaren Ertrags.

Durch Vertrag kann bestimmt werden, daß die Gesellschafter einer offenen Handelsgesellschaft und einer Kommanditgesellschaft dem Geschäfte für ihre baren Entnahmen Zinsen zu vergüten haben (§§ 109, 163 HGB.).

Der Steuerbeamte hat also in jedem einzelnen Falle festzustellen, ob durch Anrechnung von Zinsen für eigenes Kapital der Gewinnsaldo der Gewinn- und Verlustrechnung gedrückt oder der Verlustsaldo größer wurde. Da die Gutrechnung von Zinsen in der Regel nicht aus der Gewinn- und Verlustrechnung zu ersehen ist, so ist der Bilanzgewinn oder -verlust mit dem Gewinn- oder Verlustsaldo der Gewinn- und Verlustrechnung zu vergleichen. Ist dieser kleiner als die bilanzmäßige Vermögensmehrung und rührt der Unterschied nicht von Entnahmen her, so ist anzunehmen, daß sich der Steuerpflichtige Zinsen gutgeschrieben hat. Die Gutrechnung von Zinsen bedeutet für den Kaufmann eine Kapitalsmehrung. Sie ist, wie jede Kapitalsmehrung, dem Kapitalkonto oder Privatkonto gutzuschreiben. In der Gegenbuchung wird das Gewinn- und Verlustkonto in der Regel über Zinsenkonto belastet. Durch die Belastung des Gewinn- und Verlustkontos mit dem Betrage der Zinsen wird der Gewinnsaldo kleiner oder der Verlustsaldo größer. Es ist daher zur Feststellung des steuerbaren Gewinns dem Gewinnsaldo der Betrag der Zinsen hinzuzurechnen oder von dem Verlustsaldo der Zinsenbetrag abzuziehen.

Geht man bei Feststellung des Gewinns von der Bilanz aus, indem man das Reinvermögen der heurigen Bilanz mit dem der Vorjahrsbilanz abgleicht, so sind dem Unterschiedsbetrag die dem Kapitalkonto gutgeschriebenen Zinsen weder zu- noch abzurechnen. Denn durch die Erkennung des Kapitalkontos mit dem Zinsenbetrage erscheint dessen Saldo (= das Endvermögen) in der Bilanz um den Zinsenbetrag höher, wodurch sich auch die Vermögensmehrung oder der Bilanzgewinn erhöht hat. Die gutgeschriebenen Zinsen sind sonach schon in dem Bilanzgewinne enthalten (vgl. Bilanz S. 43 und Kapitalkonto S. 58).

Werden neben den Zinsen noch Beträge für Schuldentilgung (Amortisationsquoten, Annuitäten) gezahlt, so sind diese nicht dem Zinsenkonto, sondern dem Personenkonto des betr. Gläubigers oder dem Hypothekenkapitalkonto zu belasten. Man kann aber auch die Zins- und Annuitätenzahlung im ganzen Betrage dem Zinsenkonto belasten, und erst vor Abschluß des Zinsenkontos die Annuitätentilgung dem Gläubiger- oder Hypothekenkapitalkonto belasten und dem Zinsenkonto wieder gutschreiben (erkennen) (vgl. § 2 Bilanz S. 41).

Bei der einfachen kaufmännischen Buchführung hat die Berechnung von Zinsen für das eigene Kapital sowie die Buchung von Zinsen für Entnahmen aus dem Geschäfte auf den steuerbaren Gewinn keinen Einfluß. Sind aber Zinsen der Kasse entnommen oder sonstwie abgehoben, dann sind sie dem Gewinne zuzurechnen oder am Verluste zu kürzen.

Ein Zinsenreservekonto hat den Zweck, die Zahlung von Zinsen oder Dividenden an die Aktionäre sicherzustellen. Die Überweisung von Beträgen an dieses Konto ist im Jahre der Zuweisung steuerpflichtig (Entsch. BOK. Bd. 11 S. 78).

§ 6. Grundstücks- und Hypothekenkonto.

I.

Der Wert der Liegenschaften, wie Bauplätze, Lagerplätze, Fabrikgebäude, Wohn- und Arbeiterhäuser, wird dem Grundstücks- oder Immobilienkonto belastet. Als Wert kommen neben dem Erwerbspreis in Betracht die Erwerbskosten, wie z. B. die Kosten für die notarielle Urkunde, für die Umschreibung in den öffentlichen Büchern, ferner Aufwendungen, durch die der Wert der Liegenschaften erhöht wird, wie Straßenanlagen, Einbauten in bestehende Gebäudeanlagen, Verbesserungen an denselben usw.

Man kann für sämtliche im Besitz eines Unternehmens befindlichen Liegenschaften ein Grundstückskonto führen oder für jedes Objekt ein eigenes Konto anlegen. Es wird auch für den Grund und Boden und für die Gebäude je ein eigenes Konto geführt, u. zw. deshalb, weil beim Grund und Boden in der Regel keine Abschreibungen vorkommen.

Besondere Bedeutung hat das Immobilienkonto bei Terraingesellschaften. Für sie haben die Immobilien den Charakter von Waren. Alle Aufwendungen, die im Interesse ihres Besitzes erfolgen, um daraus baureifes Terrain zu machen, werden den verschiedenen Immobilienkonten belastet, ähnlich wie der Inhaber einer Warenhandlung dem Warenkonto z. B. den Aufwand für Fracht und Zoll belastet. Wenn sich am Immobilienbesitz durch Verkauf oder Abbruch Veränderungen ergeben, so sind diese Abgänge dem Grundstückskonto gutzuschreiben.

Abgänge am Immobilienkonto ergeben sich auch durch die notwendigen Abschreibungen. Wenn auch beim Boden in der Regel keine Abschreibungen zulässig sind, weil er sich nicht abnützt, so unterliegen doch die Gebäude der Abnützung. Am Boden sind Abschreibungen aber dann nötig, wenn es sich um Substanzverringerungen handelt, wie sie beim Bergbau, bei Steinbrüchen, bei Ausbeutung von Kies, Ton, Mergel usw. vorkommen. Bei Gebäuden richtet sich die Abschreibungsquote nach der Gebrauchsdauer, die wiederum abhängt von der Bauart und der Art der Benützung der Gebäude. Gemauerte Gebäude haben eine längere Gebrauchsdauer, als hölzerne oder Fachbauten; ein Wohngebäude wird in der Regel einer weit geringeren Abnützung unterliegen, als ein Fabrikgebäude. Bei letzterem wird wieder die Art des Fabrikbetriebs einen wesentlichen Unterschied bedingen. Ein Fabrikgebäude, in dem ein schwerer Dampfhammer betrieben wird, oder in dem das Mauerwerk schädigende Dämpfe oder Flüssigkeiten entstehen, wird einer rascheren Abnützung unterliegen als die Gebäudeanlagen einer Schuhfabrik. Auch ungünstige Untergrundverhältnisse, die Nähe von Wasser und ähnliches beeinflussen die Gebrauchsdauer. Darauf ist bei Bemessung der Abschreibungssätze Rücksicht zu nehmen.

Während des Krieges ist es häufig vorgekommen, daß ein Unternehmen zur Vergrößerung des Betriebes angrenzende Liegenschaften um jeden Preis erwerben oder trotz ungeheurer Kosten Neubauten aufführen lassen mußte. Der Aufwand für solche Objekte übersteigt bei weitem ihren wirklichen Wert. Bei der Inventur sind diese Objekte aber nach § 40 HGB. mit ihrem objektiven Werte aufzunehmen; das Handelsgesetzbuch zwingt also hier zu ungewöhnlichen Abschreibungen an überteuerten Liegenschaften. Diese Abschreibungen werden auch steuerlich anzuerkennen sein (§ 33a REinkStG.). Unter der Herrschaft des bayer. Einkommensteuergesetzes hat das bayer. Finanzministerium über derartige Verhältnisse seine Ansicht dahin geäußert, daß für solche Neubauten sogleich jene Abschreibungen vorgenommen werden können, die erforderlich sind, um den Bilanzwert der Neubauten mit ihrem Normalwerte in Einklang zu bringen. Hierzu reichen die gewöhnlichen Abschreibungen nicht aus, die Abschreibungen werden vielmehr in einem Maße zu erfolgen haben, daß der Gebäudewert in der Bilanz möglichst bald auf den Friedenswert zurückgeführt wird. Da das Reichssteuerrecht diese Wertbegriffe (Normalwert, Friedenswert) nicht kennt, ist in solchen Fällen nach § 33a Satz 2 REinkStG. der Anschaffungspreis auf den gemeinen Wert herabzuschreiben.

Bezüglich der Abschreibungen auf Wohngebäude hat die bayerische Oberberufungskommission (Entsch. Bd. 4 S. 34) und das preuß. Oberverwaltungsgericht (Entsch. Bd. 15 S. 98) entschieden, daß die einem Wohngebäude eingefügte Zentralheizungs- oder Fernschließanlage kein selbständiger Gegenstand des Betriebsvermögens, sondern im Hinblick auf die Bestimmung in § 94 Abs. 2 BGB. wesentlicher Bestandteil des Wohngebäudes selbst ist; das gleiche ist der Fall bei Maschinenanlagen für Fahrstuhl, Warmwasserversorgung und Heizung, Vakuumreiniger u. dgl. in den modernen Wohngebäuden. Die Abnützung dieser Bestandteile, die selbstverständlich größer ist als die der Gebäude selbst, kann deshalb nicht für sich berechnet, sondern muß bei der Abnutzung des Hauses berücksichtigt werden. Nach Entscheidungen des preuß. Oberverwaltungsgerichts vom 15. Juni 1916 und 17. April 1918 kann eine höhere Abnützungsquote nicht etwa deshalb abgelehnt werden, weil die jeweiligen Instandhaltungskosten schon berücksichtigt wurden und hiedurch schon eine Wiederherstellung der Anlagen „annähernd in den bisherigen Zustand" erfolgt sei. „Denn die Absetzung wegen Abnützung der Gebäude soll ja gerade jene Wertminderung zum Ausgleich bringen, die auch durch eine ordnungsgemäße Instandhaltung nicht verhindert werden kann." Der Aufwand für Instandhaltung ist also neben der Absetzung für Abnützung zulässig. So wurde z. B. die Einsetzung eines neuen Kessels für die Zentralheizungsanlage eines Hauses an Stelle eines unbrauchbar gewordenen alten Kessels nur als eine Instandhaltung und keine Instandsetzung erachtet. Da die Heizungsanlage zu den Bestandteilen des Hauses gehört, so sind die Kosten abzugsfähige Reparaturkosten (vgl. PrOVG. Bd. 15 S. 98).

Im Zusammenhang mit dem Grundstückskonto steht das

Hypothekenkonto.

Die Liegenschaften sind in der Regel mit Hypotheken belastet. Die Hypothekenschulden werden dem Hypothekenkonto gutgeschrieben. Der in einem Objekt angelegte Wert ergibt sich, wenn man vom Grundstückswert die Hypothekenbelastung abzieht, also Grundstückskonto — Hypothekenkonto. Bei einfachen Besitzverhältnissen wird zuweilen das Grundstückskonto nur für die sog. Anzahlung (Grundstückswert — Hypothekenschuld) belastet.

Rückzahlungen an der Hypothekenschuld sind dem Hypothekenkonto zu belasten oder einem unter den Aktiven zu führenden

Hypotheken-Tilgungskonto gutzuschreiben. Das gilt insbesondere für die durch jährliche Annuitätenzahlungen erfolgende planmäßige Tilgung der Hypothekenschuld.

II.

Die Erträgnisse aus den Grundstücken und Häusern sind dem Grundstücks**ertrags**-, Hausertrags- oder Mietekonto gutzuschreiben (= Haben-Seite). Unterhaltungskosten, Reparaturen und sonstige Lasten werden diesem Konto belastet (= Soll-Seite).

Als **Erträgnisse** kommen unter anderem in Betracht: Pachtzinse, Mieten, Mietwert der Wohn- und Geschäftsräume im eigenen Hause usw.

Der dem Grundstücksertragskonto gutgeschriebene Mietwert der selbstbenützten Geschäftsräume[1]) ist dem Unkostenkonto zu belasten, jener der selbstbenützten Wohnräume dem Privat- oder Haushaltungskonto, oder unmittelbar dem Kapitalkonto. Bareinnahmen an Mieten und Pachtzinsen werden dem Kassakonto belastet. Bleiben Mieten im Rückstand, so sind sie dem betreffenden Schuldner (als Debitor) zu belasten. Damit sind die rückständigen Mieten einnahmlich verrechnet und im ausgewiesenen Gewinn enthalten.

Von den **Lasten** kommen insbesondere in Betracht: Unterhaltungskosten, Reparaturen, Brand- und sonstige Schadenversicherung, Steuern usw. Hieher gehören auch die erforderlichen Abschreibungen an Gebäuden. Die Abschreibungen erfolgen, wie schon erwähnt, am Grundstückskonto zu Lasten des Verlust- und Gewinnkontos. Sie können aber ebensogut zu Lasten des Grundstück**ertragskontos** erfolgen.

Verbesserungen an den Grundstücken und Häusern sind **nicht** dem Grundstücks**ertragskonto**, sondern dem Grundstückskonto zu belasten, damit der Mehrwert, den das Objekt durch die Verbesserung erfahren hat, im Grundstückskonto zum Ausdruck kommt.

Die Verrechnung der **Hypothekenzinsen** erfolgt verschiedenartig. Die übersichtlichste Art besteht darin, daß sie einem eigenen Hypothekenzinsenkonto belastet werden, das beim Abschluß mit dem Verlust- und Gewinnkonto ausgeglichen wird. Sind in den geschuldeten Hypothekenzinsen Annuitätentilgungen enthalten, so muß der Tilgungsbetrag vom Hypothekenzinsenkonto abgebucht (durch Gutschrift) und auf das Hypothekenkonto übertragen werden (als Lastschrift). Dadurch wird die Hypothekenschuld um die Tilgung verringert und die Tilgung so verrechnet, daß der Gewinn nicht beeinflußt wird (siehe auch S. 41, 71).

---

[1]) Nach § 31 REinkStG. ist der Mietwert von Gebäuden oder Gebäudeteilen, die vom Eigentümer oder Nutznießer zum . . . Gewerbebetriebe . . . benutzt werden, weder bei Berechnung des Einkommens noch bei Berechnung der Betriebskosten zu berücksichtigen.

Die Hypothekenzinsen können aber ebensogut dem Grundstücks-ertragskonto belastet werden; mit dem Tilgungsbetrag wird, wie eben geschildert, verfahren. Zuweilen werden sie auch dem Zinsen- oder Interessenkonto belastet. Ganz falsch aber wäre es, die Hypothekenzinsen dem Hypothekenkonto zu belasten, denn dadurch würde die Hypothekenschuld um die gezahlten Zinsen kleiner erscheinen, während sie doch durch die Zinsenzahlung in keiner Weise verändert wird.

Das Grundstücksertragskonto wird beim Abschluß über das Verlust- und Gewinnkonto ausgeglichen. Sind die Aufwendungen (= Soll-Seite) kleiner als die Erträgnisse (= Haben-Seite), so ergibt sich Gewinn; umgekehrt Verlust.

Das Grundstückskonto wird beim Abschluß mit dem Bilanzkonto ausgeglichen. Verluste, die sich am Grundstückskonto durch Abschreibungen oder beim Verkauf usw. ergeben, werden über Gewinn- und Verlustkonto (= Soll) ausgeglichen; ebenso Gewinne, die infolge Verkaufs entstehen (Gewinn- und Verlustkonto Haben).

Häufig werden die Erträgnisse und Lasten des Grundstücks nicht auf einem eigenen Grundstücksertragskonto, sondern gleich auf dem Grundstückskonto verrechnet. In solchen Fällen hat man es mit einem gemischten Bestandskonto zu tun und das Grundstückskonto wird dann wie das Warenkonto geführt und abgeschlossen. Sehr unübersichtlich wird das Konto aber dann, wenn auch noch die Hypothekenbelastung und die Hypothekenzinsenzahlung und -tilgung auf dem Grundstückskonto verrechnet wird.

III.

Einkünfte aus Grundstücken, die nur dem Handelsgewerbe oder Gewerbebetriebe gewidmet sind, gehören zu den Einkünften aus dem Gewerbebetriebe im Sinne des § 7 REinkStG. (die Einkünfte aus Grundvermögen sind in § 6 REinkStG. umschrieben).

Solche Einkünfte sind bei einem Steuerpflichtigen, dessen Geschäftsgewinn gemäß § 33 Abs. 2 REinkStG. nach handelsrechtlichen Grundsätzen zu berechnen ist, nach den gleichen Grundsätzen festzustellen. Hat der Steuerpflichtige aber Grundstücke, die unabhängig von dem Handelsgewerbe oder Gewerbebetriebe genutzt werden, dann sind für die Berechnung des Einkommens aus diesen Grundstücken nicht die für Inventar und Bilanz durch das Handelsgesetzbuch vorgeschriebenen Grundsätze maßgebend (vgl. PrOVG. Bd. 1 S. 47). Dieses Einkommen ist vielmehr nur nach den Bestimmungen des REinkStG. festzustellen.

Ergibt sich etwa bei Einführung einer Gewerbesteuer der Einzelstaaten (§ 8 LandesStG. vom 30. März 1920) die Notwendigkeit, Einkünfte aus Grundstücken aus dem bilanzmäßigen Gewinne auszuscheiden, so ist festzustellen, welchen Zwecken das

Grundstück dient; denn wenn es gar nicht oder wenn es nur teilweise gewerblichen Zwecken dient, so muß der hierauf erzielte Gewinn oder der Verlust ganz oder teilweise von dem Bilanzgewinne ausgeschieden werden. Diese Ausscheidung macht bei der doppelten Buchführung weniger Schwierigkeiten wie bei der einfachen, da es bei der einfachen Buchführung ein Grundstücks- oder Grundstücksertragskonto nicht gibt. Es sind daher aus dem Kassabuche oder dem Bankbuche sämtliche Einnahmen und Ausgaben, die sich auf das Grundstück beziehen, herauszuziehen und der bei dieser Einkommensquelle sich ergebende Gewinn oder Verlust festzustellen (vgl. § 17 einf. kaufm. Buchführung und S. 44).

Dient das Grundstück nur gewerblichen Zwecken des eigenen Betriebes, dann sind die Erträgnisse gewerbliches Einkommen und die Lasten gewerbliche Ausgaben (Entsch. BOVK. Bd. 4 S. 45, Bd. 5 S. 46). Der Bilanzgewinn oder -verlust bleibt in diesem Falle unverändert, wenn nicht Ausgaben, die nicht abziehbar sind (z. B. Steuern, zu hohe Abschreibungen usw.) dem Bilanzgewinne zuzusetzen oder an dem Verluste abzusetzen sind.

Dient das Grundstück nur zur Vermietung und wohnt auch der Geschäftsinhaber im eigenen Hause, so ist der bei dem Grundstücke erzielte Gewinn von dem Bilanzgewinne abzusetzen, der Verlust diesem dagegen zuzusetzen.

Dient das Grundstück gewerblichen Zwecken **und** zur Vermietung, dann ist der Grundstücksgewinn oder -verlust verhältnismäßig auszuscheiden. Den Maßstab bildet der Bruttomietertrag des Grundstücks einschließlich des Mietwerts der Wohnung des Geschäftsinhabers im eigenen Hause im Verhältnis zum Mietwert der zu geschäftlichen Zwecken verwendeten Räume.

Wichtig ist, daß die Kosten für Instandhaltung von Gebäuden nach § 13 REinkStG. als Werbungskosten vom Gesamtbetrage der Einkünfte abzuziehen sind; ebenso die jährlichen, den Verhältnissen entsprechenden Absetzungen für Abnutzung von Gebäuden. Dagegen sind die Kosten für Instandsetzung von Gebäuden gleich einer Aufwendung zur Verbesserung oder Vermehrung des Vermögens und als solche nach § 15 Nr. 1 REinkStG. nicht abziehbar. Dies gilt sowohl bei der Feststellung des Einkommens nach handelsrechtlichen als nach steuerrechtlichen Grundsätzen — vgl. Anm. 2 zu § 1 S. 2.

§ 7. Effektenkonto, Bankkonto, Bankauszug.

Der Wert des Effektenbesitzes eines Unternehmens erscheint buchmäßig dem Effektenkonto oder den Effektenkonten mit dem Einstandspreise belastet. Für Geschäfte, die nicht den Effektenhandel betreiben, wird es sich bei ihrem Effektenbesitze um Anlage von nicht ständig, sondern nur zeitweilig, saisonweise, zum Betriebe benötigten Mitteln handeln. Die Bewertung solchen Dauerbesitzes, der in manchen Betrieben auch wegen der zu errichtenden Zoll-, Fracht-, Steuer- und Haftungs-Kautionen und als Grundlage für Diskont- und Bankkredit notwendig ist, richtet sich handelsrechtlich nach § 40 HGB. soweit nicht § 33a des REinkStG. weitergehende Vorschriften gibt. Darnach sind die Effekten beim Einzelkaufmann, bei der offenen Handelsgesellschaft und der einfachen Kommanditgesellschaft und der Gesellschaft m. b. H. mit dem Kurswerte am Bilanztage aufzunehmen (vgl. auch Entsch. d. RGSt. 35, 307), wenn dieser unter dem Buchwerte steht. Für Aktiengesellschaften und Kommanditges. a. A. war dies bisher schon handels- und steuerrechtlich zulässig.

Ist der Kurswert unter dem Einstandspreise, so ist der Unterschied als Verlust abzubuchen.

Ist der Kurswert über dem Buchwerte (Einstandspreis), so weist der Geschäftsmann den sich ergebenden Gewinn meist nicht aus, weil es für ihn nur ein Buchgewinn, kein realisierter Gewinn wäre. Dafür braucht er dann bei einer späteren Inventur, wenn der Kurs wieder sinkt, den Kursverlust nicht oder nur in einem geringeren Betrage abbuchen. Dieses Verfahren ist gemäß § 33a REinkStG. auch steuerrechtlich anzuerkennen.

Besonderes gilt für die deutsche Sparprämienanleihe von 1919. Nach Punkt 9d der Zeichnungsbedingungen, die gemäß § 56 REinkStG. für die Steuergesetzgebung bindend sind, sind bei der Ermittlung des Geschäftsgewinnes derjenigen Steuerpflichtigen, welche Handelsbücher nach den Vorschriften des Handelsgesetzbuches führen, die Prämienstücke bei einer Stückzahl bis 50 Stück höchstens zum Nennwert, vom 20. Jahre ab zum Kündigungswert zu bewerten. Die Gewinnchancen und die Möglichkeit, daß bei der Tilgung ein im Laufe der Jahre anwachsender Bonus anfällt, hat mithin bei der Bewertung außer Betracht zu bleiben.

Für an der Börse nicht notierte Werte wird ohnehin keine andere Möglichkeit bestehen als sie mit dem Einstandspreise zu bewerten, soferne nicht infolge schlechter Geschäftslage des Unternehmens im Wege der freien Schätzung ein geringerer Wert anzunehmen ist.

Als Kaution hinterlegte Werte, die für den Hinterleger unveränderlich bleiben, kann man mit dem Nominalwerte ansetzen, da man sie dem Hinterleger auch meist mit diesem Werte gutschreiben wird.

In Unternehmungen, die den Handel mit Effekten betreiben, hat das Effektenkonto den Charakter eines Warenkontos mit allen daraus zu ziehenden Folgerungen für die Bewertung, Abschreibung usw. bei der Bilanzaufstellung. — Siehe § 8 „Warenkonto".

Sind die Effekten bei einer Bank in offenes Depot gegeben, so besorgt die Bank den Zinseneinzug usw. Sie eröffnet dem Hinterleger eine laufende Rechnung (Depotkonto). Auf diesem Konto werden die anfallenden Zinsen gutgeschrieben; Abhebungen und erwachsende Spesen belastet. Als allgemein bekannt darf vorausgesetzt werden, daß der Wert der hinterlegten Effekten im Depot- oder Kontokorrentkonto nicht gutgeschrieben, also auch aus demselben nicht ersichtlich ist. Dagegen gehen Veränderungen im Depot, die sich durch Verlosung, An- und Verkauf von Effekten ergeben, meist durch das Kontokorrent.

Für die geschäftlichen Umsätze — im Gegensatz zu den Umsätzen, die mit dem Depot zusammenhängen — wird auf Antrag eine eigene laufende Rechnung oder ein provisionsfreies Scheckkonto von der Bank eröffnet. Für besondere Engagements oder wegen Vereinbarung verschieden langer Kündigungsfristen und verschieden hoher Verzinsung der Guthaben werden auf Wunsch des Bankkunden noch Separatkonti errichtet.

Über das Kontokorrentverhältnis bestimmt § 355 HGB. folgendes:

„Steht jemand mit einem Kaufmann derart in Geschäftsverbindung, daß die aus der Verbindung entspringenden beiderseitigen Ansprüche und Leistungen nebst Zinsen in Rechnung gestellt und in regelmäßigen Zeitabschnitten durch Verrechnung und Feststellung des für den einen oder anderen Teil sich ergebenden Überschusses ausgeglichen werden (laufende Rechnung, Kontokurrent), so kann derjenige, welchem bei dem Rechnungsabschluß ein Überschuß gebührt, von dem Tage des Abschlusses an Zinsen von dem Überschusse verlangen, auch soweit in der Rechnung Zinsen enthalten sind.

Der Rechnungsabschluß geschieht jährlich einmal, sofern nicht ein anderes bestimmt ist.

Die laufende Rechnung kann im Zweifel auch während der Dauer einer Rechnungsperiode jederzeit mit der Wirkung gekündigt werden, daß derjenige, welchem nach der Rechnung ein Überschuß gebührt, dessen Zahlung beanspruchen kann."

Die Summe aller Guthaben oder Schulden nach den Bankauszügen müßte — den gleichen Abschlußtag vorausgesetzt — mit den bezüglichen Bilanzaktiven oder -Passiven übereinstimmen. In der Praxis ergeben sich häufig dadurch Differenzen, daß die Ende des Jahres anfallenden Geschäfte entweder nur bei der Bank oder nur beim Kunden für „Ende des Jahres" gebucht sind, während sie beim anderen Beteiligten erst im nächsten Rechnungsjahr erscheinen. Derartige Differenzen sind aber für die Steuer meist ohne Belang.

Was läßt sich nun aus einem Bankkontokorrentauszug herauslesen? Ein Beispiel soll dies zeigen:

(Lastschrift) (Gutschrift

Soll Rechnungsauszug der Bayr. Handelsbank für **Dep.-Nr.** 1100. **Haben**

1920		Mk.	1920		Mk.
Jan. 10.	An Überw. an Meyer, Bonn	3 000	Jan. 1.	Per Saldovortrag	230
„ 31.	„ Scheck-Nr. 1843 . . .	900	„ 4.	„ Zahlung	700
„ „	„ „ „ 1844 . . .	630	Febr.16.	„ det. Cps. März . . .	40
Febr. 4.	„ Überw. Mitteld. Kreditbank	20 000	März16.	„ „ „ April . . .	160
„ 20.	„ 10 000 Mk. Reichsanleihe	9 678	„ 19.	„ Div. Handelsbank. . .	140
„ 25.	„ Übertr. a/Kto. sep. III .	12 000	Mai 8.	„ Übertrag v. Scheckkonto Nr. 7680	2 000
Apr. 1.	„ Effektenvers.	30	„ 15.	„ ges. Bankschein	5 130
„ 8.	„ Kommiss.	3	„ 29.	„ Div. Bad. Anilin und Sodafabr.	168
„ 10.	„ Umschreibg. Mchr. Rückvers.-Akt.	3	Juni 1.	„ Baar	1 000
Mai 18.	„ Bankschein f. 10. Aug. .	3 000	„ 3.	„ Überw. v. H. Frank, Hbg.	30 000
„ 20.	„ gek. Bezugsrecht auf Bad. Anil. u. Sodafabr .	1 300	„ 15	„ Juli Cps.	800
Juni 1.	„ Sendung a/London City u. Smiths Bk. . . .	20 000	„ „	„ Div. Effekten	14 673
„ 26.	„ Div. Effekten	5 430	„ 20	„ Berg. a/31 900 v. d. Lang	10 000
„ 30.	„ Berg. a/Ct. Ct. . . .	2 000	„ 25.	„ verl. Pfandbr.	2 000
„ „	„ Postgiro, Arminia für Lebensvers.-Präm. . .	340	„ 30.	„ Storno Commiss. Ber. .	3
„ „	6% Zinsen l. Nota . . .	980	„ 30.	„ Saldo (= Ausgleich) .	12 576
„ „	1/8% Provision	256			
„ „	Porto, Spesen	20			
„ „	Depotgebühr	50			
		79 620			79 620
1920					
Juli 1.	An Saldovortrag	12 576			

Wenn man einen Bankrechnungsauszug oder Bankkontokorrentauszug vor sich liegen hat, muß man sich vor allem darüber im klaren sein, daß man es mit den *Geschäftsbüchern der Bank* zu tun hat, die im Auszuge vorliegen. Alle Buchungen sind demnach vom Standpunkt *der Bank*, als der Buchenden, aus zu beurteilen. Die Lastschriften (im Soll) bedeuten demnach: Der Bankkunde (Kontoinhaber) soll zahlen; er schuldet die im Soll aufgeführten Beträge an die Bank, dagegen hat er die im „Haben" stehenden Beträge gut. Die Bank muß sie ihm auf Verlangen auszahlen.

Demnach ist der Soll-Saldo von 12 576 Mk. auch Debet-Saldo bezeichnet, eine Schuld des Bankkunden. Durch graphische Darstellung wird der Sachverhalt klar.

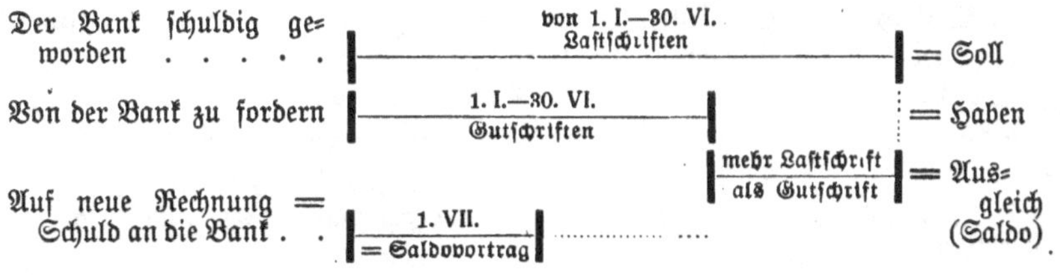

Aus dem vorstehenden Depotkonto ist folgendes zu entnehmen:

Zinsen von bei der Bank deponierten Wertpapieren werden dem Konto gutgeschrieben, stehen also im Haben. In dem Beispiele stehen sie unter dem Vortrag „det. Cps" = detachierte (abgetrennte) Koupons oder, sofern es sich um Dividenden aus Aktien handelt, als „Div. Handelsbank", „Div. Badische Anilin- und Sodafabr.". Während die Dividenden von den Gesellschaften im Jahresbetrage ausbezahlt und demnach im Kontoauszug in einer Summe gutgeschrieben werden, fallen die Kouponzinsen halbjährlich an. Der Zinsengutschrift vom 16. 2. 1920 muß demnach im Auszug für das zweite Halbjahr 1920 eine Gutschrift per 16. 8. 1920 im gleichen Betrage entsprechen; jener vom 16. 3. 1920 eine solche vom 16. 9. 1920. Finden wir bei der Vergleichung z. B. am 16. 9. 1920 einen anderen Betrag, so sagt uns das, daß eine Veränderung im Effektenbestande vorgenommen worden ist. Angenommen, es wären am 16. 9. 1920 nicht 160 Mk., sondern nur 120 Mk. Kouponzinsen gutgebracht, so könnte das damit zusammenhängen, daß von den Effekten 2000 Mk. in der Zeit von März bis September 1920 verkauft oder verlost worden sind. Tatsächlich sehen wir aus der Gutschrift vom 25. 6. 1920, daß 2000 Mk. Pfandbriefe verlost und die Valuta (der Wert) dem Kontoinhaber von der Bank gutgeschrieben wurde. Könnten wir die Aufklärung über den Rückgang der Zinsen nicht selbst aus dem Bankauszuge finden, so müßte der Grund der Änderung, wenn es nach der Höhe des Betrages aus steuerlichen Rücksichten notwendig wäre, im Benehmen mit dem Depotinhaber aufgeklärt werden. Sind die 2000 Mk. Pfandbriefe nicht verlost oder durch die Bank im Auftrage des Depotinhabers verkauft worden, so wird er sie nur dem Depot entnommen haben können, um anderweitig darüber zu verfügen.

Bare Einzahlungen auf das Konto werden unter „Zahlung" oder „Bar" gutgeschrieben. Wenn Überweisungen — eigene oder von anderen — auf Bankkonto erfolgen, schreibt sie die Bank gut als „Übertrag vom Scheckkonto Nr...." oder „Überweisung von usw.". Je nach der Höhe des überwiesenen Betrages wird vom steuerlichen Standpunkte aus Feststellung veranlaßt sein, ob das Vermögen früher versteuert war oder ob es Zuwachs oder Verdienst, z. B. eine Provision, ist.[1])

Die Gutschrift „Diverse Effekten" sagt, daß der Depotinhaber Depoteffekten durch die Bank veräußern ließ und der Erlös ihm gutgeschrieben wurde. In dem Verkaufserlös stecken die Stückzinsen der verkauften Effekten vom letzten Zinstermin bis zum

---

[1]) Die Eingänge oder Gutschriften für Warenumsätze gehen nicht durch das Depotkonto!

Verkaufstage. Die Summe der im Kontoauszug gutgeschriebenen Kouponzinsen stellt demnach noch nicht die tatsächliche Zinseinnahme dar.

Unter Storno (Gutschrift v. 30. 6. über 3 Mk.) versteht man die Berichtigung einer irrtümlichen Buchung (Lastschrift über 3 Mk. Kommission vom 3. 4. 1920).

Von den Lastschriften (im Soll) sind die Abhebungen mittels Schecks (Buchung vom 31. 1.) und die Überweisungen ohne weiteres verständlich. Überweisung in größeren Beträgen an andere Banken lassen die Vermutung aufkommen, daß auch noch mit anderen Banken Verbindungen bestehen, wenngleich es nicht in jedem Fall zutreffen muß. Sendungen an ausländische Banken lassen vermuten, daß der Depotinhaber mit Börsenpapieren spekuliert oder spekulieren läßt. Er hat dann hierüber nicht nur Bankkorrespondenzen, sondern auch noch separate Kontoauszüge. Da nach dem Reichseinkommensteuergesetze (§ 11 Ziff. 5) Spekulationsgewinne steuerpflichtig geworden sind, gewinnen Kontoeinträge, die solche Geschäfte vermuten lassen, für die Steuerbehörde erhöhte Bedeutung. Bei Geltendmachung von Spekulations**verlusten als Abzug** vom steuerbaren Einkommen (§ 13 Nr. 8 REinkStG.) werden die Finanzämter künftig häufiger mit solchen Vorgängen befaßt werden.

Der Vortrag „Übertrag auf Konto separato III" unterm 25. 2. 1920 weist darauf hin, daß der Depotinhaber neben seinem Konto ordinario Nr. 1100 noch ein

Konto separato I,
„ „ II,
„ „ III bei der Bank führen läßt.

Solche abgesonderte Konten werden gerne errichtet, um den Verlauf und den Erfolg eines Geschäftes, das der Depotinhaber eingegangen hat (z. B. eine Spekulation in Gold-Minen-shares) beobachten zu können.

Aus dem Vortrage vom 30. 6. 1920 „Vergütung auf Kontokorrent-Konto" folgt, daß neben den Cti. sep. noch eine eigene laufende Rechnung geführt wird.

Am 20. 2. 1920 sind 9678 Mk. belastet für 10 000 Mk. Reichsanleihe, das bedeutet, der Kontoinhaber hat die Bank beauftragt, für ihn 10 000 Mk. Reichsanleihe zu kaufen. Die Bank hat den Auftrag ausgeführt und aus ihren Mitteln die Anleihe gekauft. Dadurch ist der Depotinhaber der Bank, die die Effektenstücke in sein Depot gelegt hat, 9678 Mk. schuldig geworden und wird von der Bank für diesen Betrag **belastet**. Das gleiche sagt uns der Vortrag unterm 26. 6. 1920 „Div. Effekten". Hier werden durch die Bank nicht Effekten einer Sorte, sondern verschiedene Wertpapiere für den Depotinhaber besorgt und in dessen Depot gelegt oder ihm sonst zur Verfügung gestellt.

Solche Effektenkäufe müssen im Auszuge für das zweite Halbjahr höhere Zinsgutschriften im Gefolge haben, es sei denn, daß es sich um Aktien handelt, deren Dividendenscheine erst im ersten Halbjahr 1921 zahlbar sind. Fehlen die Zinsgutschriften im zweiten Halbjahr aus einem anderen Grunde, so sagt uns das, daß mit den neuerworbenen Effekten wieder eine Veränderung vorgenommen wurde.

Am 15. 4. 1920 sind (5000 Mk. Kapital + 130 Mk. Zins =) 5130 Mk. für einen fällig gewordenen Bankschein gutgeschrieben worden; von dem freigewordenen Betrag hat der Kontoinhaber wieder 3000 Mk. am 18. 5. 1920 auf Bankschein angelegt, wofür er auf seinem Konto mit 3000 Mk. belastet ist.

Bei Betrachtung des Abschlusses des Bankauszuges darf man nicht übersehen, daß wohl eine Schuld von 12 576 Mk. an die Bank besteht, daß aber der Kontoinhaber eine verzinsliche Forderung von 3000 Mk. an die Bank in Form eines Bankscheines hat (vgl. Lastschrift vom 18. Mai).

Der Depotinhaber ist im Besitze einer Aktie der Badischen Anilin- und Sodafabrik. Das geht aus der Gutschrift der Dividende (29. 5. 1920) hervor. Diese Fabrik hat ihr Aktienkapital erhöht und den alten Aktionären einen Vorteil dadurch gewährt, daß z. B. für je drei alte Aktien eine junge Aktie zu einem Vorzugspreise bezogen werden konnte. Der Depotinhaber will junge Aktien dieser Gesellschaft zeichnen. Da er aber nur eine alte Aktie besitzt, erhält er die junge Aktie nicht zum Vorzugspreise. Deshalb läßt er durch seine Bank „Bezugsrechte" auf „Badische usw.-Aktien" kaufen. Für die besorgten „Bezugsrechte" ist der Kontoinhaber unterm 20. 5. 1920 belastet. Das Finanzamt zieht aus dieser Lastschrift natürlich den Schluß, daß der Kontoinhaber künftig nicht mehr eine Aktie, sondern zwei oder mehr Aktien der „Badischen usw.-Fabrik" in seinem Besitz hat.

Eine ähnliche Folgerung läßt sich aus der Lastschrift vom 10. 4. 1920 über 3 Mk. Umschreibung e/Münchner Rückversicherungs-Aktie ziehen. Die Aktien dieser Gesellschaft sind auf Namen gestellt. Wechselt eine solche Aktie den Besitzer, so muß die Namensumschreibung bei der Gesellschaft beantragt werden. Diese Umschreibung hat die Bank dem Depotinhaber besorgt und ihm die Kosten hiefür aufgerechnet (belastet).

Der Kauf ist aus dem Rechnungsauszug nicht ersichtlich, er ist also vielleicht gegen bar oder überhaupt nicht durch die Bank erfolgt. Diese hat lediglich die Umschreibung vermittelt. Dem aufmerksamen Leser des Rechnungsauszuges zeigt aber der unscheinbare Betrag den Besitz von Münchner Rückversf.-Aktien an.

Die kleineren Lastschriftposten sind aus ihrer Bezeichnung ohnehin verständlich. Als Versicherung gegen Kursverlust infolge Auslosung von Effekten sind dem Kontoinhaber per 1. 4. 1920 30 Mk. belastet. Für den von der Bank in Anspruch genommenen Kredit sind 256 Mk. Provisionen und 980 Mk. Schuldzinsen (Sollzinsen), für die Aufbewahrung und Verwaltung des hinterlegten Vermögens und die Besorgung des Schriftwechsels sind 50 Mk. Depotgebühren und 20 Mk. Spesen dem Kontoinhaber aufgerechnet (belastet).

Hat man den wichtigsten Inhalt eines Kontoauszugs kurz festzuhalten, so kann man etwa folgende Form wählen:

Dep.-Nr. 11 000 B. Handelsbank.

Guthaben	1. I. 1920	Mk. 230;	gutgeschr. Kouponzinsen . .	Mk.	1000
			" Dividende . . .	"	308
Schuld	1. VII. 1920	" 12 576;	belastete Kontokorrentzinsen	"	980
			" Spesen	"	362

Effektenkäufe

20. II. 20:	Mk. 10 000 5 % Reichsanleihe um . . .	9698	Mk.
26. VI. 20:	Diverse Effekten um	5430	"
20. V. 20:	Bezugsrecht Bad. 2c. um . .	1300	"

Effektenverkäufe

15. VI. 20:	Div. Eff. um . . .	Mk. 14 673
25. VI. 20:	Pfandbr. (verl.) um .	" 2 000

Bankumsatz	79 390 Mk.	3 Separatkonti
		1 Kontokorrent-Konto

Stünden dem Finanzamte nicht die Befugnisse der Verordnung vom 24. 10. 1919 (RGBl. S. 1820) und des § 189 RAbgO. zu, so könnte auch aus der Höhe der Depotgebühr ein Schluß auf die ungefähre Höhe des Depots gezogen werden. Weiß man, daß die Depotgebühr beispielsweise 50 Pf. für je 1000 Mk. von dem Kurswert der hinterlegten Effekten beträgt, so müßten im behandelten Beispiele etwa 100 000 Mk. im Depot liegen.

Der Wert des Depots steht auch in gewissem Zusammenhange mit den Bankschulden. Weist eine Bilanz beispielsweise 80000 Mk. Bankschuld aus, so kann das Depot nicht nur 50 000 Mk. wert sein; es sei denn, daß etwa von dritter Seite für die Schuld gutgestanden wird oder Waren oder Verträge verpfändet sind. Blankokredite sind, von angesehenen Firmen abgesehen, sehr selten.

§ 8. Das Warenkonto.

Das Warenkonto ist ein sogenanntes gemischtes oder *Bestandserfolgskonto*. Es zeigt auf der Soll-Seite den Warenbestand zu Beginn und die Waren*eingänge* im Laufe des Geschäftsjahres, dagegen auf der Haben-Seite die Waren*ausgänge* und den Wert des Warenbestandes am Schlusse des Geschäftsjahres, wie er aus dem Inventar zu ersehen ist. Es wird also wie alle anderen Bestandskonten *belastet* für seinen Bestand zu *Beginn* des Geschäftsjahres und für alle Wareneinkäufe, dagegen *erkannt* oder entlastet für die Warenausgänge oder Bestandsminderungen und den vorhandenen Warenbestand am Ende des Geschäftsjahres.¹) Der Bestand und seine Zunahme ist also links, die Warenausgänge = Verkäufe rechts. Der Saldo ist *Roh*-Gewinn oder -Verlust.

Das Warenkonto hat, wie das für alle übrigen Konti mit Bestand Grundsatz ist, soviel gewonnen, als der Inventurbestand über dem Kontobestand steht.

Ein Beispiel: Ein am 1. 1. 1918 begonnenes Geschäft hatte im Jahre 1918 einen Eingang von 100 Ztr. Kohlen à 5 Mk. Im Laufe des Jahres 1918 wurden 50 Ztr. Kohlen à 7 Mk. verkauft. Das Inventar per 31. Dezember 1918 weist einen Kohlenbestand von 50 Ztr., berechnet nach dem Einkaufspreise von 5 Mk. für den Zentner, mit einem Inventurwerte von 250 Mk. aus. Das Warenkonto gestaltet sich hiernach wie folgt:

Soll — Warenkonto — **Haben**

Soll		Haben	
An Kassa-Konto . . . . (Waren-Einkauf)	Mk. 500.—	Per Kassa-Konto . . . (Waren-Verkauf)	Mk. 350.—
„ Gewinn- und Verlust-Konto . . .	Mk. 100.—	„ Bilanz-Konto . . . (Inventurbestand)	Mk. 250.—
	Mk. 600.—		Mk. 600.—

¹) Bei Steuerpflichtigen, die keine Handelsbücher nach der Vorschrift in §§ 38 ff. HGB. führen, bei denen also der Reinertrag nach § 33 Abs. 1 REinkStG. *aus der Gegenüberstellung der jährlichen Betriebseinnahmen und Betriebsausgaben ermittelt* wird, ist der Wert der am *Ende* des Geschäftsjahrs vorhandenen Warenbestände den Betriebs-*Einnahmen* und der bei Beginn des Geschäftsjahrs den Betriebs-*Ausgaben* zuzurechnen. Dadurch wird der *Anfangsbestand*, der nicht im laufenden Geschäftsjahr erworben wurde, für die Gewinn-Ermittlung ausgeschieden. Ist der *End*bestand höher als der *Anfangs*bestand, so erhöht sich um das in dem betreffenden Geschäftsjahre erworbene *Mehr* der Gewinn, ist dagegen der *End*bestand niedriger als der *Anfangs*bestand, so vermindert sich der Gewinn um das in dem betreffenden Geschäftsjahr eingetretene *Weniger* (vgl. § 2 Bilanz S. 27 und 29).

Dem Kontobestande von (500 Mk. — 350 Mk. =) 150 Mk. steht somit ein Inventurbestand von 250 Mk. gegenüber. Die Differenz mit 100 Mk. ist der Rohgewinn, der dadurch erzielt wurde, daß 50 Ztr. Kohlen um je 2 Mk. teurer verkauft als gekauft wurden. Dieser wird durch Vermittlung des Gewinn- und Verlustkontos an das Kapitalkonto abgegeben. Der Inventurbestandswert (im vorliegenden Falle 250 Mk.) geht durch Vermittlung des Bilanzkontos an das Kapitalkonto über; denn dieses auf der Passivseite der Bilanz stehende Konto wird durch Einstellung des Warenkontos unter die Aktiven der Bilanz um den Betrag des Warenkontos höher.

Über die Aufnahme des Warenlagers bestimmt das HGB. in § 39:

> „Hat der Kaufmann ein Warenlager, bei dem nach der Beschaffenheit des Geschäfts die Aufnahme des Inventars nicht füglich in jedem Jahre geschehen kann, so genügt es, wenn sie alle zwei Jahre erfolgt. Die Verpflichtung zur jährlichen Aufstellung der Bilanz wird hierdurch nicht berührt."

Diese Vorschrift entbindet also den Kaufmann unter gewisser Voraussetzung von der alljährlichen Inventur, nicht aber von der jährlichen Bilanzaufstellung. In dem Jahre, in dem das Inventar nicht aufgenommen wird, wird der Wert des Warenlagers in der Weise ermittelt, daß an die Inventur des Vorjahrs angebunden und der Wert der durch die Buchführung (Lagerbuch) ausgewiesenen Mengenveränderungen durch Schätzung ermittelt wird.

Über die Bewertungsgrundsätze selbst wäre folgendes zu sagen:

Nach § 33 Abs. 2 REinkStG. und § 9 KörperschStG. **ist bei** Steuerpflichtigen, die Handelsbücher nach den Vorschriften des Handelsgesetzbuches führen, der Geschäftsgewinn unter Beachtung der Vorschriften des § 15 nach den Grundsätzen zu berechnen, wie sie für die Inventur und Bilanz durch das Handelsgesetzbuch vorgeschrieben sind.

Das Handelsgesetzbuch schreibt nun in § 40 für Inventar und Bilanz des **Einzelkaufmanns** vor, daß sämtliche Vermögensgegenstände nach dem Werte anzusetzen sind, der ihnen in dem Zeitpunkte beizulegen ist, für welchen die Aufstellung stattfindet. Staubs Kommentar zum Handelsgesetzbuche (s. 8. Aufl. Bd. 1 S. 215 Anm. 3 und S. 218 Anm. 9 zu § 40) definiert den Wertbegriff, den das Gesetz im Auge hat, als „den objektiven Wert, den die Vermögensstücke für das Geschäft haben", den „Geschäftswert" im Gegensatze zu dem individuellen Werte einerseits und dem allgemeinen Versilberungswerte andererseits. Dieser Geschäftswert decke sich bei

Verkaufsgegenständen mit dem gegenwärtigen Markt- und Börsenpreise, sofern ein solcher vorhanden ist, sonst mit dem anderweit zu ermittelnden Verkaufswerte. Es wird aber zugegeben, daß Minderbewertungen vom Standpunkte des öffentlichen Rechtes aus statthaft und auch vom Standpunkte des Privatrechts und mit Zustimmung der Beteiligten zulässig sind (s. ebenda Anm. 1 S. 215).

Von den Bilanzschriftstellern hält Simon für die zur Veräußerung bestimmten Gegenstände den individuellen besonderen Verkehrswert, d. h. denjenigen Wert, den der betreffende Geschäftsinhaber bei der Veräußerung erzielen kann, als maßgebend für die Einstellung in die Bilanz, Rehm den Veräußerungswert, den der betreffende Gegenstand für dieses Geschäft hat. Einen anderen Standpunkt nimmt Passow ein; er kommt zu dem Schlusse, § 40 HGB. verlange, daß alle Vermögensgegenstände ohne Rücksicht auf ihren Erwerbspreis mit dem Veräußerungswert in die Bilanz eingestellt werden, er führt aber weiter aus, daß die Praxis aus sehr beachtenswerten Gründen der Bewertung ein von § 40 abweichendes Prinzip zugrunde lege. Die Bilanz bezwecke in der Praxis in der Regel nicht so fast die Feststellung des absoluten Vermögens, sondern die Feststellung des Erfolgs, d. h. die Berechnung von Gewinn oder Verlust. Wollte man alle verkaufsfertigen Waren mit dem Veräußerungswert in die Bilanz einstellen, so würde das bedeuten, daß man die Gewinne, die man künftig beim Verkauf zu machen hofft, schon jetzt als realisiert behandelt, eine Auffassung, die gesunder Bilanzpolitik durchaus widerspräche. Deshalb werden in der Praxis — ohne Unterschied zwischen den Gegenständen des Anlage- und des Betriebsvermögens — als Wert der Aktiven die tatsächlich aufgewendeten Kosten, die Erwerbspreise, **die Selbstkostenpreise in** die Bilanz eingestellt. Bei Rohstoffen und Fabrikaten kann auch unter den Erwerbspreis heruntergegangen werden, wenn der Verkaufswert am Bilanztage niedriger ist als der Betrag der gemachten Aufwendungen (vgl. hieher die Ausführungen bei Passow, Die Bilanzen der privaten Unternehmungen S. 88 ff., 93, 118, 122, 123, 178, 180). Ähnlich bemerkt Chenaux-Repond, Die kaufmännische Bilanz und der Bücherabschluß (2. Aufl. S. 22): „Selbstverständlich wird kein vorsichtiger Kaufmann für seine Handelsgüter Verkaufspreise, sondern nur Selbstkostenpreise einsetzen." Die Bayer. Oberberufungskommission stellt sich auf den gleichen Standpunkt wie Passow (vgl. Entsch. Bd. 14 S. 246).

Für die **Aktiengesellschaft** und für die **Kommanditgesellschaft auf Aktien** ist ohnedies in § 261 Z. 1 und 2 und § 320 Abs. 4 HGB. besonders vorgeschrieben, daß (Wertpapiere und) Waren, die einen Börsen- oder Marktpreis haben, höchstens zu dem

Börsen- oder Marktpreise des Zeitpunktes, für welchen die Bilanz aufgestellt wird, angesetzt werden dürfen, daß sie aber zum Anschaffungs- oder Herstellungspreis anzusetzen sind, wenn dieser niedriger ist als der Börsen- oder Marktpreis.

Für **Gesellschaften mit beschränkter Haftung** enthält das Gesetz vom 20. 5. 1898 (RGBl. S. 846) hinsichtlich der Warenbewertung keine besonderen Vorschriften. Für sie sind daher die in § 40 HGB. für den Einzelkaufmann getroffenen Bestimmungen maßgebend (§ 42 GmbHG.).

Bei der offenen Handelsgesellschaft, der **Kommandit**gesellschaft, der Gesellschaft m. b. H. und der stillen Gesellschaft kann mit Vertrag bestimmt werden, daß ein höherer Wert als der Anschaffungs- oder Herstellungswert anzusetzen ist.

Die kaufmännische Buchführung und Bilanzierung bewertet grundsätzlich nach den Anschaffungskosten und berücksichtigt den gemeinen Wert (Verkaufswert) nur, wenn er etwa unter den Anschaffungswert herabsinkt. Dieses Verfahren führte unter der Geltung der seitherigen Landessteuergesetze zu zahllosen Differenzen zwischen Steuerpflichtigen und Steuerbehörde. Diese Gegensätze hätten offenbar auch nach dem REinkStG. fortbestanden, weil dieses Gesetz nur dem nicht bücherführenden Kaufmann die Bewertung nach den Anschaffungspreisen einräumte und der § 40 HGB. nicht von allen Steuerinstanzen ausgelegt wurde wie von der Bayer. Oberber.-Kommission. Die Novelle zum REinkStG. brachte nun endlich die erwünschte Klarheit. Im § 33a, der für alle Steuerpflichtigen, also auch für unter das KörperschStG. fallende Steuerpflichtigen gilt, ist nämlich bestimmt, daß die Gegenstände des Betriebsvermögens, wozu selbstverständlich auch die Waren gehören, soweit für sie ein Anschaffungs- oder Herstellungspreis gegeben ist, dieser Wert maßgebend ist. Dabei sind Absetzungen für Abnutzung zulässig. Ist der gemeine Wert niedriger, so ist der Steuerpflichtige berechtigt, diesen anzusetzen.

Mit dieser Bestimmung wurde der Standpunkt des Kaufmanns, den auch wir in unserer ersten Auflage (S. 79) einnahmen, zum Gesetze erhoben.

Dadurch tritt eine wesentliche Erleichterung im Steuerveranlagungsverfahren ein, weil die fortwährenden Differenzen zwischen Steuerpflichtigen und Steuerbehörde erspart bleiben.

Bei Prüfung der Bilanz hat der Steuerbeamte hinsichtlich des Warenkontos folgendes zu beachten.

Gewöhnlich werden an der Schlußsumme des Waren-Inventars **Abschreibungen auf das Warenlager** abgesetzt. Diese Abschreibungen können vorgenommen werden entweder um eine stille Reserve zu schaffen oder um den wirklichen Wert des

Vorrats zu ermitteln, wenn er durch Lagern, Unmodernwerden oder Verderb gelitten hat und die Aufnahme zum vollen Einkaufspreise erfolgt ist, ferner aus Anlaß einer Preisberichtigung wegen inzwischen eingetretenen Preisrückgangs der Waren, nachdem die Inventur schon fertig ausgerechnet war.

Um den Betrag der Abschreibung wird der Wertansatz des Warenlagers verringert und der Gewinn kleiner oder der Verlust größer. Handelt es sich um eine Abschreibung zur Schaffung einer stillen Reserve, so ist der abgeschriebene Betrag, weil steuerbar, dem Bilanzgewinne wieder zuzusetzen oder an dem Verluste abzusetzen.[2])

Hier ist aber weiter zu beachten, daß sich der Gewinn des folgenden Jahres um den Betrag der vorjährigen Abschreibung auf das Warenlager ohne weiteres erhöht, soferne der Kaufmann die Abschreibung in den folgenden Jahren nicht wiederholt.

Berliner bringt dies folgendermaßen in Zusammenhang:

„Die heutige Abschlußbilanz bildet zugleich die Eröffnungsbilanz des neuen Jahres.[3]) Mithin vermindert die Abschreibung auf den Wert des Warenlagers auch den Einstandswert des letzteren im neuen Jahre; und da man selbstverständlich der Abschreibung halber nicht billiger verkauft als zu normalen Preisen, so erhöht sich im neuen Jahre der Gewinn am Warenverkauf um den Betrag der Abschreibung. Es sei z. B.

der Wert des Lagers **vor** der Abschreibung	100 000 Mk.,
der Betrag der Abschreibung	10 000 „
der Verkaufspreis	120 000 „

so berechnet sich der Gewinn, falls keine Abschreibung vorgenommen ist, auf 120 000 — 100 000 = 20 000 Mk.

Ist aber eine Abschreibung erfolgt, so beträgt der Gewinn 120 000 — 90 000 = 30 000 Mk."

Für die steuerrechtliche Beurteilung dieser Abschreibungen ergibt sich nun folgendes:

Wird die im Vorjahre versteuerte Abschreibung im Bilanzjahre nicht wiederholt, in diesem Jahre also gar nichts abgeschrieben, dann darf im Bilanzjahre der Betrag der vorjährigen Abschreibung sogar am Bilanzgewinne gekürzt werden.[4]) Wird im Bilanzjahre weniger abgeschrieben als im Vorjahre, so muß der Unterschied zwischen den beiden Abschreibungsbeträgen ebenfalls an dem Bilanzgewinne gekürzt werden. Wenn dagegen im Bilanzjahre mehr abgeschrieben wird als im Vorjahre, so ist

[2]) Vgl. § 10 Abschreibungen S. 168.
[3]) Vgl. auch §§ 33a letzter Satz REStG.
[4]) Vgl. § 10 Abschreibungen S. 168.

der bilanzmäßige Gewinn um den im Bilanzjahre **mehr** abgeschriebenen Betrag zu erhöhen.

Die nachstehenden Beispiele sollen dies ziffernmäßig klarlegen:

Im Geschäftsjahr **1913** wurden am Warenlager im Werte von 100 000 Mk. 10 000 Mk. zur Bildung einer stillen Reserve abgeschrieben. Zur Feststellung des steuerbaren Gewinns ist der Bilanzgewinn für 1913 um 10 000 Mk. zu erhöhen.

Zu **Beginn** des Geschäftsjahres **1914** ist der dem Warenkonto bei der Eröffnungsbuchung zu belastende Warenbestand um die im Jahre 1913 gemachte Abschreibung von 10 000 Mk. geringer. Wird am Schlusse dieses Jahres die Abschreibung im **gleichen** Betrage wie im Vorjahre vorgenommen, dann ist in dieser Hinsicht Bilanzgewinn steuerbarer Gewinn. Wenn dagegen die Wiederholung der Abschreibung **unterbleibt**, dann sind die im Jahre 1913 abgeschriebenen 10 000 Mk. am Bilanzgewinne zu kürzen, weil der Betrag schon im Vorjahre versteuert ist.

Wird dagegen im Geschäftsjahre 1914 der Betrag von 15 000 Mk. abgeschrieben, dann ist der Bilanzgewinn um (15 000—10 000 Mk. =) 5000 Mk. zu erhöhen, während bei einer Abschreibung von nur 3000 Mk. im Jahre 1914 der Bilanzgewinn um (10 000 — 3000 Mk. =) 7000 Mk. zu kürzen ist.

Ehe aber in solchen Fällen der Bilanzgewinn steuerrechtlich berichtigt wird, ist zu prüfen, ob nicht schon durch eine andere Manipulation ein Ausgleich eingetreten ist.

Hierüber weiteres unter § 10 Abschreibungen S. 168.

Der Wert der Waren, auch anderer Gegenstände, die der Steuerpflichtige aus dem Betriebe seines Gewerbes für sich und seinen Haushalt oder für andere Zwecke entnommen hat, die außerhalb des Betriebs liegen, zählt zum steuerbaren Einkommen (vgl. §§ 15 Nr. 3 und 33 REinkStG.). Ist dieser Wert als Gegenwert gegen die Verminderung des Warenbestandes in die Aktiva der Bilanz z. B. als Forderung eingestellt, dann ist der Bilanzgewinn insoweit steuerbarer Ertrag.

Ist der Wert der Warenentnahme dem Kapitalkonto belastet, so ist er im Gewinnsaldo der Gewinn- und Verlustrechnung bereits enthalten, für die Steuerberechnung dem Gewinnsaldo also nicht mehr zuzurechnen.

Geht man in einem solchen Falle aber von der durch Vergleichung des Kapitalkontos mit jenem der Vorjahrsbilanz erhaltenen Vermögensmehrung aus, so ist dieser Mehrung der Wert der Warenentnahme zuzusetzen.

Wenn dagegen der Wert der entnommenen Waren dem Gewinn- und Verlustkonto belastet oder überhaupt nicht gebucht wurde, so ist um den Wert der Gewinnsaldo dieses Kontos zu erhöhen oder der Verlustsaldo zu kürzen.

Als Wert der entnommenen Waren ist nicht der Verkaufspreis, sondern der Einkaufs- (Herstellungs-, Selbstkosten-) Preis zu rechnen (Maatz S. 128).

§ 9. Die Reserven.

Allgemeines.

Eine Reserve entsteht in erster Linie dadurch, daß der Reingewinn oder ein Teil desselben nicht verteilt, sondern für Zwecke der Gesellschaft oder des Geschäfts zurückbehalten wird. Auch der Gewinnvortrag, d. i. der unverteilt gebliebene Gewinnrest, der auf das neue Geschäftsjahr übertragen wird, ist eine Reserve. Dagegen kann nicht von einer Reserve gesprochen werden, wenn beim Einzelkaufmann, bei der offenen Handelsgesellschaft, bei der einfachen Kommanditgesellschaft der Reingewinn oder ein Teil desselben dem Kapital- oder Privatkonto gutgeschrieben wird.

Reserven entstehen außerdem durch zu niedrige Bewertung der Aktiven und zu hohe Bewertung der Passiven, ferner durch übermäßige Abschreibungen, sowie dadurch, daß Ausgaben für Neuanschaffungen anstatt über Bestandkonto über Betriebskostenkonto verbucht werden.

Bei Reserven wird unterschieden einerseits zwischen offenen und stillen (oder versteckten, verschleierten, geheimen) Reserven und andererseits zwischen echten, steuerpflichtigen und unechten, steuerfreien Reserven.

Während die offenen Reserven als selbständige Bilanzposten erscheinen, sind die stillen Reserven als solche nicht erkennbar, weil sie versteckt sind, indem sie entweder unter einem anderen Namen erscheinen oder, was häufiger der Fall ist, in einem anderen Posten stecken oder indem Werte unter den Aktiven nicht aufgeführt werden. Bei den stillen Reserven muß man wieder unterscheiden zwischen stillen Reserven im engeren und solchen im weiteren Sinne. Stille Reserven im engeren Sinne sind solche, die in keiner Bilanzziffer vorhanden sind, wie z. B. die Abschreibung auf 0 Mk.; stille Reserven im weiteren Sinne sind dagegen die verschleierten Reserven, wie z. B. die Überdotierung des Delkrederekontos. Die stillen Reserven erscheinen sonach als selbständige Buchposten überhaupt nicht.

Echte Reserven sind ein Teil des im Geschäfte (bei Gesellschaften von der Verteilung unter die Mitglieder) zurückgehaltenen Reingewinns, der für irgendwelche Zwecke in Zukunft bereit sein oder nur das Betriebskapital vermehren, verstärken soll. Ihnen steht irgendeine augenblickliche Belastung, eine Rechtspflicht nicht gegenüber.[1]) Die Bildung von echten Reserven liegt insbesondere in allen jenen Fällen vor, in denen

[1]) Maatz S. 276.

Beträge zur Deckung möglicher künftiger Verluste oder zur Deckung später zu erwartender, besonderer Ausgaben (Spezialreserve, Dispositionsfonds) zurückbehalten werden. Sie sind steuerpflichtig. Für die Beurteilung der Steuerpflicht ist entscheidend, ob im einzelnen Falle aus dem Gewinne (d. i. aus der Vermögensmehrung) ein Betrag im Vermögen des Kaufmanns oder der Gesellschaft für irgendwelche künftige Zwecke zurückbehalten wird.[2])

Der Grund für die Steuerpflicht der Dotierung einer echten Reserve ist unter der Herrschaft des Reichseinkommen- und KörperschaftStG. der gleiche, wie unter der Herrschaft der Landessteuergesetze. Denn es ist, wie bisher, so auch jetzt, die Bildung einer Reserve nichts anderes, als die buch- und bilanzmäßige Überweisung von Einkommensteilen zum Vermögen. Damit ist der Fall zu vergleichen, in welchem ein nicht bücherführender Kaufmann Teile seiner geschäftlichen Einnahmen im Laufe des Geschäftsjahres zu Kapitalsanlagen verwendet.

Die gesetzlichen Bestimmungen, nach denen die Dotierung der echten Reserve zu besteuern ist, werden positiv in § 13 REinkStG. und negativ in § 15 Nr. 1 REinkStG. getroffen sein, welche Bestimmungen für die Besteuerung der Körperschaften sinngemäß anzuwenden sind. Denn die Bildung von Reserven bedeutet keine Aufwendung von Werbungskosten (§ 13 Nr. 1), sondern ist eine Vermögensmehrung. Wenn nun auch die in § 15 Nr. 1 REink.-StG. getroffene Bestimmung, daß Aufwendungen zur Verbesserung und Vermehrung des Vermögens vom Gesamtbetrage der Einkünfte nicht abgezogen werden dürfen, dem Wortlaute nach auf die Reserven nicht ganz zutreffend ist, so ist dies doch dem Sinne nach der Fall, weil auch die Dotierung einer echten Reserve nichts anderes ist, als eine Vermögensmehrung. Solche Vermögensmehrungen sind alle buch- und bilanzmäßigen Kapitalansammlungen, gleichviel, ob sie unter dem Namen „Reserve" oder unter einer anderen Bezeichnung gemacht werden; z. B. Delkrederekonto.

Der Grundsatz, daß echte Reserven steuerpflichtig sind, ist mit der steuerfreien Überteuerungsrücklage durchbrochen, allerdings zunächst nur vorübergehend (vgl. § 9a).

Unechte Reserven stehen einer Betriebsausgabe gleich und sind daher steuerfrei. Schon das betagte oder bedingte Schuldigsein begründet den Abzug, so z. B. der Mietzinsposten in den Passiven (d. i. ein Betrag für geschuldete aber nicht bezahlte Miete oder vorausbezahlte Miete des Schuldners an den Bilanzierenden). Unechte Reserven werden gebildet für drohende oder wahrscheinliche Verluste, zur Deckung schon entstandener oder wahrscheinlicher Verbindlichkeiten. Die unechten Verlustreservefonds sind nichts anderes als Abschreibungen, z. B. Abschreibung auf Debitoren

---

[2]) Entsch. PrOVG. Bd. 13 S. 267, Bd. 1 S. 244, Bd. 2 S. 279.

beim Delkrederekonto. Die unechten Schuldreservefonds sind Schuldkonten, z. B. Garantiefonds oder richtiger bezeichnet „Konto für schwebende Garantieverbindlichkeiten, Prämienreserve der Lebensversicherungsgesellschaften, Gewinnreserve der mit Gewinnanteil Versicherten, Schadenreserve der Versicherungsgesellschaften.

Hinsichtlich der Bilanzierung der Reserven schreibt das Handelsgesetzbuch in § 261 Abs. 5 für Aktiengesellschaften und Kommanditgesellschaften auf Aktien vor, daß diese den Betrag eines jeden Reservefonds unter die Passiven aufzunehmen haben. Durch die Bezeichnung „Reservefonds", auch im Handelsgesetzbuch heißt es so, ist die irrige Meinung verbreitet, die Reservefonds seien wirkliche Fonds, abgesonderte Kapitalien. Dem ist aber nicht so. Die Reserven sind in den seltensten Fällen in Wertpapieren angelegt oder sonst reell bedeckt; sie stecken vielmehr in dem Gesamtwerte des Unternehmens und sind das Mehr der Aktiven gegenüber den Passiven und dem Grundkapital oder dem Kapitalkonto. Eine Ausnahme hiervon besteht hinsichtlich der Prämienreserve der Versicherungsgesellschaft, die verzinslich anzulegen ist (vgl. S. 99), ebenso hinsichtlich der Sonderrücklage der Gesellschaften nach § 1 des Gesetzes über vorbereitende Maßnahmen zur Besteuerung der Kriegsgewinne vom 24. 12. 1915 (RGBl. S. 837). Diese Sonderrücklage war nach § 8 l. c. der freien Verfügung der Gesellschaften entzogen, getrennt von dem sonstigen Vermögen zu verwalten, in Schuldverschreibungen des Deutschen Reichs oder eines Bundesstaats anzulegen und für die spätere Entrichtung der Kriegsgewinnsteuer zur Verfügung zu halten.

A. Offene Reserven.

Die offenen Reserven erscheinen in den Bilanzen unter den verschiedensten Bezeichnungen. Die wichtigsten hiervon sollen hier näher betrachtet werden:

I. Der gesetzliche Reservefonds.[3])

Nach §§ 262 Ziff. 1 und 320 Abs. III HGB. haben Aktiengesellschaften und Kommanditgesellschaften auf Aktien, zur Deckung eines aus der Bilanz sich ergebenden Verlustes (nicht zur Deckung von Verlusten, die im Laufe des Jahres eingetreten sind, ohne daß sich am Schlusse des Jahres eine Unterbilanz ergibt) eine Reserve zu bilden. Zu diesem Zwecke sind bei Aktiengesellschaften jährlich fünf v. H. des Reingewinns, bei Kommanditgesellschaften auf Aktien 5% des Gewinns, der sich

[3]) Der Begriff „Reservefonds" ist im Handelsgesetzbuche nicht definiert. Im Sinne dieses Gesetzes dürfte darunter zu verstehen sein der über den Betrag des einbezahlten Grundkapitals hinausgehende Teil des Reinvermögens, der zufolge Beschlusses der zuständigen Gesellschaftsorgane nicht verteilt worden ist, sondern für irgendwelche Zwecke der nächsten oder einer späteren Zeit zurückbehalten wird.

für die persönlich haftenden Gesellschafter ergibt, zurückzubehalten, bis der Reservefonds den zehnten oder den im Gesellschaftsvertrage bestimmten höheren Teil des Grundkapitals nicht überschreitet. §§ 262 Nr. 1 und 329 Abs. II HGB. In den Reservefonds ist außerdem einzustellen das bei der ersten sowie bei jeder späteren Ausgabe von Aktien erzielte Agioerträgnis abzüglich der Emissionskosten (§ 262 Ziff. 2 HGB.) und die Zuzahlungen, die ohne Erhöhung des Grundkapitals von Aktionären gegen Gewährung von Vorzugsrechten auf ihre Aktien geleistet werden (§ 262 Ziff. 3 HGB.).

Die Bildung der gesetzlichen Reserve der Erwerbs- und Wirtschaftsgenossenschaften muß nach § 7 Ges. v. 1. 5. 1889 im Statut bestimmt werden. Vgl. S. 10. Gesellschaften m. b. H. haben keine gesetzliche Reserve.

Wie oben schon erwähnt, ist der Betrag des gesetzl. Reservefonds wie jeder Reservefonds unter die Passiva der Bilanz aufzunehmen (§ 261 Ziff. 5 HGB.). Die Verrechnung im Haben (Passivseite) ist damit begründet, weil das Kapital und der Gewinn, aus dem die Reserven entstehen, auch im Haben verrechnet werden. Sie bleiben Gewinnüberschuß und werden nur abgesondert für bestimmte Zwecke in Reserve gestellt. Der gesetzliche Reservefonds wird in den Bilanzen auch als „Reservefonds I", „Gesetzliche Rücklage", „Zwangsreservefonds" u. dgl. bezeichnet.

Die Zuweisungen zum gesetzlichen Reservefonds bilden, soweit sie aus dem Reingewinn herrühren, eine Kapitalsvermehrung. Sie gehören daher als Dotierung einer echten Reserve zum steuerbaren Reingewinn.

Das dem gesetzlichen Reservefonds zuzuführende Aktienagio ist dagegen als ein Teil der Kapitaleinlagen der Aktionäre anzusehen. Es ist daher, wie seither, auch nach dem Körperschaftssteuergesetz steuerfrei (vgl. § 15 Agio- und Disagiokonto).

Nach § 55 des Gesetzes über das Reichsnotopfer dürfen „Aktiengesellschaften, Kommanditgesellschaften a. A. und Gesellschaften m. b. H., sowie eingetragene Genossenschaften die zur Barzahlung des Reichsnotopfers oder eines Teiles desselben erforderlichen Mittel aus dem gesetzlichen Reservefonds entnehmen".

Die gesetzliche Ausdrucksweise ist hier nicht recht geglückt; denn hieraus könnte die irrige Meinung aufkommen, der Reservefonds sei ein wirklicher Fonds, er bestände aus abgesonderten Kapitalien. Daß dem aber nicht so ist, wurde oben schon erwähnt. Auch haben Gesellschaften m. b. H. keinen gesetzlichen Reservefonds.

Weiter kann man aus dem Wortlaute der genannten Gesetzesstelle schließen, der Reservefonds dürfe nur dann zur Bezahlung des RNO. verwendet werden, wenn das RNO. bar bezahlt wird. Es wird aber doch keinen Unterschied machen, ob die Bezahlung in bar, oder, was wahrscheinlich häufiger vorkommen wird, in Kriegsanleihen geschieht. Man wird daher die Begleichung des RNO. durch Hingabe von Kriegsanleihen oder anderer Effekten dem gesetzlichen Reservefonds genau so belasten dürfen, als wenn die Zahlung in bar geleistet worden wäre.

Mit dem zur Bezahlung des Reichsnotopfers verwendeten Betrage wird das die Zahlungsmittel hergebende Aktivkonto (z. B. Kassakonto, Effektenkonto) erkannt, und das Reservekonto belastet. Der Bilanzgewinn wird hierbei nicht beeinflußt. Dies ist auch steuerrechtlich korrekt, weil einerseits das RNO. am steuerbaren Einkommen des betreffenden Geschäftsjahres nicht gekürzt werden darf (§ 15 Nr. 4 REinkStG.), andererseits die gesetzliche Reserve seinerzeit versteuert wurde. Es ist dies gleich der steuerfreien Verwendung einer schon versteuerten Reserve.

II. Spezialreserven.

Außer der für Aktiengesellschaften und Kommanditgesellschaften auf Aktien im Handelsgesetzbuche vorgeschriebenen Reserve, der gesetzlichen Reserve, erscheinen in den Bilanzen der Gesellschaften und der Einzelkaufleute noch sogenannte freiwillige Reserven zur Bestreitung zu erwartender oder unvorhergesehener Ausgaben. Sie erscheinen unter den verschiedensten Namen wie: Spezialreservefonds, Reservefonds II, Hilfsreservefondskonto, Außerordentliche Rücklage im Gegensatz zur ordentlichen, gesetzlichen Rücklage, Rücklage für Außenstände, für Steuern usw.

Diese Reserven dürfen nicht mit den ebenfalls unter den Passiven erscheinenden Bewertungs- oder Wertberichtigungskonten verwechselt werden, die keine Reserven sind, sondern nur eine Richtigstellung des Wertes der Bilanzaktiven bezwecken, indem von diesen Werten die entsprechende Quote abgeschrieben wird (vgl. § 12 Delkrederekonto und § 10 Abschreibungen). So erscheint z. B. häufig ein „Erneuerungsfonds" in den Passiven der Bilanz, der nichts anderes ist als der Betrag der Abschreibungen, die bei den Aktiven unterblieben sind. Allerdings kommt es auch vor, daß im Betrage dieser Bewertungskonten ein Teil einer echten, steuerpflichtigen Reserve enthalten ist, wenn nämlich mehr abgeschrieben wird, als der jeweiligen Wertsminderung des betreffenden Gegenstandes entspricht, oder wenn dem Delkrederekonto ein höherer Betrag zugewiesen wird, als die Rücksicht auf drohende Dubiosenverluste erheischen würde. Die auf diese Weise geschaffenen Reserven sind keine offenen, sondern verschleierte stille Reserven.

Die wichtigeren der Spezialreservekonten sollen hier besprochen werden:

1. Garantiereserve.

Konto schwebender Garantieverbindlichkeiten.

„Die Garantiefonds können echte wie unechte Reserven sein. Echte sind sie, wenn sie zur Deckung nur möglicher Verpflichtungen aus Garantieversprechen dienen, seien diese Versprechen schon abgegeben oder nur in der Zukunft denkbar. Unechte sind sie, wenn die Inanspruchnahme aus einem eingegangenen Garantieversprechen wahrscheinlich ist. Richtiger ist natürlich, nur im ersten Falle von Garantie-(Reserve-)fonds, ‚Garantiereserve' zu sprechen. Für den anderen Bilanzposten ist ‚Konto schwebender Garantieverbindlichkeiten' zutreffender" (Rehm, Bilanzen der AG. 2. Aufl. S. 259).

Die jährlichen Überweisungen zur Garantiereserve sind als echte Reserve steuerpflichtig, dagegen sind die jährlichen Zuweisungen zum Garantiekonto als unechte Reserve (Wertberichtigung) steuerfrei.

Eine unter den Passiven der Bilanz als Schuld zu berücksichtigende Garantieverpflichtung eines Kaufmanns entsteht erst mit der Abnahme der übernommenen Leistung durch den Auftraggeber oder mit der Fertigstellung der zu liefernden Arbeiten durch den Unternehmer (PrOVG. Bd. 14 S. 224). Werden Beträge für Verpflichtungen auf Gegenstände zurückgestellt, die vom Käufer noch nicht übernommen sind, sondern sich noch in Arbeit befinden, so liegt eine echte Reserve vor.

Die Bildung eines Reservekontos für schwebende Garantien oder für künftige Schäden kann z. B. nötig sein, wenn eine Gesellschaft oder ein Einzelkaufmann für Ablieferungen gegen Fehler in Arbeit und Material auf eine bestimmte Zeit Garantie leisten muß. Seine Bestimmung ist demnach die Bewertung vorhandener, wenngleich nur bedingter Verpflichtungen, die einem Kaufmann infolge der eingegangenen Gewährspflicht obliegen. Es ist also ein Bewertungskonto, das die Summe der Aktiven richtigstellt. Durch sein Erscheinen in der Bilanz wird der durch Schätzung gefundene Geldwert einer Schuld ausgedrückt, die als Passivum auf dem Verdienste für die Ablieferungen ruht und die den Geschäftsgewinn mindert.

Steht ein Konto dieses Namens in der Bilanz, dann ist vom steuerrechtlichen Standpunkt aus festzustellen, welche Bestimmung dieser Bilanzposten hat, insbesondere ob der Steuerpflichtige wirklich Garantieverbindlichkeiten eingegangen ist. (Als Beweismittel werden Lieferungs- oder Garantieverträge dienen). Es ist nicht notwendig, daß Ansprüche aus der übernommenen Garantieverpflichtung bis zum Bilanzstichtage schon erhoben worden sind. Ferner ist festzustellen, ob die Verbindlichkeiten am Bilanzstichtage noch schwebten und ob sie für den Vermögensstand des Steuerpflichtigen, von dem die Bilanz ein wahres Bild geben soll, von solcher Bedeutung waren, daß ihr zu schätzender Wert bei der Bilanzaufstellung zu berücksichtigen war; endlich wenn die Einstellung eines sogenannten Garantiefonds geboten erschien, ob die Höhe der Einlage angemessen oder etwa übermäßig war.

Die Höhe des zurückzustellenden Betrages muß mit Rücksicht auf Art und Umfang der Garantieverpflichtungen und der hieraus erfahrungsgemäß erwachsenden Ansprüche bemessen werden (Pr.-OVG. Bd. 8 S. 172, Bd. 14 S. 229, Bd. 17 S. 450).

Das Garantiereservekonto und das Konto schwebender Garantieverbindlichkeiten entstehen in der Weise, daß beide Konten mit dem Betrage der Zuweisung erkannt werden, dagegen das Gewinn- und Verlustkonto belastet wird. Die beiden Konten werden für ihren jeweiligen Bestand beim Abschlusse an Bilanzkonto belastet; im neuen Jahre wird ihnen der Bestand zu Lasten des Bilanzkontos wieder erkannt.

Wird als Folge der Garantie später eine Zahlung geleistet oder sind erneut Waren zu liefern, so ist die Zahlung oder Warenlieferung dem Garantiekonto zu belasten. Wenn hierfür nicht das Garantie-, sondern das Gewinn- und Verlustkonto belastet wird, so ist, weil die Leistungen als Folge der Garantie nicht dem Jahreserträgnis zur Last fallen dürfen, sondern dem zu diesem Zwecke *steuerfrei* gebildeten Garantiekonto zur Last zu fallen haben, der Gewinnsaldo des Gewinn- und Verlustkontos um den betreffenden Betrag zu erhöhen oder der Verlustsaldo zu kürzen.

Anders ist es aber, wenn für die Garantieleistungen eine *versteuerte* Garantie*reserve* gebildet ist. Ist in diesem Falle die Garantieleistung nicht dem Reservekonto, sondern dem Gewinn- und Verlustkonto belastet, so ist dies, weil die Garantieleistung dem Jahreserträgnis zur Last fallen darf, auch steuerlich richtig. Wenn in einem solchen Falle dem Gewinn- und Verlustkonto keine *nicht abzugsfähigen* Ausgaben belastet sind, so ist der Saldo des Gewinn- und Verlustkontos steuerbarer Ertrag oder negativer Steuerbestandteil.

2. *Steuerrücklagen.*

Allgemeines.

Nach dem bayer. Einkommensteuergesetze (Art. 89) entstand die Steuerschuldigkeit mit der Festsetzung und wurde erst fällig, sobald sie vom Fiskus verlangt, eingehoben werden konnte. Sie konnte aber nicht vor Beginn des Steuerjahrs fällig werden und die Einhebung setzte die Festsetzung oder Veranlagung voraus. Ebenso entstand nach der Rechtsprechung des preuß. Oberverwaltungsgerichts bei *direkten* Steuern in der Regel die Steuerschuld dem Steuerpflichtigen gegenüber erst durch die Veranlagung.

Seither bestand also eine Steuerschuld in der Regel solange nicht, *als sie nicht ziffermäßig festgelegt war.* Solange konnte auch am Bilanzstichtage das Bestehen einer rechtsverbindlichen Verpflichtung oder einer Steuerschuld gegenüber dem Fiskus, die es rechtfertigen könnte, als Passivum in die Bilanz aufgenommen zu werden, weder handels- noch steuerrechtlich zugegeben werden. Erst durch die Veranlagung zur Steuer wurde eine rechtsverbindliche Steuerverpflichtung des Veranlagten, eine Steuer s c h u l d desselben gegenüber dem Staate oder Reiche als Steuergläubiger begründet (vgl. PrOVG. Bd. 18 S. 208).

Nach dem Reichssteuerrecht entsteht dagegen die Steuerschuld schon, s o b a l d d e r T a t b e s t a n d v e r w i r k l i c h t i s t, a n d e m d a s G e s e t z d i e S t e u e r a n k n ü p f t (§ 81 RAbgO.). Die Steuerschuld entsteht also, sobald ein Einkommen erzielt wird oder wenn am Stichtage oder am Tage des Inkrafttretens des Gesetzes ein steuerbares Vermögen oder Einkommen vorhanden ist. Daß die zür Feststellung der Steuerschuld notwendige Festsetzung des Steuerbetrages die Entstehung der Steuerschuld nicht hinausschiebt, wurde in § 81 RAbgO. ausdrücklich bestimmt.

Die Steuerrücklagen wurden seither, soweit sie den Gewinn- oder Verlust beeinflußten, indem sie bei der doppelten kaufmännischen Buchführung dem Gewinn- und Verlustkonto belastet wurden oder bei der einfachen kaufmännischen Buchführung im Inventar als Passivum eingesetzt waren, dem Saldo des Gewinn- und Verlustkontos oder dem Bilanzgewinn zugesetzt oder an dem Verluste gekürzt.

Nach dem neuen Reichssteuerrecht werden die Steuer r ü c k l a g e n seltener werden, weil die Steuer, wie oben schon ausgeführt, nicht erst mit der Veranlagung entsteht. (Die Rücklage für Grunderwerbssteuer ist eigens steuerrechtlich zugelassen.) Die in den Bilanzen für Steuern eingestellten Beträge werden keine Rücklagen mehr sein, sondern Passivantizipationen. Sie sind als solche handelsrechtlich korrekt; steuerrechtlich werden sie nur dann anerkannt werden, wenn sie eine abzugsfähige Steuer in sich schließen. Handelt es sich aber um Passivantizipationen für nicht abzugsfähige Steuern (z. B. Einkommensteuer), so ist der Antizipationsposten dem Bilanzgewinn zuzusetzen oder an dem Verluste zu kürzen.

a) R ü c k l a g e f ü r G r u n d e r w e r b s t e u e r.

Die Grunderwerbsteuer wird von Personenvereinigungen nach § 10 Abs. 1 GrunderwerbStG. vom 10. 9. 1919 (RGBl. S. 1617) auch dann erhoben, wenn bei inländischen Grundstücken, die in deren Eigentum stehen, zwanzig Jahre seit dem Erwerbe oder dem letztmaligen Eintritt der Steuerpflicht nach dieser Vorschrift verflossen sind. Es braucht sonach während dieser Zeit ein Eigentumswechsel gar nicht eingetreten zu sein. Die Steuerpflicht tritt jedoch zum ersten Male mit dem 1. 1. 1929 oder an dem späteren nach dem Inkrafttreten des Gesetzes liegenden Tage ein, an dem ein zehnjähriger Zeitraum seit dem Erwerbe abläuft (§ 28 GErw.-StG.).

Zu den Personenvereinigungen im Sinne des Grunderwerbsteuergesetzes zählen Aktiengesellschaften, Kommanditgesellschaften auf Aktien, Gesellschaften m. b. H., Gewerkschaften, offene Handelsgesellschaften usw.

Soll nun bei diesen Personenvereinigungen vermieden werden, das Jahr, in dem die Grunderwerbsteuer jeweils fällig wird, übermäßig zu belasten, so wird man alle Jahre einen angemessenen Teilbetrag in Reserve stellen müssen.

Nach § 7 KörperschStG. ist die nach § 10 Abs. 1 GErw.-StG. zu entrichtende Steuer oder die für diese Steuer gemachte jährliche Rücklage vom Gesamtbetrage der Einkünfte abzuziehen. Eine Rücklage für diese Steuer darf daher steuerfrei gebildet werden. Es sind also z. B. Aktiengesellschaften, Kommanditgesellschaften auf Aktien, Gesellschaften m. b. H. in der Lage, die Grunderwerbsteuer oder eine Rücklage hiefür am Einkommen abzuziehen, nicht aber eine offene Handelsgesellschaft oder eine einfache Kommanditgesellschaft. Dies hat seinen Grund darin, daß die einzelnen Teilhaber einer offenen Handelsgesellschaft oder einer einfachen Kommanditgesellschaft nicht nach dem KörperschStG., sondern nach dem REinkStG. zu besteuern sind und in diesem Gesetze eine Bestimmung über die Abzugsfähigkeit der Grunderwerbsteuer nicht getroffen ist. Überdies zählt diese Steuer auch nicht zu den Werbungskosten im Sinne von § 13 REinkStG. Es ist dies wohl eine nicht beabsichtigte Härte im Gesetze.

Die Rücklage wird buchmäßig in der Weise gebildet, daß das Gewinn- und Verlustkonto belastet und das Reserve-(Rücklage-)konto erkannt wird. Die später fällig werdende Steuer muß der Reserve entnommen werden und darf im Jahre der Zahlung den steuerbaren Gewinn dieses Jahres nur insoweit drücken, als die Reserve zur Steuerzahlung nicht ausreicht. Die Verwendung der Reserve wird in der Weise gebucht werden, daß das Reservekonto mit dem Betrage der Steuer belastet und das die Mittel hergebende Konto, wie Kassa, Bank, erkannt wird.

b) Rücklage für Talonsteuer.

„Hinsichtlich der Talonsteuer stand man in Preußen und Bayern (vgl. auch § 48 AusfBest. z. WehrbeitrG.) anfänglich auf dem Standpunkt, daß die Ausgaben und Rücklagen hiefür steuerfrei zu lassen seien (Breunig Bd. 1 S. 136). Für die Rücklagen ließe sich das nur begründen, wenn sie die Natur von Passivantizipationen hätten, was aber nicht zutrifft (so auch Maatz in der Deutschen Steuerzeitung Jahrg. VI S. 55 ff., VII S. 59). Später ist man in Preußen denn auch bezüglich der Rücklagen von dem Standpunkte der Steuerfreiheit wieder abgekommen (Pr.-

OVG. Bd. 16 S. 255). Im Jahre der Entrichtung der Talonsteuer gehörte dort aber die ganze Ausgabe zu den nicht steuerpflichtigen Verwendungen im Sinne des Art. 15 PrEinkStG. — In Bayern nahm die Praxis in der letzten Zeit Steuerpflicht sowohl der Ausgaben, wie der Rücklagen für Talonsteuer an. (Eine Ausnahme galt nur für die für eigene Obligationen oder Pfandbriefe zu zahlende Talonsteuer). Eine ausdrückliche veröffentlichte Stellungnahme der Oberberufungskommission liegt nicht vor. Die Entscheidung vom 30. 4. 1915 (BOK. Bd. 15 S. 225 ff.) rechnet bei einer Zusammenstellung (a. a. O. S. 228) eine Zuweisung an Talonsteuerreserve zu den abzugsfähigen Betriebsausgaben, so daß schon unter dem seitherigen Steuerrecht keine restlose Klarheit bestand."[4])

Solange in der erwähnten Frage nicht eine Entscheidung des Reichsfinanzhofs vorliegt, wird man wohl nach dem Reichssteuerrecht die Steuerpflicht sowohl der Ausgabe wie der Rücklage für Talonsteuer annehmen müssen. Eine Ausnahme wird man nur für die für eigene Obligationen oder Pfandbriefe zu zahlende Talonsteuer machen müssen.

c) Rücklage für das Reichsnotopfer (Reichsnotopferkonto).[5])

Da in der Bilanz das Reinvermögen erscheinen soll, wird der Einzelkaufmann ein Konto für das Reichsnotopfer anlegen müssen. Es ist dies um so notwendiger, als nach § 81 Abs. 1 RAO. die Steuerschuld schon besteht, sobald der Tatbestand verwirklicht ist, an den das Gesetz die Steuer knüpft. Wenn also ein Steuerpflichtiger am 31. 12. 1919 ein steuerbares Vermögen hatte, so ist, da das Reichsnotopfergesetz erst am 14. 1. 1920 in Kraft trat, die Steuerschuld nicht schon am 31. 12. 1919, sondern erst am 14. 1. 1920 entstanden. Die Entstehung der Steuerschuld ist also nicht mehr, wie seither, von der Veranlagung oder dem Steuerbescheide abhängig. Das Reichsnotopfer kann demnach in einer nach dem 14. 1. 1920 aufgestellten Bilanz, also z. B. in einer Bilanz per 29. 2. 1920 als Schuld bilanziert werden, dagegen nicht schon in einer Bilanz per 31. 12. 1919.

Das Reichsnotopferkonto wird vom Einzelkaufmann auch dann zu errichten sein, wenn er das Notopfer in jährlichen Tilgungsraten zahlt (§ 31 RNOG.). Es ist in der Weise zu bilden, daß mit dem entsprechenden Betrage das Kapitalkonto belastet und das Reichsnotopferkonto erkannt wird. Die jährliche Tilgungsrate beträgt 6½%; hierunter ist aber die 5%ige Verzinsung für den Restbetrag der Abgabe enthalten. Das Reichsnotopferkonto ist daher nur mit dem die Verzinsung über-

[4]) Fürurohr, DStZ. Jahrg. VII S. 50.

[5]) Bilanzschriftsteller Berliner hat in Nr. 11 der Deutschen Steuerzeitung 1919 ebenfalls die Errichtuug des Notopferkontos empfohlen.

steigenden Betrage, d. i. der reine Tilgungsbetrag, zu belasten, während die Zinsen dem Zinsenkonto oder dem Gewinn- und Verlustkonto unmittelbar zu belasten sind.

Wird durch die Zahlung des Reichsnotopfers der Bilanzgewinn gedrückt, so ist dieser um den zu Lasten des Gewinns verrechneten Betrag zu erhöhen, weil das Reichsnotopfer nach § 15 Ziff. 4 REinkStG. und § 5 KörperschStG. vom Gesamtbetrage der Einkünfte nicht abgezogen werden darf. Dagegen dürfen Beträge für die Verzinsung des Reichsnotopfers als Werbungskosten zu Lasten des Gewinns verrechnet werden (§ 14 REinkStG.).

Wegen der buchmäßigen Behandlung des RNO. der Gesellschaften vgl. S. 93.

d) Rücklage für Umsatz- und Luxussteuer.

Die Umsatz- und Luxussteuer darf nach § 12 UmsStG. dem Kunden nicht gesondert in Rechnung gestellt werden, sondern muß in den Preis einkalkuliert sein. Sie ist deshalb in dem dem Warenkonto gutgeschriebenen Verkaufserlöse enthalten und erhöht dadurch den Warengewinn. Da der Geschäftsinhaber die Umsatz-(Luxus-)steuer aber gewissermaßen nur für das Reich kassiert und an dieses wieder abführen muß, würde er seinen Gewinn und sein Vermögen unrichtig darstellen, wenn er hierauf beim Abschluß nicht Rücksicht nähme. Der umsichtige Kaufmann wird also die in den Gutschriften auf Warenkonto steckende Umsatzsteuer dem Warenkonto beim Abschlusse belasten und dem Umsatzsteuerkonto oder dem Antizipations-, Interims- oder Übergangskonto gutschreiben. In der Praxis erfolgt die Gutschrift häufig auf einem als „Finanzamt" bezeichneten Kreditoren-Konto.

Im Gegensatz zur Einkommensteuer zählt die Umsatzsteuer zu den Werbungskosten. Die Umsatzsteuer für das abgelaufene Geschäftsjahr charakterisiert sich dadurch als Geschäftsschuld und könnte unbedenklich auch unter die Kreditoren aufgenommen werden. Will man sie aber als Reserve unter den Bilanzpassiven führen, so ist sie eine unechte Reserve, die steuerfrei gebildet werden kann. Freilich muß vorausgesetzt werden, daß bei Zahlung der Umsatzsteuer im nächsten Jahre die Verbuchung sachgemäß, d. h. zu Lasten der Reserve und nicht etwa des Unkostenkontos erfolgt.

Von welch einschneidender Bedeutung die Abbuchung der Umsatz-(Luxus-)steuer vom Warenkonto ist, mag eine Gegenüberstellung zweier Beispiele zeigen; beim ersten Beispiele ist die Abbuchung nicht erfolgt.

Eine Kunsthandlung hat im Jahre 1920 einen Umsatz von 10 000 000 Mk., einen Rohgewinn von 5 000 000 Mk. und — ohne Rückstellung für 15% Luxussteuer — einen Reingewinn von 3 000 000 Mk. erzielt.

I.

Waren-Konto

Soll		Haben	
Anfangsbestand . . .	Mk. 3 000 000	Verkäufe	Mk. 10 000 000
Einkauf	„ 5 500 000	Endbestand	„ 3 500 000
Rohgewinn	„ 5 000 000		
	Mk. 13 500 000		Mk. 13 500 000

Gewinn- und Verlust-Konto

Soll		Haben	
An Unkosten	Mk. 2 000 000	Per Waren	Mk. 5 000 000
„ Reingewinn . . .	„ 3 000 000		
	Mk. 5 000 000		Mk. 5 000 000

II.

Waren-Konto

Soll		Haben	
Anfangsbestand . . .	Mk. 3 000 000	Verkäufe	Mk. 10 000 000
Einkauf	„ 5 500 000	Endbestand	„ 3 500 000
Umsatzsteuer-Reserve .	„ 1 500 000		
Rohgewinn	„ 3 500 000		
	Mk. 13 500 000		Mk. 13 500 000

Gewinn- und Verlust-Konto

Soll		Haben	
An Unkosten	Mk. 2 000 000	Per Waren	Mk. 3 500 000
„ Reingewinn . .	„ 1 500 000		
	Mk. 3 500 000		Mk. 3 500 000

Angenommen, es erzielt die Kunsthandlung im nächsten Jahre ohne Rücksicht auf die Luxussteuer einen Reingewinn von 1 000 000 Mk., so würde sie infolge der zu zahlenden 1 500 000 Mk. Luxussteuer für 1920 mit Unterbilanz abschließen, während die Geschäftslage durchaus günstig war.

(Um die Wirkung der Rückstellung augenfällig darstellen zu können, wurde vorausgesetzt, daß die Luxussteuer ganzjährig bezahlt wurde).

3. Dividendenreserve.

Siehe unter Dividendenkonto (§ 13).

4. Zinsenreserve.

Siehe unter Zinsenkonto (§ 5).

5. Delkrederereserve.

Siehe unter Delkrederekonto (§ 12).

6. Kursverlustreserve.

Wenn ein Steuerpflichtiger an seinen Wertpapieren im laufenden Geschäftsjahr keinen Kursverlust hatte, aber trotzdem für Kursverluste einen Betrag in Reserve stellt, so ist dies eine echte steuerpflichtige Reservebildung (PrOVG. Bd. 15 S. 261).

7. Hypothekenreserve.

Bei Forderungen, die nach den Bestimmungen des Hypothekenbankgesetzes keine geeigneten Unterlagen für die Pfandbriefdeckung, aber sonst materiell vollwertig sind, rechtfertigt sich die Einstellung eines Bewertungskontos auf der Passivseite der Bilanz nicht.

Die Einstellung eines Bewertungskontos auf der Passivseite für nur mögliche künftige Zinsausfälle von Hypothekenforderungen hat den Charakter eines echten steuerpflichtigen Reservefonds (PrOVG. Bd. 17 S. 189).

8. Dispositionsfonds.

Werden diesem aus dem Jahresgewinn Beträge überwiesen, die zur Bestreitung künftiger Verwaltungskosten dienen sollen, so sind dies Rücklagen, die bei Feststellung des steuerpflichtigen Ertrags nicht abgerechnet werden dürfen (PrOVG. Bd. 6 S. 400).

9. Prozeßreserve.

Eine Aktiengesellschaft hatte im Geschäftsjahre 1908 den in den Aktivbeständen enthaltenen Reklameeinnahmen einen gleich hohen Betrag im Passivum des Kontokorrentkontos (wegen des Herausgabeanspruches des Klägers) als Bewertungskonto gegenübergestellt, weil die Reklameeinnahmen wegen eines schwebenden Prozesses nicht als der Aktiengesellschaft gebührend angesehen werden konnten. Dadurch wurden die Reklameeinnahmen im Jahre 1908 nicht besteuert. Durch den später, im Jahre 1909, erfolgten Gewinn des Prozesses entfiel für die Steuerpflichtige die Notwendigkeit, dieses Passivum bestehen zu lassen. Damit hat sich gegenüber dem Stande zum Beginne des Geschäftsjahres 1909 eine Vermehrung des Vermögens der Aktiengesellschaft ergeben, die als Gewinn des Geschäftsjahres 1909 steuerpflichtig ist (vgl. PrOVG. Bd. 17 S. 180).

10. Disagioreserve.

Siehe unter Agio- und Disagiokonto (§ 15).

11. Selbstversicherungsfonds.

Rücklagen, die von einem Kaufmann behufs Versicherung seiner Fabrik gegen Feuersgefahr oder sonstige Schäden gemacht werden und in seinem Vermögen verbleiben, sind echte Reserven, weil sie aus den Überschüssen entnommen werden und zur Deckung möglicher und befürchteter außerordentlicher Verluste dienen. Sie sind keine abzugsfähigen Werbungskosten oder Lasten (PrOVG. Bd. 15 S. 110).

12. Rücklage für die Überführung in die Friedenswirtschaft (Umstellungskonto).

Die Zuweisungen an das Umstellungskonto sind wegen ihrer Bezeichnung „Rücklage für Überführung in die Friedenswirtschaft“ nicht ohne weiteres als nichtabzugsfähig zu erklären. Es ist vielmehr in jedem einzelnen Falle unter Berücksichtigung der besonderen Verhältnisse des Unternehmens näher zu prüfen, ob es sich bei einer solchen Rückstellung um eine Zuweisung zu einer echten Reserve oder zu einem Bewertungskonto handelt.

Solche Rücklagen waren in der letzten Zeit mehrfach Gegenstand der Rechtsprechung des Preuß. Oberverwaltungsgerichts und des Reichsfinanzhofes.

In verschiedenen Entsch. des Pr. OVG. (vgl. Bd. 18 S. 122, 215, 448) wurden diese Rückstellungen stets dann für steuerpflichtig erklärt, wenn sie zur Deckung von Betriebskosten bestimmt sind, die in dem betreffenden Geschäftsjahre hätten aufgewendet werden müssen, aber infolge der durch den Krieg geschaffenen Lage des Wirtschaftslebens auf eine spätere Zeit verschoben wurden, wenn es sich also um Rücklagen für künftige Ausgaben handelt. Den gleichen Standpunkt nahm der Reichsfinanzhof in seiner Entsch. vom 27. 11. 1919, Bd. 2 S. 101 ff., ein; hier ist eigens betont, daß Rückstellungen für künftige Ausgaben grundsätzlich nicht als steuerfrei behandelt werden können und daß sich die Frage, ob spätere Ausgaben abzugsfähig sind, nach Maßgabe der Verhältnisse zur Zeit der Verausgabung entscheidet, ferner daß Betriebsausgaben in dem Jahre abzugsfähig sind, in dem sie anfallen.

Es wurden insbesondere Rückstellungen für folgende Zwecke als steuerpflichtig angesehen: Ausgaben für Reklame und Reisende, um das Geschäft auf die frühere Höhe zu bringen, Rückstellungen für Verluste, die aus zu erwartenden großen Preisschwankungen in Rohwaren und Fabrikaten entstehen könnten, u. dgl.

Dagegen wurden Rücklagen, die der besonderen, durch den Krieg herbeigeführten, am Bilanzstichtage **bereits eingetretenen Entwertung** des Anlage- und Betriebskapitals gerecht werden sollen und durch eine vorsichtige Bilanzierung in Gestalt von das normale Maß übersteigenden Abschreibungen oder in der Bildung besonderer Bewertungskonten zum Ausdrucke kommen, als steuerfrei anerkannt. Hier kommen insbesondere in Betracht Rücklagen zum Ausgleich **bereits eingetretener Entwertungen** für in der Kriegszeit vernachlässigte Maschinen, Apparate, Fässer, Wagen und Geschirre. Eine Entscheidung des Reichsfinanzhofes behandelt folgenden Fall: Eine Rückstellung zu dem Zwecke, das im Kriege aus Mangel an ordnungsmäßigem Material zur Verwendung kommende Ersatzmaterial in einer Telephonanlage auszuwechseln, sobald solches wieder zu haben sein werde, dient zur Ausgleichung einer zur Zeit der Bilanzaufstellung **bereits bestehenden Wertminderung** der unter den Aktiven aufgeführten Telephonanlage. Es ist dies eine Abschreibung in Form der Einsetzung eines Gegenpostens unter die Passiven und steuerfrei, keine Rückstellung für erst später eintretende Verhältnisse, keine echte Reserve. Nicht die Bezeichnung einer Buchung ist entscheidend, sondern ihre tatsächl. Bedeutung (RFHEntsch. Bd. 1 S. 182).

Nunmehr hat der Reichsfinanzhof für bereits eingetretene Wertminderungen die Abschreibung auf das Gesamtunternehmen anerkannt (vgl. RFHEntsch. Bd. 2 S. 135 ff., § 10 Abschreibungen S. 144 ff.).

13. Reserve für Valutaschulden.

I.

Die in fremder Währung ausgedrückten Schulden eines Kaufmannes werden je nach dem Kontokorrentverhältnis in fremder Währung oder umgerechnet in Reichswährung in den Geschäftsbüchern geführt. In die Inventur und Bilanz können in fremder Währung ausgedrückte Schulden nicht unmittelbar übergehen, weil die Bilanz nach § 40 HGB. in Reichswährung aufzustellen ist. Sie müssen in Reichswährung umgerechnet werden. Hierbei ergibt sich die Frage, wie diese Umrechnung zu erfolgen hat. Solange die Valutaschwankungen nur geringe Summen ergaben, war dieser Frage vielleicht kein so großes Gewicht beigelegt worden. Bei dem unerhörten Tiefstand, den unsere Valuta nun schon seit geraumer Zeit aufweist, gewinnt sie allerdings große Bedeutung.

Es sind drei Möglichkeiten gegeben:

1. die Umrechnung erfolgt zum Kurse bei Entstehen der Schuld. Zu diesem Werte stehen die Schulden zu Buch, wenn das Konto des ausländischen Geschäftsfreundes in Reichsmark geführt wird;

2. die Umrechnung erfolgt zum Tageskurse am Bilanztage;

3. die Umrechnung erfolgt zum voraussichtlichen Kurse bei Fälligkeit der Schuld.

Die Antwort auf diese Frage gibt § 40 HGB. Dort ist vorgeschrieben, daß Schulden nach dem Werte anzusetzen sind, der ihnen in dem Zeitpunkte beizulegen ist, für welchen die Aufstellung der Bilanz stattfindet.

Darnach sind also in fremder Währung ausgedrückte Schulden zum Devisenkurse am Bilanztage in Reichswährung umzurechnen.

Steht beispielsweise eine Schuld von 10 000 Frs. mit 8150 Mk. zu Buch und ist der Frankenkurs am Bilanztage 700, so muß diese Schuld mit 70 000 Mk. in die Kreditorenliste aufgenommen werden. Bei doppelter Buchführung wird man die Valutadifferenz von 8150 Mk. auf 70 000 Mk. d. i. 61 850 Mk. der Gewinn- und Verlustrechnung belasten und, nachdem das Konto des Gläubigers unverändert bleiben soll, dem Valuta-Reservekonto erkennen. Ist die Schuld durch den Einkauf von Waren entstanden, so belastet man die Valutadifferenz nicht unmittelbar dem Gewinn- und Verlustkonto, sondern dem Warenkonto, denn die Waren haben um die Valutadifferenz mehr gekostet.

Solche Valutareserven sind keinesfalls echte Reserven; sie sind nicht einmal Bewertungsposten, sondern reine Schuldposten. Der Betrag der Valutareserve kann deshalb unbedenklich in die Summe der Kreditoren eingezählt werden. Der durch die Reservebildung eingetretene Verlust ist ein Betriebsverlust und steuerrechtlich abziehbar. Zweifelhaft könnte nur noch sein, ob der Kaufmann berechtigt ist, über den bis zum Bilanztage eingetretenen Valutaverlust hinaus noch eine Bewertungsreserve steuerfrei zu bilden, wenn anzunehmen ist, daß er infolge des unverkennbaren weiteren Sinkens der Valuta bei Fälligkeit der Schuld einen höheren Betrag an Reichsmark wird aufwenden müssen, um die erforderlichen Franken zu beschaffen, als dies am Bilanztage der Fall gewesen wäre. Nach dem bayerischen Einkommensteuergesetze war das unzweifelhaft zulässig, denn nach Art. 12 Abs. I Ziff. 9 waren angemessene Rücklagen für wahrscheinliche Betriebsverluste als Betriebsausgaben anerkannt. Nach dem Reichseinkommensteuergesetze sind aber Rückstellungen für wahrscheinliche Betriebsverluste nicht mehr zulässig, weshalb künftig Valutaverluste, die in der Zeit vom letzten Bilanztage bis zur Fälligkeit der Schuld entstehen, nur dem Jahre der Fälligkeit zu Last fallen dürfen. Anders dürfte es allerdings bei einer Vermögensbesteuerung sein.

II.

Schulden an das feindliche Ausland konnten infolge des Zahlungsverbotes der Reichsregierung seit Kriegsbeginn nicht getilgt werden. Durch das Sinken des Wertes unserer Mark entstanden den betroffenen deutschen Schuldnern große Verluste. Das Reich schafft nun für diese Schuldner einen Ausgleich. Der Art. 296

des Friedensvertrages sieht die Einrichtung von Prüfungs- und Ausgleichsämtern vor. Durch das **Reichsausgleichsgesetz** vom 24. 4. 1920 (RGBl. S. 597) wurden im ganzen Deutschen Reiche Ausgleichsämter geschaffen. Diesen sind die im Art. 296 Nr. 1—4 und im Art. 72 des Friedensvertrages bezeichneten Schulden und Forderungen Deutscher, soweit sie nach den Bestimmungen des Art. 296 e u. f durch die Vermittlung von Prüfungs- und Ausgleichsämtern zu regeln sind, anzumelden. Sobald die bezeichneten Forderungen und Schulden Deutscher im Verkehr zwischen den deutschen und fremdstaatlichen Ausgleichsämtern festgestellt und den Prüfungs- und Ausgleichsämtern des Gläubigerstaates gutgeschrieben sind, hat das Reichsausgleichsamt der deutschen Partei unverzüglich eine Abrechnung über den ihr zustehenden oder von ihr zu zahlenden Betrag zu erteilen.

Die Abrechnung über in einer ausländischen Währung ausgedrückte Schulden Deutscher erfolgt in Reichswährung unter Umrechnung der Währung ihres Nennbetrages zum Vorkriegskurs (§ 27 RAusglGes.).

Die deutschen Schuldner haben sohin in diesem Verfahren nur ungefähr den Buchwert ihrer Schuld zu zahlen. Für die Valutareserve ist deshalb keine innere Berechtigung mehr vorhanden. Sie ist in irgendeiner Weise wieder aufzulösen, wodurch der Gewinn des Jahres der Auflösung — wie unter Abschnitt D und E besprochen — erhöht wird. Da die Reservestellung steuerfrei erfolgt ist und bei der Auflösung mit dem Reservebetrag keine Werbungskosten bestritten werden, ist die erwähnte Gewinnerhöhung steuerpflichtig.

Diese an sich schon aus der Technik der kaufmännischen Gewinnermittelung folgende und auf Grund des Reichseinkommensteuergesetzes abzuleitende Steuerpflicht ist nun in dem **Reichsausgleichsbesteuerungsgesetze** vom 12. 6. 1920 (RGBl. S. 1195) ausdrücklich ausgesprochen. Nach §§ 1 und 3 dieses Gesetzes sind die oben bezeichneten Verbindlichkeiten bei der Wertermittelung für Steuern des Reiches mit dem Betrage zu bewerten, den der Schuldner auf Grund des Reichsausgleichsgesetzes (vgl. insbes. § 40) zur Tilgung aufwenden muß (§ 3 AusglBestrG.). Solange der maßgebende Wert noch nicht feststeht, sind Schulden dieser Art mit dem Vorkriegskurse zu bewerten. Da die Abrechnungen auf Grund des Ausgleichsgesetzes alle erst nach dem 1. 1. 1920 erfolgen, unterliegen also diese ersetzten Valutaverluste im Hinblick auf § 58 REinkStG. auch der Reichseinkommensteuer. In einem Beispiele der Begründung zum Ausgleichsbesteuerungsgesetze (Nationalvers. 1920 Drucks. Nr. 2765) ist die Steuerpflicht nach dem Reichseinkommensteuergesetze für nach dem 31. 12. 1919 durch das Ausgleichsgesetz freiwerdende Valutaverlustreserven ausdrücklich ausgesprochen.

14. Die Prämienreserven der Lebensversicherungsgesellschaften.

Die Prämienreserven sind Rücklagen für die den Versicherten zu zahlenden Versicherungssummen. Zu deren Bildung sind die Versicherungsgesellschaften nach dem Versicherungsgesetz vom 12. 5. 1901 verpflichtet. Sie werden nach Maßgabe der Rechnungsgrundlagen der Versicherungsgesellschaften gebildet (§ 56 Abs. 1 gen. Ges.). Sie stellen keine Kapitalansammlung der Versicherungsgesellschaften über den Betrag des Grundkapitals hinaus, also kein Reinvermögen, sondern einen Schuldposten, nämlich eine Verpflichtung aus Versicherungsverträgen dar (vgl. PrOVG. Bd. 14 S. 258).

Nach der Entsch. des PrOVG. v. 31. 1. 1895 Bd. 3 S. 371 wird die Prämienreserve mit den zurückgestellten Teilen der Durchschnittsprämien und mit den Zinsen und Zinseszinsen gebildet; sie stellt als Differenz zwischen dem Werte der von der Gesellschaft auszuzahlenden Versicherungssumme und dem Werte der von ihr noch zu erwartenden Prämienzahlungen (Beitragszahlungen der Versicherten) eine nach den Grundsätzen der Wahrscheinlichkeit genau zu berechnende Verbindlichkeit der Gesellschaft dar.

Die Prämienreserven dienen also zur Bewertung bestehender Verbindlichkeiten, und sind daher unechte Reserven. Die jährlichen Zuweisungen waren seither nicht steuerpflichtig (vgl. Pr.-OVG. Bd. 5 S. 38, Bd. 8 S. 186, Bd. 12 S. 323). Sie sind auch nach dem Reichssteuerrecht steuerfrei. Denn in § 6 Nr. 4 KörperschStG. ist bestimmt, daß bei Vers.-Akt.-Ges. die zu Rücklagen für Leistungen aus Versicherungen erforderlichen Beträge nicht als steuerbares Einkommen gelten.

Diese Rücklagen sind auch nach § 17 Nr. 3 des RNOG. vom Gesellschaftsvermögen abzuziehen.

Wird die Prämienreserve aber höher dotiert, als nach den schon bestehenden Verpflichtungen nötig ist, dann waren und sind die den Zeitwert übersteigenden Reservezuführungen als Zuweisungen an einen echten Reservefonds steuerpflichtig (vgl. Pr.-OVG. Bd. 14 S. 261).

Der Prämienreservefonds ist nach § 57 des Reichsgesetzes über die privaten Versicherungsunternehmungen vom 12. 5. 1901 (RGBl. S. 139) anzulegen und gesondert von jedem anderen Vermögen zu verwalten und aufzubewahren. Da hier also aktive Mittel vorhanden sind, so erscheint der Prämienreservefonds auch unter den Aktiven der Bilanz; er ist demnach keine nur buchmäßige Reserve.

Häufig werden auch die Prämienüberträge als Prämienreserve bezeichnet. Dies ist aber nicht richtig, weil es sich hier um vorausbezahlte nicht dem betreffenden Wirtschaftsjahre angehörende Prämien handelt. Die hiefür auf der Passivseite der Bilanz erscheinenden „Prämienüberträge“ sind als Passiv-Antizipationen steuerfrei.

15. Konto für Gewinnreserven der mit Gewinnanteil Versicherten.

Wenn eine Versicherungsgesellschaft auf Grund ihres Statuts Versicherungen mit Gewinnbeteiligung abschließt, so hat sie einen entsprechenden Teil ihres Geschäftsgewinnes den Versicherten zu überlassen. Da diese Gewinnanteile oder Dividendenbeträge aber an die Versicherten nicht in dem Geschäftsjahre verteilt werden, in dem sie festgesetzt werden, sind sie nach versicherungstechnisch berechneten Dividendenplänen bis zur Verteilung zurückzustellen. Die hierdurch geschaffenen Reserven dienen somit nur zur Deckung schon bestehender Verpflichtungen und bilden das Deckungskapital für die den Versicherten als sogenannte Dividende zurückzugewährenden Prämienüberschüsse. Sie sind daher nicht als Reservefonds der steuerpflichtigen Versicherungsgesellschaft zu erachten, denn sie bilden keinen im Vermögen der Vers.-Ges. zurückbehaltenen Kapitalbetrag, sondern ebenso wie die Prämienreserve eine Bewertung bestehender Verbindlichkeiten (vgl. Simon, Die Bilanzen der AG., 3. Aufl., S. 190 ff.). Die jährlichen Zuführungen zu einem solchen Fonds sind daher, soweit sie nur dazu dienen, den Zeitwert der an die Versicherten vertragsmäßig auszuzahlenden Gewinnanteile zum Ausdrucke zu bringen, nicht steuerpflichtig; soweit sie aber über das Maß der nach dem Statut oder dem Versicherungsvertrage bestehenden Verpflichtung hinausgehen, sind sie als echte Reserve steuerpflichtig (vgl. PrOVG. Bd. 14 S. 261). Das gleiche ist nach dem neuen Steuerrecht der Fall (vgl. § 6 Nr. 4 KörperschStG.).

16. Die Schadenreserven der Versicherungsgesellschaften (oder Reserve für schon entstandene aber noch nicht regulierte Schäden).

Wenn für im Laufe des Geschäftsjahrs entstandene und angemeldete Versicherungsschäden die Versicherungssumme im gleichen Jahre nicht mehr ausbezahlt wurde, so hat die Versicherungsgesellschaft für diese noch schwebenden Versicherungsfälle in der Höhe der Verpflichtung eine Reserve zu bilden. Die jährlichen Rückstellungen für diesen Zweck sind unechte Reserven; nach § 6 Nr. 4 KörperschStG. gelten sie nicht als steuerbares Einkommen.

Eine Überdotierung ist als echte Reserve steuerpflichtig.

B. Die stillen Reserven.

Stille — versteckte — Reserven sind alle diejenigen Reserven, die zwar dem gleichen Zwecke wie die offenen dienen, deren Reservecharakter aber nicht in der Form eines selbständigen Buchpostens aus der Bilanz hervorgeht.[6]) Sie sind sonach in der Bilanz als solche nicht erkennbar, weil sie versteckt sind. Eine Reserve, die einen ziffermäßig unter den Passiven ausgewiesenen, selbständigen Bilanzposten bildet, kann also als stille Reserve auf keinen Fall in Betracht kommen. Wegen der Unterscheidung von stillen Reserven im engeren und im weiteren Sinne vgl. oben S. 82.

Die Bildung von stillen Reserven hat häufig ihren Grund in der Sorge des vorsichtigen Kaufmanns für das Gedeihen des Unternehmens; sie werden aber auch nicht selten gelegt, um den steuerbaren Gewinn zu drücken.

Die stillen Reserven ermöglichen einer Gesellschaft unerwartete Verluste ohne Herabsetzung der Dividende oder ohne Unterbilanz zu decken; sie helfen ihr auch über eine schlechte Konjunktur hinweg.

Die stillen Reserven kommen seltener vor in den Bilanzen der offenen Handelsgesellschaften und der Kommanditgesellschaften, weil sie hier bei einer Auseinandersetzung mit ausgeschiedenen Gesellschaftern leicht zu Streitigkeiten führen können. Dagegen sind die stillen Reserven in den Bilanzen der Aktiengesellschaften, besonders aber bei solchen mit großen Gewinnen sehr häufig.

Die stillen Reserven entstehen, wenn mehr abgeschrieben wird als der jeweiligen Wertminderung des betreffenden Vermögensteils (Aktivums) entspricht. Das Mehr der Abschreibung ist keine den Vorschriften in §§ 40, 261 HGB. entsprechende Wertberichtigung, sondern eine Unterbewertung. In dieser Unterbewertung liegt die stille Reserve. Werden Passiven überbewertet, so entstehen ebenfalls stille Reserven. Die Passiven werden überbewertet, wenn Wertberichtigungskonten, z. B. Delkrederekonto (vgl. § 12) zu hoch angesetzt werden; hier liegt die stille Reserve in dem zu hohen Ansatze der Passiven. In beiden Fällen wird der Bilanzgewinn gedrückt.

Die stillen Reserven werden außerdem dadurch gebildet, daß Gewinne statt dem Gewinn- und Verlustkonto erkannt unmittelbar zu Abschreibungen verwendet werden. In diesem Falle sind aus der Bilanz und aus der Gewinn- und Verlustrechnung weder die Gewinne noch die Abschreibungen ersichtlich. Der Steuerbeamte wird daher die Gewinn- und Verlustrechnung des maßgebenden Jahres mit denen früherer Jahre vergleichen. Findet er hiebei,

---

[6]) Rosendorff, Die stillen Res. der AG. S. 3.

daß z. B. ein Gewinn per Effekten- oder Zinsenkonto entgegen früherer Jahre nicht erscheint, so wird er den Steuerpflichtigen zur Aufklärung veranlassen müssen. Es kommt ferner vor, daß Kosten für Anschaffung von Mobiliar statt dem Mobilienkonto dem Unkostenkonto belastet werden. Der Anschaffungsbetrag erscheint daher nicht unter den Aktiven der Bilanz und ist stille Reserve. Auch werden Kosten für Erweiterungsbauten dem allgemeinen Betriebskonto statt dem Grundstücks- oder Immobilienkonto belastet. Dadurch erscheint die durch den Erweiterungsbau eingetretene Werterhöhung nicht unter den Aktiven der Bilanz, wodurch in der Werterhöhung eine versteckte oder stille Reserve liegt.

Es gibt freiwillig gelegte und gesetzlich notwendige stille Reserven. Letztere entstehen durch die im Handelsgesetzbuche und nunmehr auch im Reichseinkommensteuergesetz vorgeschriebene Bewertung von Vermögensgegenständen mit dem Anschaffungs- oder Herstellungspreis (vgl. §§ 40, 261 Abs. 3 und 320 HGB., § 33a REinkStG.).

Die stillen Reserven sind nicht ohne jede Ausnahme steuerpflichtig; so sind z. B. die gesetzlich vorgeschriebenen stillen Reserven, d. i. der Unterschiedsbetrag zwischen dem höheren Werte am Bilanztage und dem niedrigeren Anschaffungs- oder Herstellungspreise (Buchwert) im Jahre ihrer Entstehung nicht steuerpflichtig. In diesem Falle tritt die Steuerpflicht erst ein, wenn der höhere Wert realisiert ist.

Der Steuerbeamte hat der Aufdeckung der stillen Reserven, soweit sie den steuerbaren Gewinn oder das steuerbare Vermögen drücken und gesetzlich nicht zulässig sind, ein besonderes Augenmerk zuzuwenden. Die Legung von stillen Reserven durch Abschreibung von wertvollen Anlagegegenständen auf eine oder wenige Mark ist ja ohne weiteres ersichtlich, während die Aufdeckung der übrigen stillen Reserven eine gewisse Bilanz- und Fachkunde voraussetzt.

Stille Reserven sind in jenen Bilanzen anzunehmen, in denen Anlagekonten gering bewertet sind, obwohl sie laut Gewinn- und Verlustrechnung große Erträge brachten.

Stille Reserven kann man z. B. dadurch aufdecken, daß man die Bilanzen zweier aufeinanderfolgender Geschäftsjahre vergleicht und beim Verschwinden einer Reserve (z. B. für Anschaffung von Maschinen) nachprüft, ob der mit der Reserve angeschaffte Gegenstand auch unter den Aktiven (Maschinenkonto) erscheint. Diese Art von stille Reservebildung ist nur für die Vermögenbesteuerung von Bedeutung, weil hiedurch der Gewinn nicht beeinflußt wird.

Es kommt auch vor, daß ein besonderes Delkrederekonto nicht als Sonderkonto in die Bilanz, sondern unter den Kreditoren aufgenommen wird.

über Entstehung und Verwendung von stillen Reserven sowie über Umwandlung von offenen Reserven in stille Reserven seien hier einige Beispiele aufgeführt.

Entstehung einer stillen Reserve.

Ein Steuerpflichtiger hat ein Automobil um 50 000 Mk. gekauft. Für die Kaufsumme wird das Kassakonto erkannt, dagegen nicht, wie es richtig wäre, das Fuhrparkkonto, sondern das Unkostenkonto belastet. Das Unkostenkonto, auf der Soll-Seite des Gewinn- und Verlustkontos stehend, drückt den Gewinn oder erhöht den Verlust; der zugegangene Wert des Automobils steht nicht auf dem Fuhrparkkonto und damit auch nicht unter den Aktiven der Bilanz, wodurch die stille Reserve geschaffen ist.

Für die Einkommenbesteuerung ist der Betrag von 50000 Mk. dem Gewinn-Saldo im Jahre, der Anschaffung, nicht aber in einem späteren Jahre zuzusetzen oder an dem Verlust-Saldo zu kürzen. Für die Vermögenbesteuerung ist der nicht dem Anlagekonto belastete Betrag von 50 000 Mk. dem Reinvermögen hinzuzurechnen.

Verwendung einer stillen Reserve.

Soll eine stille Reserve in einem späteren Jahre zur Deckung eines Verlustes oder dergleichen verwendet werden, dann ist sie in den Büchern ersichtlich zu machen. Dies geschieht in obigem Beispiel in der Weise, daß das Gewinn- und Verlustkonto mit dem Betrage von 50 000 Mk. erkannt und das Fuhrparkkonto mit dem gleichen Betrage belastet wird. Die Reserve ist nun nicht mehr versteckt, denn der Wert des Automobils ist auf dem Konto festgehalten und erscheint als solcher auch in der Bilanz. Wurde bei der seinerzeitigen Bildung der stillen Reserve der Anschaffungspreis von 50 000 Mk. dem Gewinnsaldo zugesetzt und mitversteuert, dann darf der Bilanzgewinn des Geschäftsjahrs, in dem die stille Reserve verwendet wird, um den gleichen Betrag gekürzt werden.

Umwandlung einer offenen Reserve in eine stille Reserve.

Ein Steuerpflichtiger legte im Geschäftsjahre 1912 zum Ankauf eines Automobils eine offene Reserve von 50 000 Mk., die als echte Reserve versteuert wurde. Im Jahre 1913 schafft er das Automobil im Preise von 50 000 Mk. an. Der Wert des Automobils wird aber nicht dem Fuhrparkkonto (als Anlagekonto), sondern dem Reservekonto zur Beschaffung eines Autos belastet. Damit verschwindet das genannte Konto (offene Reserve) aus der Bilanz und man möchte meinen, die Sache wäre in voller Ordnung, da die Reserve nun ihrem Zwecke zugeführt wurde. Dem ist aber nicht so. Gegen die Verwendung der versteuerten Reserve zur Anschaffung des Automobils ist zwar nichts zu erinnern. Da aber mit dem Betrage von 50 000 Mk. ein Automobil gekauft wurde, das einen Wert von 50 000 Mk. hat, so wäre dieser Wertsbetrag dem Fuhrparkkonto als Anlagekonto zu belasten gewesen. Nachdem dies unterblieb, erscheint dieser Wert nicht in der Bilanz, während die Reserve von 50 000 Mk. aus der Bilanz verschwunden ist. Dadurch wurde die offene Reserve in eine stille Reserve verwandelt. Der Gewinn wird durch diesen Vorgang nicht beeinflußt.

C. Buchmäßige Behandlung der Reserven.

Die Reservekonten finden sich wie das Kapital- oder Aktienkapitalkonto auf der Passivseite der Bilanz. Ein Reservekonto entsteht in der Weise, daß am Jahresschlusse das Gewinn- und Verlustkonto den zurückzuhaltenden Teil des Gewinnes an das Reservekonto abgibt. Die in Reserve zu stellenden Beträge werden also dem Reservekonto zu Lasten des Gewinn- und Verlustkontos gutgeschrieben. Dadurch kommt der reservierte Betrag ins Haben des Kontos und der Bilanz. Daraus ergibt sich die Regel, daß der Reservebestand und seine Zunahme im Haben, seine Abnahme (Entnahme) im Soll verrechnet wird (vgl. auch oben unter A I, Gesetzliche Reserve).

Beim Abschlusse wird das Reservekonto für seinen jeweiligen Bestand an Bilanzkonto belastet. Im neuen Jahre wird ihm der Bestand zu Lasten des Bilanzkontos wieder erkannt.

Die Reservezuweisung erfolgt nicht immer unmittelbar über das Gewinn- und Verlustkonto. Reserven werden auch in der Weise gebildet, daß mit der Zuweisung das Waren- oder Fabrikationskonto belastet und das Reservekonto erkannt wird; hier wird, weil durch die Belastung des Warenkontos der dem Gewinn- und Verlustkonto zu erkennende Waren- oder Fabrikationsbruttogewinn kleiner wird, das Gewinn- und Verlustkonto mittelbar belastet. In einem solchen Falle ist daher der Gewinn-Saldo des Gewinn- und Verlustkontos um den Betrag der Reservezuweisung zu erhöhen. Diese Art von Reservebildung ist zu vermuten, wenn sich beim Vergleich der Bilanzen von zwei aufeinanderfolgenden Geschäftsjahren ergibt, daß in der Bilanz des zweiten Jahres eine Reserve neu oder erhöht erscheint, deren Bildung aus dem Gewinn- und Verlustkonto nicht oder nicht in der entsprechenden Höhe ersichtlich ist.

D. Verwendung[7]) von Reserven.

Nach der steuerlichen Rechtsprechung unter der Herrschaft der seitherigen Landessteuergesetze war der einer echten ver-

[7]) Verwendung von Reserven ist etwas anderes als Auflösung. Die Verwendung ist das Aufbrauchen des Reservefonds für seinen Zweck, die Auflösung dagegen ist die Aufhebung des Reservefonds, weil seine Zweckbestimmung weggefallen ist.

steuerten Reserve zu abzugsfähigen oder nichtabzugsfähigen Ausgaben entnommene Betrag steuerfrei. Ebenso war der einer steuerfrei gebildeten Reserve zu abzugsfähigen Ausgaben entnommene Betrag steuerfrei. Dagegen war die Verwendung einer steuerfrei gebildeten Reserve zu nicht abzugsfähigen Ausgaben steuerpflichtig.

Diese Grundsätze gelten auch für das Gebiet des Reichseinkommen- und Körperschaftssteuergesetzes. Da das REinkStG. die bundesstaatlichen Einkommensteuergesetze ersetzt und sich an diese anschließt, wird eine nach dem Landeseinkommensteuergesetze versteuerte Reserve auch unter der Herrschaft des Reichseinkommensteuergesetzes als versteuert zu gelten haben. Die verschiedenen Steuersätze werden kein Hinderungsgrund sein dürfen.

Ob nun bei der Verwendung von Reserven der Bilanzgewinn steuerbarer Gewinn ist oder ob er zu berichtigen ist, hängt von der buch- und bilanzmäßigen Behandlung der Reserveentnahmen und der damit bestrittenen Ausgaben ab.

Die nachstehenden Ausführungen und Kontenbeispiele sollen dies näher erläutern.

Vom steuerrechtlichen Standpunkt aus betrachtet ist bei der Verwendung von Reserven zu unterscheiden:

1. ob die seinerzeitige Reservestellung versteuert wurde oder nicht;
2. ob die auf die Reserve verrechneten Aufwendungen zu den abziehbaren Werbungskosten oder zu den nicht abziehbaren Aufwendungen gehören.

Werden Reserven zur Schaffung von Werten (z. B. Erweiterungsbau, Neubau, Waggonbau usw.) verwendet, so ist außerdem zu prüfen, ob neben der Belastung des Reservekontos auch das betreffende Bestandskonto belastet wurde; denn bei Nichtbelastung des Bestandskontos wird eine stille Reserve gebildet, die zum steuerpflichtigen Vermögen zählt.

Die Verrechnung von Ausgaben direkt über Reservekonto bildet die Regel, die Buchung der Reserveentnahme über Gewinn- und Verlustkonto die Ausnahme und zwar meist in jenen Fällen, in denen es sich um Schaffung von Werten handelt, die auf ein Bestandskonto gebucht werden müssen.

Für die Feststellung des steuerbaren Ertrages ergeben sich folgende vier Möglichkeiten:

I.

Wurden zu Lasten einer **versteuerten Reserve abzugsfähige Ausgaben** verrechnet, so ist der Betrag dieser Ausgaben an dem bilanzmäßigen Reingewinn zu kürzen, weil diese Ausgaben dem Jahreserträgnis zur Last zu fallen haben.

Ein Beispiel hiefür:

Soll **Reserve-Konto** Haben

1916			ℳ	₰	1916			ℳ	₰
Dez.	31	An Bilanz . .	3000	—	Dez.	31	P. Gewinn u. Verl.	3000	—
			3000	—				3000	—
1917					1917				
Dez.	21	An Kassa . . .	3000	—	Jan.	1	Per Bilanz . .	3000	—
			3000	—				3000	—

Soll **Gewinn- und Verlust-Konto 1916** Haben

1916			ℳ	₰				ℳ	₰
Dez.	31	An Reserve . .	3000	—					

Soll **Kassa-Konto** Haben

					1917			ℳ	₰
					Dez.	21	Per Reserve . .	3000	—

Das vorstehende Beispiel zeigt eine im Jahre 1916 gebildete Rücklage, die als eine echte Reserve steuerpflichtig war. Da mit ihr das Gewinn- und Verlustkonto belastet wurde, wurde der Bilanzgewinn für 1916 um den Betrag der Reserve gedrückt. Es waren daher bei Feststellung des steuerbaren Ertrages für das Geschäftsjahr 1916 die in Reserve gestellten 3000 Mk. dem Bilanzgewinne zuzusetzen oder an dem Verluste zu kürzen.

Im Jahre 1917 wurden die **abzugsfähigen** Ausgaben nicht dem Gewinn- und Verlustkonto, sondern dem Reservekonto belastet, wodurch der Bilanzgewinn nicht beeinflußt wurde. Der Steuerpflichtige durfte daher bei Angabe seines steuerbaren Ertrags für 1917 die 3000 Mk. am Bilanzgewinne kürzen oder dem Verluste zusetzen.

Angenommen, die Gewinn- und Verlustrechnung für 1917 hätte folgendes Aussehen:

Soll **Gewinn- und Verlust-Konto 1917** Haben

Soll		Haben	
An Unkosten-Kto. . . .	Mk. 40 000.—	Per Waren-Kto. . . .	Mk. 50 000.—
„ Kapital-Kto. (Reingewinn)	„ 10 000.—		
	Mk. 50 000.—		Mk. 50 000.—

so ist der Gewinn zu 10 000 Mk. nur deshalb erzielt worden, weil 3000 Mk. Werbungskosten nicht auf Unkostenkonto, sondern auf

Reservekonto verrechnet wurden. Steuerpflichtig sind nur 7000 Mk. Die buchmäßige Darstellung hätte aber auch so erfolgen können, daß die 3000 Mk. dem Unkostenkonto belastet und durch eine weitere Buchung 3000 Mk. dem Reservekonto belastet und dem Gewinn- und Verlustkonto gutgeschrieben worden wären. Das Reservekonto wäre auf diese Weise ebenfalls ausgeglichen; die Gewinn- und Verlustrechnung hätte dann folgendes Aussehen:

Soll — Gewinn- und Verlust-Konto 19.7 — **Haben**

Soll		Haben	
An Unkosten	Mk. 43 000.—	Per Waren	Mk. 50 000.—
„ Kapital (Reingew.)	„ 10 000.—	„ Reserve	„ 3 000.—
	Mk. 53 000.—		Mk. 53 000.—

Der Reingewinn ist in beiden Fällen 10 000 Mk. Der Habenposten „Reserve 3000 Mk." ist aber kein Gewinn des laufenden Jahres und schon in einem früheren Jahre versteuert. Deshalb ist er vom ausgewiesenen Reingewinne abzusetzen. Dadurch kommt man zum gleichen Ergebnisse — 7000 Mk. — wie im ersten Falle.

Einen in der Zeit der Lohnkämpfe nicht selten vorkommenden Fall zeigt folgendes praktische Beispiel:

Soll — Spezial-Reserve-Konto — **Haben**

1920			M	₰	1920			M	₰
Dez.	31	An Saläre und Löhne-Kto.	50 000	—	Jan.	1	Per Bilanz . .	50 000	—

Soll — Kassa-Konto — **Haben**

			M	₰	1920			M	₰
					Juni	2	Per Salär und Löhne . .	50 000	—

Soll — Saläre- und Löhne-Konto — **Haben**

1920			M	₰	1920			M	₰
Dez.	31	An Verschiedene	150 000	—	Dez.	31	P. Spezialreserve-Kto. . . .	50 000	—
					„	„	Per Gewinn- u. Verlust-Kto.	100 000	—
			150 000	—				150 000	—

Soll Gewinn- und Verlust-Konto. 1920 Haben

1920			M	₰	1920			M	₰
Juni	2	An Saläre und Löhne . . .	100 000	—	Juni	2			

Die Zuweisung zur Spezialreserve für unvorhergesehene Fälle wurde im Jahre 1919 versteuert. Im darauffolgenden Jahre 1920 wurden auf Grund eines in diesem Jahre mit rückwirkender Kraft ab 1. Oktober 1919 abgeschlossenen Tarifvertrages Saläre und Löhne im Betrage von 50 000 Mk. nachgezahlt. Das sind abzugsfähige Betriebsausgaben. Da das Gewinn- und Verlustkonto über Saläre- und Löhnekonto mit der Reserveentnahme erkannt und gleichzeitig mit der abzugsfähigen Ausgabe belastet ist, ist diese Ausgabe nicht zu Lasten des Jahresertrags verrechnet. Sie ist daher am Gewinnsaldo zu kürzen oder dem Verlustsaldo zuzusetzen.

Werden echte versteuerte Reserven zu angemessenen Abschreibungen verwendet, so wird dadurch der Gewinn oder Verlust nicht beeinflußt, gleichviel, ob die Abschreibung vom entwerteten Aktivum abgebucht und dem Reservekonto direkt belastet wird, oder ob beide Konten über Gewinn- und Verlustkonto geführt werden. In beiden Fällen ist daher der Bilanzgewinn um den Betrag der Reserveentnahme bzw. der Abschreibung zu kürzen oder der Bilanzverlust um diesen Betrag zu erhöhen.

Das folgende Beispiel wird dies klar machen:

Eine Aktiengesellschaft hatte in ihrer Bilanz für das Jahr 1908 ein Baureservekonto von 150 000 Mk. geführt, das seit der Bilanz für 1904 allmählich angesammelt wurde. Die jährlichen Überweisungen an die Reserve wurden stets versteuert. Im Geschäftsjahr 1909 wurde die Baureserve zu Abschreibung auf den Neubau in O. verwandt, so daß sie in der Bilanz dieses Jahres nicht mehr enthalten war.

Beispiel I.

Soll Neubau in O. Haben

1909: 1. I.	M	₰	1909: 31. XII.	M	₰
An Bilanz	800 000	—	Per Baureserve . . . (Abschreibung)	150 000	—
			Per Bilanz	650 000	—
	800 000	—		800 000	—
1910: 1. I.					
An Bilanz	650 000	—			

Soll — Baureserve-Konto — Haben

	ℳ	₰		ℳ	₰
1909: 31. XII.			1909: 1. I.		
An Neubau in D. . .	150 000	—	Per Bilanz	150 000	—
	150 000	—		150 000	—

Im vorstehenden Beispiel I ist das Reservekonto über das Bestandkonto aufgelöst, also nicht über Gewinn- und Verlustkonto geführt. Der Bilanzgewinn wird hierbei nicht beeinflußt.

Beispiel II.

Soll — Neubau in D. — Haben

	ℳ	₰		ℳ	₰
1909: 1. I.			1909: 31. XII.		
An Bilanz	800 000	—	Per Gewinn- und Verlust	150 000	—
			Per Bilanz	650 000	—
	800 000	—		800 000	—
1910: 1. I.					
An Bilanz	650 000	—			

Soll — Baureserve-Konto — Haben

	ℳ	₰		ℳ	₰
1909: 31. XII.			1909: 1. I.		
An Gewinn und Verlust	150 000	—	Per Bilanz	150 000	—
	150 000	—		150 000	—

Soll — Gewinn- und Verlust-Konto — Haben

	ℳ	₰		ℳ	₰
1909: 31. XII.			1909: 31. XII.		
An Neubau in D. (für Abschreibungen) . .	150 000	—	Per Baureserve (Reserve-Entnahme) . .	150 000	—

Das vorstehende Beispiel II zeigt, daß bei der Buchung der Reserveentnahme **über Gewinn- und Verlustkonto**, dieses Konto gleichzeitig belastet und erkannt werden muß, denn die Abbuchung der Reserveentnahme vom Baureservekonto verlangt bei der doppelten kaufmännischen Buchführung, um die es sich hier handelt, eine Gegenbuchung (siehe Haben-Seite des Gewinn- und Verlustkontos); ebenso die Abbuchung des Abschreibungsbetrags vom Neubaukonto (siehe Soll-Seite des Gewinn- und Verlustkontos). Es wird daher auch hier der Bilanzgewinn nicht beeinflußt.

II.

Wenn dagegen zu Lasten einer **versteuerten Reserve nicht abzugsfähige Ausgaben** verrechnet wurden, so ist der Ausgabebetrag vom Bilanzgewinne n i c h t abzusetzen, weil die Ausgaben dem Jahreserträgnisse nicht zur Last fallen dürfen. Da der Ausgabebetrag nicht dem Gewinn- und Verlustkonto, sondern dem Reservekonto belastet ist, so hat er das Gewinnergebnis nicht beeinflußt; er ist daher auch dem Jahreserträgnis nicht zuzurechnen. Der Bilanzgewinn ist insoweit steuerbarer Gewinn.

Ein Beispiel hiefür:

Soll — W a g g o n - B a u r e s e r v e - K o n t o — **Haben**

1916			ℳ	₰	1916			ℳ	₰
Dez.	31	An Bilanz . .	70 000	—	Dez.	31	Per Gewinn u. Verlust . .	70 000	—
			70 000	—				70 000	—
1917					1917				
Mai	5	An Kassa . .	70 000	—	Jan.	1	Per Bilanz .	70 000	—
			70 000	—				70 000	—

Soll — G e w i n n - u n d V e r l u s t - K o n t o 1916 — **Haben**

1916			ℳ	₰				ℳ	₰
Dez.	31	An Waggon-Baureserve	70 000	—					

Soll — K a s s a - K o n t o 1917 — **Haben**

			ℳ	₰	1917			ℳ	₰
					Mai	5	Per Waggon-Baureserve	70 000	—

Bei Feststellung des steuerbaren Einkommens für das Geschäftsjahr 1916 waren die der steuerpflichtigen Reserve zugeführten 70 000 Mk. dem Bilanzgewinne zuzusetzen, weil der Gewinn durch die Belastung des Gewinn- und Verlustkontos mit einer nicht abzugsfähigen Ausgabe gedrückt wurde.

Im Jahre 1917 wurden die Kosten für Waggonbau dem Reservekonto direkt belastet, weshalb der Bilanzgewinn für 1917 nicht beeinflußt wurde. Dieser durfte auch zugunsten des Steuerpflichtigen nicht berichtigt werden.

Da aber die Baukosten nicht dem Fuhrparkkonto belastet wurden, verwandelte sich die offene Reserve (Waggonbaureserve) in eine stille Reserve (nichtgebuchter Wert der gebauten Waggons). Das wäre für eine Vermögenbesteuerung von Bedeutung.

Wird der für den Bau der Waggons aufgewendete Betrag dem Fuhrparkkonto belastet (dem Kassakonto erkannt), so bleibt die Reserve unverändert. Soll nun die Reserve aufgelöst werden, weil der beabsichtigte Waggonbau erfolgt ist, so geschieht das meist dadurch, daß das Reservekonto mit seinem Bestand belastet und das Gewinn- und Verlustkonto dafür erkannt wird.

Dadurch wird der Gewinnsaldo um die Reserveentnahme zu 70 000 Mk. höher. Diese 70 000 Mk. sind aber nicht Gewinn des laufenden Jahres, sondern ein in früheren Jahren bereits versteuerter Gewinn und deshalb vom Gewinnsaldo abzusetzen.

Soll — Waggon-Baureserve-Konto — Haben

1917			ℳ	₰	1917			ℳ	₰
Dez.	31	An Gewinn und Verlust . .	70 000	—	Jan.	1	Per Bilanz . .	70 000	—

Soll — Kassa-Konto 1917 — Haben

			ℳ	₰	1917			ℳ	₰
					Mai	5	Per Fuhrpark .	70 000	—

Soll — Fuhrpark-Konto — Haben

1917			ℳ	₰				ℳ	₰
Mai	5	An Kassa . .	70 000	—					

Soll — Gewinn- und Verlust-Konto 1917 — Haben

1917			ℳ	₰	1917			ℳ	₰
Dez.	31	An Generalunkosten . . .	300 000	—	Dez.	31	Per Fabrikationskonto . . .	400 000	—
„	„	An Bilanzkonto (Gewinn) .	170 000	—	„	„	Per Waggonbau-Reserve . .	70 000	—
			470 000	—				470 000	—

Steuerbarer Gewinn: 170 000 Mk.,
— 70 000 „ Reserveentnahme
100 000 Mk.

Es wäre nun unter sonst gleichen Verhältnissen noch der Fall denkbar, daß eine nicht abzugsfähige Ausgabe, z. B. eine auf Anlagekonto zu buchende Neuanschaffung über Unkostenkonto, dem Gewinn- und Verlustkonto belastet wird, während andererseits die Reserveauflösung (= Reserveentnahme) ebenfalls über Gewinn- und Verlustkonto erfolgt. In diesem Falle ist die zu Unrecht über Gewinn- und Verlustkonto verrechnete Ausgabe dem Gewinnsaldo zuzurechnen und die dem Gewinn- und Verlustkonto gutgebrachte Reserveauflösung vom Gewinn abzusetzen.

Die Gewinn- und Verlustrechnung sieht dann wie folgt aus:

Soll — Gewinn- und Verlust-Konto. — Haben

An Generalunkosten .	Mk. 368 000.—	Per Fabrikationskonto	Mk. 400 000.—
„ Bilanz (für den Gewinn) . . .	„ 102 000.—	„ Waggonbaureservekonto	„ 70 000.—
	Mk. 470 000.—		Mk. 470 000.—

Steuerbarer Gewinn: 102 000 Mk.
+ 68 000 „ über Unkostenkonto verrechneter Aufwand für Waggonbau.
170 000 Mk.
— 70 000 „ Reserveentnahme (bereits früher versteuert).
100 000 Mk. wie oben (vgl. auch Beispiel S. 109).

Daraus läßt sich folgende Regel ableiten:

Beträgt die Reserveentnahme mehr als die Ausgabe, dann ist an dem Gewinnsaldo der „Mehr"betrag deshalb abzusetzen, weil dieser im Gewinnsaldo enthalten war, aber kein Gewinn dieses Jahres ist. Liegt eine „Minder"entnahme aus der Reserve vor

(z. B. 70 000 Mk. Reserveentnahme und 75 000 Mk. nicht abzugsfähige Ausgabe), dann ist die „M i n d e r"entnahme dem Gewinnsaldo zuzusetzen, weil die nicht abzugsfähige Ausgabe, soweit sie nicht durch die Reserveentnahme gedeckt ist, den Gewinn zu Unrecht kürzen würde.

III.

Wurden zu Lasten einer **steuerfrei gebildeten Reserve abzugsfähige Ausgaben** verrechnet, so ist der ausgewiesene Bilanzgewinn insoweit steuerbarer Ertrag, weil die abzugsfähigen Ausgaben aus einer steuerfrei gebildeten Reserve bestritten wurden.[8])

Ein Beispiel hiefür:

Soll R e s e r v e e i n e r A G. f ü r G r u n d e r w e r b s t e u e r **Haben**

1920			ℳ	₰	1920			ℳ	₰
Dez.	31	An Bilanz . .	4 000	—	Dez.	31	Per Gewinn u. Verlust . .	4 000	—
			4 000	—				4 000	—
1921					1921				
Nov.	10	An Kassa . .	4 000	—	Jan.	1	Per Bilanz . .	4 000	—
			4 000	—				4 000	—

Soll G e w i n n = u n d V e r l u s t = K o n t o. 1920 **Haben**

1920			ℳ	₰				ℳ	₰
Dez.	31	An Reserve für Grunderwerbsteuer	4 000	—					

Soll K a s s a = K o n t o. 1921 **Haben**

			ℳ	₰	1921			ℳ	₰
					Nov.	10	Per Reserve f. Grunderwerbsteuer . . .	4 000	—

Soll G e w i n n = u n d V e r l u s t = K o n t o. 1921 **Haben**

1921			ℳ	₰	1921			ℳ	₰
Dez.	31	An Unkosten=Kto.	300 000	—	Dez.	31	Per Waren=Kto.	400 000	—
"	"	" Bilanz=Kto. (Gewinn) .	100 000	—					
			400 000	—				400 000	—

[8]) Unter diesen Grundsatz fällt auch die Verwendung der steuerfrei gebildeten Ueberteuerungs-Rücklage, vgl. § 9a.

Die Reservestellung im Geschäftsjahre 1920 drückt zwar den Gewinn, ist aber steuerfrei (vgl. § 7 Nr. 2 Körpersch.-StG.). Der Bilanzgewinn oder -Verlust wird daher insoweit steuerbarer Ertrag für 1920.

Wird im Geschäftsjahre 1921 die Grunderwerbsteuer fällig, so ist der Bilanzgewinn ebenfalls steuerbarer Ertrag, weil die bezahlte Grunderwerbsteuer als eine abzugsfähige Ausgabe nicht dem Gewinn- und Verlustkonto, sondern dem Reservekonto belastet wurde, das im Jahre 1920 zu diesem Zwecke steuerfrei gebildet worden war.

Wird im vorstehenden Falle die Grunderwerbsteuer dem über Gewinn- und Verlustkonto gehenden Unkostenkonto belastet, und das Reservekonto dadurch aufgelöst, daß es über Gewinn- und Verlustkonto „Haben" abgebucht wird, so ist das Ergebnis das gleiche.

Soll Gewinn- und Verlust-Konto 1921 **Haben**

An Unkosten-Konto .	Mk. 304 000,—	Per Warenkonto . .	Mk. 400 000,—
„ Bilanz (Gewinn)	„ 100 000,—	„ Grunderwerbsteuerreserve-Konto .	„ 4 000,—
	Mk. 404 000,—		Mk. 404 000,—

Im Gegensatz zu Fall I und II (Beispiel S. 115 und 120) ist hier die Reserveentnahme zu 4000 Mk. vom Gewinnsaldo zu 100 000 Mk. nicht abzusetzen und zwar deshalb, weil die Zuweisung an die Reserve steuerfrei erfolgt ist.

Es kann aber auch vorkommen, daß eine steuerfrei gebildete Reserve zu abzugsfähigen Ausgaben verwendet wird und der Steuerpflichtige trotzdem ein Recht auf Kürzung des verwendeten Betrages am Bilanzgewinne hat, wie das folgende Beispiel zeigt.

Wird nämlich eine abzugsfähige Ausgabe, z. B. 20 000 Mk. für Maschinenreparaturen, einem Reservekonto belastet, das für einen anderen Zweck steuerfrei gebildet wurde, z. B. einem Bewertungskonto, wie das Erneuerungskonto, so ist der ausgewiesene Geschäftsgewinn um die Ausgabe zu kürzen.

Richtige Buchung (nicht über Reservekonto, sondern über Gewinn- und Verlustkonto):

Soll Gewinn- und Verlust-Konto 1920 **Haben**

An Unkosten . . .	Mk. 300 000,—	Per Fabrikkonto . .	Mk. 400 000,—
„ Maschinenreparat.	„ 20 000,—		
„ Gewinn . . .	„ 80 000,—		
	Mk. 400 000,—		Mk. 400 000,—

Nicht sachgemäße Buchung:

Buchung der Maschinenreparatur zu Lasten des Erneuerungskontos:

Soll	Gewinn- und Verlust-Konto 1920		Haben
An Unkosten . . .	Mk. 300 000.—	Per Fabrikationskonto	Mk. 400 000.—
„ Gewinn . . .	„ 100 000.—		
	Mk. 400 000.—		Mk. 400 000.—

Soll	Maschinen-Erneuerungskonto		Haben
An Kassa, f. Reparatur.	Mk. 20 000.—	Per Bilanz	Mk. 80 000.—
„ Bilanz	„ 60 000.—		
	Mk. 80 000.—		Mk. 80 000.—

Im Beispiel für den Regelfall muß die für die Grunderwerbsteuer gebildete Reserve bei Bezahlung der Grunderwerbsteuer ihrem Zwecke entsprechend verwendet werden.

In vorstehendem Beispiele dagegen ist die Belastung des Erneuerungsfonds mit Ausgaben für Reparaturen von Maschinen unkorrekt, denn durch die Reparatur wird die Maschine i. d. Regel nicht mehr wert. Der Erneuerungsfond als Wertberichtigungskonto darf daher nicht verringert werden.

Daraus folgt, daß bei nicht sachgemäßer Buchung die dem Reservekonto belasteten 20 000 Mk. vom Bilanzgewinne gekürzt werden dürfen, denn der tatsächliche Sachverhalt, nicht die buchmäßige Behandlung entscheidet.

Erfolgt diese Kürzung, so hat die Steuerbehörde darauf zu achten, daß die durch die unsachliche Buchung zurückgesetzte Abschreibung auf dem Erneuerungskonto nicht in späteren Jahren buchmäßig wieder nachgeholt und dadurch wiederholt zur Geltung gebracht wird.

Aus dem Verschwinden einer steuerfrei gebildeten Reserve allein folgt noch nicht, daß nun die betreffende Ausgabe (z. B. die Grunderwerbsteuer) zu Lasten dieser Reserve gebucht worden ist. Die Reserve kann auch dadurch aus der Bilanz verschwunden sein, daß sie auf ein anderes, echtes Reservekonto übertragen worden ist, während die Ausgabe, für die sie gebildet wurde, zu Lasten des Gewinn- und Verlustkontos gebucht wurde.

Ein Vergleich der sämtlichen Reserven mit der Vorjahrsbilanz hilft diese Unregelmäßigkeit aufdecken, wenn nicht etwa noch andere Veränderungen mit den Reserven vorgenommen wurden. Die zu Unrecht dem Gewinn- und Verlustkonto belastete Ausgabe (z. B. Grunderwerbsteuer) ist in diesem Falle dem Gewinne zuzurechnen.

IV.

Wenn zu Lasten einer **steuerfrei gebildeten Reserve nicht abziehbare Ausgaben** verrechnet werden, so ist der Ausgabebetrag dem Bilanzgewinn zuzurechnen, weil die nicht abzugsfähige Ausgabe zu Unrecht aus einer steuerfrei gebildeten Reserve bestritten wurde.

Ein Beispiel hiefür:

Eine offene Handelsgesellschaft hat seit Jahren dem Delkrederekonto Beträge zugewiesen, die steuerfrei erachtet wurden. Die Gesellschaft findet, daß die Debitoren besser eingehen, als sie früher angenommen hatte und verrechnet die im Jahre 1930 fällig gewordene Grunderwerbsteuer zu Lasten des Delkrederekontos, um dieses nicht über Gewinn- und Verlustkonto auflösen oder verringern zu müssen. Da die Grunderwerbsteuer bei der offenen Handelsgesellschaft nicht, wie bei der Aktiengesellschaft, zu den Werbungskosten gehört, wird zu Lasten einer steuerfrei gebildeten Reserve eine nicht abziehbare Ausgabe verrechnet, die dem ausgewiesenen Gewinne ebenso zuzurechnen ist, als wäre die Ausgabe zu Lasten des Gewinn- und Verlustkontos gebucht worden.

Soll Delkredere-Konto **Haben**

1930			1930		
Apr.	1	An Kassa-Konto (für Grunderwerbstr.) 10 000 ℳ	Jan.	1	Per Bilanz . . . 50 000 ℳ

Aus der Bilanz und der Gewinn- und Verlustrechnung ist dieser Buchungsvorgang nicht zu ersehen. Der Steuerbeamte muß auf das Fälligwerden der Grunderwerbsteuer sein Augenmerk richten und im maßgebenden Jahre bei der Gesellschaft nachfragen, wie die Steuer gebucht wurde.

Bei der Verwendung steuerfrei gebildeter Reserven zu nicht abziehbaren Ausgaben wird es praktisch nicht vorkommen, daß die Verwendung der Reserve in der Gewinn- und Verlustrechnung als Gutschrift erscheint.

E. Umwandlung oder Auflösung[9]) von Reserven.

Die Umwandlung oder Auflösung von Reserven kann durch Umbenennung oder durch Übertragung auf andere Reserven erfolgen. Der Steuer wegen ist darauf zu sehen, daß echte, versteuerte Reserven nur in echte umgewandelt oder auf solche übertragen werden; unechte (steuerfrei gebildete) Reserven können steuerlich

---

[9]) Vgl. Fußnote 1 S. 112.

nur wieder auf nicht versteuerte Reserven übertragen oder in solche umgewandelt werden. Erfolgt die Umwandlung nicht nach diesen Gesichtspunkten, so ist zu untersuchen, welche Wirkung die Abweichung auf den Gewinn äußert.

Die Übertragung einer echten (versteuerten) Reserve auf eine steuerfrei gebildete Reserve kommt der Verwendung einer versteuerten Reserve zu abziehbaren Ausgaben gleich — siehe unter D I —, die Übertragung einer steuerfrei gebildeten Reserve auf eine echte (versteuerte) Reserve der Verwendung einer nicht versteuerten Reserve zu nicht abziehbaren Ausgaben — siehe unter D IV —.

Da die Bildung von Reserven, sei es mittelbar, sei es unmittelbar, über das Gewinn- und Verlustkonto erfolgt, so sind sie folgerichtig auch über Gewinn- und Verlustkonto aufzulösen. Das Gewinn- und Verlustkonto ist aber bekanntlich nur ein Hilfskonto des Kapitalkontos. Deshalb kann die Auflösung von Reserven ebenso richtig unmittelbar über Kapitalkonto erfolgen.

Wird eine echte (versteuerte) Reserve auf das Kapitalkonto übertragen, so entgeht dadurch dem Staate keine Steuer. Der Gewinnsaldo der Gewinn- und Verlustrechnung wird durch diese Auflösung nicht berührt. Bei der Berechnung der bilanzmäßigen Vermögensmehrung durch Vergleichung zweier aufeinanderfolgender Bilanzen ist dagegen von der Vermögensmehrung der Reserveübertrag, ähnlich wie die Einlagen aus privaten Mitteln, abzusetzen.

Die Übertragung von steuerfrei gebildeten Reserven auf das Kapitalkonto berührt nun auch den Gewinnsaldo der Gewinn- und Verlustrechnung nicht. Sie kommt aber wie schon erwähnt der Verwendung einer steuerfrei gebildeten Reserve zu nicht abziehbaren Ausgaben gleich — siehe unter D IV —. Dem Staat entgeht auf diese Weise steuerbares Einkommen, sei es nun im Jahre der zu Unrecht steuerfrei erfolgten Bildung der Reserve, oder im Jahre der Übertragung auf das Kapitalkonto. Je nach Lage des Falles hat Nachholung zu erfolgen (§ 212 RAbgO.) oder Zurechnung des Reservebetrags zum Gewinn des Jahres der Auflösung.

Wird zum Beispiel ein im Jahre 1920 steuerpflichtig gebildetes Spez.-Reservekonto von 10000 Mk. im Jahre 1922 auf das obligatorische oder gesetzliche Reservekonto (Reservekonto I) übertragen, so liegt hier eine Umwandlung vor, die den Bilanz- und den steuerbaren Gewinn nicht beeinflußt.

Wurde dagegen im Jahre 1920 ein Delkrederekonto für damals notwendig erachtete Abschreibungen steuerfrei gebildet, so kann es 1922 auf die gesetzliche Reserve nur übertragen werden, wenn es inzwischen aus einem Abschreibungs- oder Wertberichtigungskonto eine echte Reserve geworden ist. Dies kann dadurch eingetreten sein, daß die Debitoren um den Betrag, um den sie damals im Werte gefallen waren, inzwischen wieder stiegen. Die eingetretene Wertsteigerung bildet ebenso steuerpflichtigen Ertrag, wie die Wertminderung im Jahre 1920 Verlust war.[10])

Der Bilanzgewinn wird durch diesen Vorgang nicht beeinflußt, weshalb die übertragene Summe für die Feststellung des steuerpflichtigen Gewinnes dem Bilanzgewinne zuzurechnen ist.

Streng genommen müßte die Delkrederereserve als ganz oder teilweise entbehrlich über das Gewinn- und Verlustkonto aufgelöst werden; dann wäre der Gewinn richtig ausgewiesen.

§ 9a. Das Überteuerungskonto.

(Rücklage für Mehrkosten durch Ersatzbeschaffung.)

Die EinkStGesNovelle vom 24. März 1921 bestimmt über diese Rücklage Folgendes:

§ 59a.

Bei Ermittlung des Betriebsgewinns und des Geschäftsgewinns im Sinne der §§ 32, 33 zum Zwecke der Veranlagung für die Rechnungsjahre 1920 bis 1926 können den Verhältnissen entsprechende Rücklagen zur Bestreitung der Kosten steuerfrei abgesetzt werden, die zur Ersatzbeschaffung der zum land- oder forstwirtschaftlichen oder gewerblichen oder bergbaulichen Anlagekapital gehörigen Gegenstände über den gemeinen Wert der Ersatzgegenstände hinaus voraussichtlich aufgewendet werden müssen (Mehrkosten). Die Mehrkosten sind zu Lasten dieser Rücklagen zu verrechnen; stehen zur Bestreitung der Mehrkosten zu diesem Zwecke gebildete Rücklagen nicht zur Verfügung, so können die Mehrkosten als Werbungskosten in Abzug gebracht werden. Bei Feststellung des Anschaffungs- oder Herstellungspreises im Sinne des § 33a bleiben die Mehrkosten außer Betracht, soweit sie für Ersatzbeschaffungen als Werbungskosten in Abzug gebracht oder aus steuerfreien Rücklagen gedeckt worden sind.

Der Reichsminister der Finanzen erläßt die zur Durchführung dieser Vorschriften erforderlichen Bestimmungen, insbesondere auch die Richtlinien über die jeweilige Höhe der über den gemeinen Wert hinausgehenden Mehrkosten. Er erläßt ferner Vorschriften über die Nachversteuerung von steuerfrei gebliebenen Rücklagen, die nicht ihrem Bestimmungszwecke zugeführt sind oder nicht mehr zugeführt werden können. Der Erlaß dieser Vorschriften und Richtlinien hat zu erfolgen nach Anhörung eines vom Reichstag zu wählenden Ausschusses unter Zuziehung von Sachverständigen, welche vom Reichsminister der Finanzen zu ernennen sind.

---

[10]) Der Reichsfinanzhof hat in dem inzwischen gefällten Urteile vom 12. November 1920, DStZ. IX. Jahrg. S. 287, den gleichen Standpunkt eingenommen.

Die steuerfreie Rückstellung für Mehrkosten, die gebildet werden kann aus Anlaß der Notwendigkeit, für Gegenstände des land- oder forstwirtschaftlichen oder gewerblichen **Anlage**kapitals in absehbarer Zeit Ersatz beschaffen zu müssen, hat ihre Ursache in der Entwertung des deutschen Geldes und der damit bedingten Preissteigerung. Sie trägt den wirtschaftlichen Bedürfnissen unserer Zeit Rechnung. Das Fehlen dieser Möglichkeit würde besonders von jenen Unternehmern hart empfunden werden, die in ihrem Betriebe viele ersatzbedürftige Anlagegegenstände haben. Nehmen wir z. B. den Fall, ein Buchdruckereibesitzer muß für eine alte Schnellpresse im Jahre 1923 einen Ersatz beschaffen, der voraussichtlich 100000 Mk. kostet. Angenommen der gemeine Wert der Ersatzmaschine im Sinne des § 138 Abs. 1 RAbgO. wird auf das Fünffache des Friedenspreises von 10000 Mk., d. i. 50000 Mk., festgestellt, dann müssen an Mehrkosten voraussichtlich 50000 Mk. aufgewendet werden, die für den Steuerpflichtigen, wenn der dauernde gemeine Wert der Maschine tatsächlich nur 50000 Mk. bleiben wird, ein glatter, nur durch die Überteuerung entstandener Verlust sind.

Steuerrechtlich bedeutet die Bildung einer steuerfreien Rücklage für künftige Ausgaben eine Durchbrechung des Grundsatzes, daß die Zuweisungen an echte Reserven steuerpflichtig sind. Eine solche Vorausnahme der zukünftigen Mehrkosten-Abschreibung ist nur zulässig bei Steuerpflichtigen, die unter das Reichseinkommensteuergesetz fallen, also bei natürlichen Personen, nicht dagegen bei juristischen Personen, die nach dem Körperschaftssteuergesetz zu besteuern sind (vgl. Anm. 1 zu § 1 S. 1/2). Aus diesem Grunde wurde der § 59a auch an dieser Stelle des Gesetzes eingefügt.

Die Gültigkeit dieser Ausnahmevorschrift wurde in der Annahme, daß in einigen Jahren stabilere Verhältnisse kommen werden, zeitlich begrenzt und zwar bis zur Veranlagung für das Rechnungsjahr 1926. Diesen Optimismus teilen wir allerdings nicht. Denn die deutsche Valuta wird sich wohl in einigen Jahren wohl kaum so günstig entwickeln, daß die Vorschrift entbehrt werden kann.

Die Überteuerungsrücklage kommt nur für die Ersatzbeschaffung von Gegenständen des Anlagekapitals in Betracht, was besonders betont sei. Dagegen ist die Mehrkosten-Abschreibung an bereits beschafften Betriebsgegenständen nach § 33a nicht auf Ersatzbeschaffung beschränkt; sie ist vielmehr auch bei Neuanschaffungen gestattet.

Zum Anlage-Kapital gehört das stehende, fixe, stabile, konstante Kapital, das Gebrauchsvermögen, die Arbeits-(Produktions-) Mittel, die Betriebsgegenstände. E. pr. OVG. Bd. 10 S. 71, Simon, Bilanzen 299, 326; Rehm 453; Maatz S. 104.

Eine Ersatzbeschaffung im Sinne des § 59a wird auch dann anzunehmen sein, wenn ein Steuerpflichtiger für eine Maschine, die er z. B. im Jahre 1917 zwangsweise an die Heeresverwaltung abgeben mußte, den Ersatz erst in den nächsten Jahren beschafft. Daß die Ersatzbeschaffung nicht Zug um Zug geht, wird in einem solchen Falle kein Grund sein, die Rücklage nicht steuerfrei zuzulassen; denn bei den damaligen Verhältnissen konnte eine Ersatzbeschaffung gar nicht erfolgen. Man wird daher nicht von einer Neuanschaffung reden können.

Es entsteht nun noch die weitere Frage, ob auch für eine Ersatzbeschaffung von Teilen von zum land- oder forstwirtschaftlichen oder gewerblichen oder bergbaulichen Anlagekapital gehörigen Gegenständen eine steuerfreie Rückstellung zuzulassen ist. Diese Frage wird zu bejahen sein, denn wenn schon die weitergehende Rückstellung für Ersatzbeschaffung des Gegenstandes selbst steuerfrei zugelassen wird, wird auch die Ersatzbeschaffung von Teilen eines solchen Gegenstandes darunter fallen. Die Überteuerung ist ja auch hier gegeben. Dieser Fall kann praktisch werden, bei Ersatz von Maschinenteilen aus Eisen durch Messing oder Kupfer, bei Ersatz eines Blechdaches eines nur dem Gewerbebetriebe dienenden Hauses durch ein Kupferdach usw.

Die Differenz zwischen dem voraussichtlichen Einkaufspreise des Ersatzstückes und dessen gemeinem Werte ist der Betrag der für die Rückstellung in Betracht kommenden Mehrkosten. Hierbei ist der gemeine Wert im Sinne des § 138 Abs. 1 RAbgO. maßgebend. Dieser wird durch den Preis bestimmt, der im gewöhnlichen Geschäftsverkehr nach der Beschaffenheit des Gegenstandes unter Berücksichtigung aller den Preis beeinflussenden Umstände bei einer Veräußerung zu erzielen wäre; ungewöhnliche oder lediglich persönliche Verhältnisse sind nicht zu berücksichtigen. Hiebei kommt grundsätzlich der Wert in Betracht, den der steuerbare Gegenstand am Bilanz-Stichtage selbst als einen dauernden hat. Auf keinen Fall ist in anormalen Zeiten wie heute der augenblickliche Verkaufswert als gemeiner Wert anzusehen. Dies verbieten das ständige Schwanken unserer Währung. und die sonstigen herrschenden ungewöhnlichen Verhältnisse. Bei der Beratung der RAbgO. sind der Ausschuß und die Regierungsvertreter der Ansicht gewesen, daß die durch den Krieg herbeigeführten Verhältnisse „ungewöhnliche Verhältnisse" seien und daß die Preise, wie sie sich zur Zeit durch die ungewöhnlichen Verhältnisse bilden, als Phantasie- und Spekulationspreise für die Feststellung des gemeinen Werts nicht maßgebend seien. Über diese Auffassung ist allerdings im Schrifttum die Meinung geteilt. Mrozek (RAbgO. S. 458) ist der Ansicht, daß die an dem betreffenden Stichtage gezahlten Preise für die Bestimmung des gemeinen Werts maßgebend seien. Gleicher Ansicht ist Erler DStZtg. VIII S. 247. Anderer Ansicht ist Lion, Zeitgem. Steuerfragen 1. Jahrg. 2. Heft S. 22. Da es aber im GesEntw. der Regierungsparteien zur Abänderung des EinkStG. „dauernder gemeiner Wert" hieß und das

Wort „dauernd“ auf die Zusage des Regierungsvertreters, daß grundsätzlich als gemeiner Wert der Wert in Betracht komme, den der steuerbare Gegenstand am Stichtage selbst als einen **dauernden** habe (Ber. des Deutsch. Reichstags Nr. 1710 S. 9), gestrichen wurde, wird die von uns vertretene Ansicht dem Sinne des Gesetzes entsprechen.

Über die jeweilige Höhe der über den gemeinen Wert hinausgehenden Mehrkosten sind vom Reichsfinanzminister Richtlinien in den Vollzugsbestimmungen zu erlassen. Diesen Richtlinien wird nach der Ansicht des Reichsfinnazministers (Ber. des Deutsch. Reichst. Nr. 1710 S. 23) eine auch für die Rechtsprechung bindende Bedeutung beizulegen sein, so daß auch die Finanzgerichte und der Reichsfinanzhof an diese Richtlinien gebunden seien. Soweit diese nicht den Umständen des Einzelfalls gerecht werden sollten, werden im Veranlagungsverfahren Sachverständige durch die Veranlagungsbehörde zuzuziehen sein.

Die Steuerbehörden werden zur Hintanhaltung von Gewinn-Verschleierungen zu überwachen haben, daß die Rücklagen auch ihrem Zwecke zugeführt werden. Bei dieser Überwachung und bei der Bestimmung der jeweiligen Höhe der Mehrkosten wird man nicht einseitig fiskalisch verfahren dürfen. Denn ein Gesetz, das solch schwierigen wirtschaftlichen Verhältnissen Rechnung tragen soll, fordert einen besonders verständigen Vollzug.

Es wird sowohl im Interesse des Steuerpflichtigen als auch der Steuerbehörde liegen, wenn für die Rücklage ein eigenes Konto etwa mit der von uns gewählten Bezeichnung gebildet wird. Die Verrechnung auf einem etwa schon bestehenden Erneuerungs- oder Amortisationskonto erschwert die Übersicht und die zu erwartenden Kontrollverhandlungen mit dem Finanzamt.

Wegen der Eröffnung eines eigenen Überteuerungskontos sei hier noch ausgeführt:

Bei einfacher kaufmännischer Buchführung sind zwar Reservekonten nicht üblich. Es würde aber gegen keine Regel verstoßen, wenn im Hauptbuche (Kontokorrentbuch) auch ein Reservekonto erschiene. Wenn auch die zweckentsprechende Verwendung der steuerfrei gebildeten Rücklage für Ersatzbeschaffung von der Steuerbehörde überwacht werden muß, so muß es dennoch genügen, wenn die Rücklage nur im Inventar und in der Bilanz erscheint; denn bei dem nicht bücherführenden Steuerpflichtigen kann die Rücklage überhaupt nur in der Steuer-Erklärung festgehalten werden (vgl. auch die Ausführungen auf Seite 198, 199).

Bei doppelter kaufmännischer Buchführung wird die Rücklage in der Weise gebildet, daß mit dem in Reserve zu stellenden Betrage das Gewinn- und Verlustkonto belastet und das Überteuerungskonto erkannt wird. Die Rücklage ist auch dann zu Lasten des Gewinns gebildet, wenn der Rücklage-Betrag dem Waren- oder Fabrikationskonto belastet wird.

Die Rückstellung ist nicht in einem Jahre zu machen, sie kann auch auf mehrere Jahre verteilt werden.

Nach § 59a *sind* die Mehrkosten im Jahre der Ersatzbeschaffung zu Lasten der steuerfrei gebildeten Rücklage zu verrechnen. Wir haben es also mit einer *Muß*vorschrift zu tun. Die Buchung hat daher in der Weise zu erfolgen, daß die Mehrkosten dem Überteuerungs-Konto belastet werden. Als Gegenbuchung kann das betreffende Anlagekonto oder, wenn auf diesem Konto nur der Anschaffungs- oder Herstellungspreis abzüglich der Mehrkosten gebucht wird, das Kasse-Konto oder ein sonstiges die aktiven Mittel hergebendes Konto erkannt werden. Auf jeden Fall muß das Überteuerungs-Konto, sobald die Ersatzbeschaffung erfolgt ist, aus den Büchern und aus der Bilanz wieder verschwinden. Wird die steuerfrei gebildete Rücklage nicht ihrem Bestimmungszwecke zugeführt, dann ist sie nachzuversteuern.

Wenn die Vollzugsvorschriften zur Zeit auch noch nicht erschienen sind, so ist es, da die Rückstellung schon bei der Veranlagung für das Rechnungsjahr 1920 geltend gemacht werden kann, dennoch geboten, daß der Steuerpflichtige in der Bilanz, die für diese Veranlagung maßgebend ist, schon einen angemessenen Betrag für etwaige Mehrkosten in Reserve stellt. Hat er seine Steuer-Erklärung mit Bilanz schon abgegeben, so kann er die Erklärung nachträglich berichtigen. Er wird in diesem Falle eine solche Rücklage mit dem für das abgelaufene Geschäftsjahr angemessenen Betrag in seinen Geschäftsbüchern zu bilden und diesen Betrag dem Kapitalkonto zu entnehmen haben, das ja in Unkenntnis der nunmehr erfolgten Erlaubnis für den ganzen unverminderten Gewinn jenes Jahres erkannt worden ist. Daß diese Rückstellung schließlich, nachdem der Abschluß der Bücher und Bilanz für das maßgebende Geschäftsjahr schon erfolgt ist, erst für das folgende Geschäftsjahr gebucht und bilanziert wird, darf kein Grund sein, die Rückstellung steuerrechtlich nicht anzuerkennen. Denn der Steuerpflichtige kann ja neben seiner unverkürzten Bilanz eine Steuerbilanz einreichen, in der die betreffende Rücklage gemacht wurde. Sollte aber die Rückstellung im folgenden Geschäftsjahre zu Lasten des bilanzmäßigen Gewinnes gemacht werden, dann ist dieser um den Rückstellungsbetrag zu erhöhen, weil ja die für das vorausgegangene Geschäftsjahr, wenn auch erst nach Abschluß, gemachte Rückstellung schon bei der Besteuerung des Einkommens dieses Geschäftsjahres steuerfrei zugelassen wurde. Oder wurden in diesem Falle bei der Veranlagung für 1920 50 000 Mk. Rückstellung zugelassen, in der Bilanz für das der Veranlagung 1921 zugrunde zu legende Geschäftsjahr aber neben dieser Rückstellung eine weitere steuerfreie Rückstellung von 50 000 Mk. zu Lasten des Geschäftsgewinns gemacht, dann ist der Bilanzgewinn nur um 50 000 Mk. zu erhöhen.

Die Verwendung der Überteuerungsrücklage steht der Verwendung einer steuerfrei gebildeten Reserve zu abzugsfähigen Ausgaben gleich. Das entspricht dem von uns auf Seite 121 entwickelten Grundsatze.

Soweit bisher auf Grund der Rechtsprechung des Reichsfinanzhofs Konten zur Minderbewertung des Gesamtunternehmens gebildet wurden, wird zu untersuchen sein, inwieweit solche Konten den gleichen wirtschaftlichen Zweck wie die nunmehrigen Rücklagen nach § 59 a zu erfüllen bestimmt waren. Insoweit wird es wohl Zwang sein, künftige Überteuerungsverluste nicht zu Lasten des Jahresgewinns sondern zu Lasten dieser Konten zu verrechnen. Auf diese Weise kämen dann auch diese Konten, die doch stets nur ein unnatürlicher Behelf waren, wieder zur Auflösung. Und es ist nicht schade, wenn dieser Fremdkörper wieder aus dem Bilanzbilde verschwindet.

§ 10. Abschreibungen.

I. Allgemeines.

Unter Abschreibungen[1]) versteht man in der Buchführung den rechnerischen Ausdruck für die Abnutzung oder die Wertminderung. Die Abschreibungen haben also nicht die Bedeutung von Rücklagen durch deren Ansammlung sich das Unternehmen nach Ablauf der Benutzungsdauer das zur Wiederherstellung oder Neubeschaffung der entwerteten Gegenstände erforderliche Kapital sicherstellt. Sie dürfen daher nicht mit der Ansammlung von Mitteln für Ersatzbeschaffung verwechselt werden.

Die Abschreibungen sind gesetzlich geboten durch die handelsrechtlichen Vorschriften über die Bewertung der Vermögensgegenstände bei Aufstellung der Inventur und der Bilanz. Ihr Zweck ist, den hienach in die Bilanz einzustellenden Wert gegenüber einer früheren Höherbewertung durch Absetzung des Differenzbetrages von dem höheren Werte zum Ausdrucke zu bringen. EPrOVG. Bd. 10 S. 304.

Der wirtschaftliche Grund und die wirtschaftliche Bedeutung von Abschreibungen wegen Abnutzung oder Wertminderung von Gegenständen des Betriebsvermögens liegt darin, daß am Schlusse des maßgebenden Geschäftsjahrs vor der Feststellung des Reingewinns derjenige Betrag ausgeschieden werden muß, der der Abnutzung oder Wertminderung der Betriebsgegenstände gleichkommt. Dieser Betrag ist deshalb auszuscheiden, weil er ein Verlust ist.

---

[1]) Abschreiben ist ursprünglich ein buchtechnischer Ausdruck; er bedeutet das Heruntersetzen eines Kontosoldos auf einen geringeren Betrag (Berlin II S. 107).

Durch die Abschreibungen auf den **Anlagekonten**, wie Immobilien, Mobilien, Maschinen, Werkzeuge, Fuhrpark, Modelle, Patente usw. sollen die während des Geschäftsjahres durch den Gebrauch oder durch besondere Ereignisse oder Umstände eingetretenen Wertminderungen dieser Vermögensgegenstände rechnerisch zum Ausdruck kommen. Diese Wertminderungen sind Betriebsverluste (Werbungskosten).

Ihrem Wesen nach sind die Abschreibungen auf Anlagewerte die auf die Zeit der nutzbaren Verwendung verteilten Anschaffungskosten.

Durch die Abschreibungen auf **Waren** soll einerseits den durch das Lagern eingetretenen Verlusten, wie Schwund, Eintrocknen, Verstauben, Rosten, Beschädigungen, Unmodernwerden usw., andererseits aber dem durch Konjunkturschwankungen eingetretenen Preissturz Rechnung getragen werden.

Abschreibungen an **Außenständen** sind notwendig, wenn Schuldner ganz oder teilweise zahlungsunfähig geworden sind oder zu werden drohen, bei eingetretener Verjährung oder bei bestrittenen Forderungen.

II. Steuerrechtliches.

Nach dem Reichseinkommensteuer- und dem Körperschaftssteuergesetze bestehen folgende Bestimmungen über Abschreibungen:

§ 13 Abs. 1b REinkStG.

Zu den Werbungskosten gehören:

Die jährlichen, den Verhältnissen entsprechenden Absetzungen für Abnutzung von Gebäuden, von Be- und Entwässerungs- und fischereiwirtschaftlichen Anlagen, von Maschinen und von sonstigem Betriebsinventar, soweit die Kosten der Beschaffung nicht als Werbungskosten in Abzug gebracht und nicht aus steuerfrei gebildeten Rücklagen (§ 59a) gedeckt worden sind.

§ 32 REinkStG.

Abs. 1: Als steuerbares Einkommen aus selbstbewirtschaftetem Grundbesitze kommt der gesamte land- und forstwirtschaftliche Betriebsgewinn in Ansatz. Der Betriebsgewinn ist durch Vergleich der Betriebseinnahmen und der Betriebsausgaben unter Berücksichtigung des Unterschieds in dem Stande und Werte der Wirtschaftserzeugnisse, Waren und Vorräte des Betriebs, der dem Betriebe dienenden Gebäude nebst Zubehör, sowie des beweglichen Anlagekapitals am Schlusse des Wirtschaftsjahres gegenüber deren Stande und Werte am Anfang desselben festzustellen. Den Betriebseinnahmen ist der Wert der Gegenstände, Ausbeuten oder Dienstleistungen hinzuzurechnen, die der Steuerpflichtige bei Bewirtschaftung des Grundbesitzes für sich und seinen Haushalt oder andere Zwecke entnommen hat, die außerhalb des Betriebes liegen.

Abs. 2: Werden von dem Steuerpflichtigen über den Betrieb der Land- oder Forstwirtschaft geordnete, den Reinertrag nachweisende Bücher geführt, so sind die Abschlüsse dieser Bücher als Grundlage für die Ermittlung des Betriebsgewinns zu verwenden.

Abs. 3: Das Einkommen aus dem pachtweisen Betriebe der Land- und Forstwirtschaft ist in gleicher Weise zu ermitteln wie beim Betrieb auf eigenem Grund und Boden, unter Hinzurechnung des Mietwerts der mitgepachteten Wohnung. Der Pachtzins einschließlich des Wertes der etwa dem Pächter obliegenden Natural- oder sonstigen Nebenleistungen ist in Abzug zu bringen.

§ 33 REinkStG.

Abs. 1: Als steuerbares Einkommen aus dem Betrieb eines Gewerbes oder des Bergbaues kommt der Geschäftsgewinn in Ansatz. Der Geschäftsgewinn ist durch Vergleich der Betriebseinnahmen und der Betriebsausgaben unter Berücksichtigung des Unterschieds in dem Stande und Werte der Erzeugnisse, Waren und Vorräte des Betriebes, der dem Betriebe dienenden Gebäude nebst Zubehör, sowie des beweglichen Anlagekapitals am Schlusse des Geschäftsjahres gegenüber deren Stande und Werte am Anfang desselben festzustellen. Den Geschäftseinnahmen ist der Wert der Gegenstände, Ausbeuten und Dienstleistungen hinzuzurechnen, die der Steuerpflichtige aus dem Betriebe seines Gewerbes für sich und seinen Haushalt oder für andere Zwecke entnommen hat, die außerhalb des Betriebs liegen.

Abs. 2: Bei Steuerpflichtigen, welche Handelsbücher nach den Vorschriften des Handelsgesetzbuches führen, ist der Geschäftsgewinn unter Beachtung der Vorschriften des § 15 nach den Grundsätzen zu berechnen wie sie für die Inventur und Bilanz durch das Handelsgesetzbuch vorgeschrieben sind.

§ 33a REinkStG.

Soweit für Gegenstände des Betriebsvermögens ein Anschaffungs- oder Herstellungspreis gegeben ist, gilt bei Berechnung des Betriebsgewinns und des Geschäftsgewinns im Sinne der §§ 32, 33 als Wert dieser Gegenstände der Anschaffungs- oder Herstellungspreis nach Abzug der zulässigen Absetzungen für Abnutzung. Übersteigt für einen Gegenstand der Anschaffungs- oder Herstellungspreis den gemeinen Wert, so ist der Steuerpflichtige berechtigt, diesen Wert an Stelle des Anschaffungs- oder Herstellungspreises anzusetzen. In diesem Falle ist der für den Schluß eines Wirtschaftsjahres angesetzte

Wert als Wert der Gegenstände am Beginne des folgenden Wirtschaftsjahres in Ansatz zu bringen.

§ 36 REinkStG.

Für die Frage, ob ein Einkommensbetrag vereinnahmt wurde, ist es ohne Bedeutung, ob der Betrag dem Steuerpflichtigen tatsächlich bereits zugeflossen ist oder noch geschuldet wird. Rückständige Einnahmen sind insoweit abzusetzen, als ihr Eingang zweifelhaft geworden ist; sie sind den Einnahmen des Kalenderjahres zuzurechnen, in dem sie einbringlich werden.

§ 59 REinkStG.

Bei Ermittelung des steuerbaren Einkommens können in Abzug gebracht werden:

a) Aufwendungen für die Neubeschaffung von Kleinwohnungen, die in den Jahren 1920 bis einschließlich 1923 baulich beendet worden sind, sofern die Verwendung der Bauten zu Kleinwohnungszwecken für mindestens fünfzehn Jahre von der Fertigstellung ab gesichert ist, jedoch nicht über den Betrag hinaus, um den die Aufwendungen den gemeinen Wert der Bauten oder die durch sie eingetretene Werterhöhung der Gebäude übersteigen. Die Vorschrift findet keine Anwendung, soweit die Aufwendungen bereits nach Maßgabe dieses Gesetzes bei Ermittelung des steuerbaren Einkommens berücksichtigt worden sind. Veräußert der Steuerpflichtige das Gebäude vor Ablauf von 15 Jahren, so wird seinem steuerbaren Einkommen der Betrag der steuerfreien Aufwendungen insoweit hinzugerechnet, als sie den Unterschied zwischen dem Veräußerungspreis und dem gemeinen Wert nicht übersteigen, der bei Ermittelung der abzugsfähigen Aufwendungen zugrunde gelegt worden ist;

§ 59a REinkStG.

Bei Ermittlung des Betriebsgewinns und des Geschäftsgewinns im Sinne der §§ 32, 33 zum Zwecke der Veranlagung für die Rechnungsjahre 1920 bis 1926 können den Verhältnissen entsprechende Rücklagen zur Bestreitung der Kosten steuerfrei abgesetzt werden, die zur Ersatzbeschaffung der zum land- oder forstwirtschaftlichen oder gewerblichen oder bergbaulichen Anlagekapital gehörigen Gegenstände über den gemeinen Wert der Ersatzgegenstände hinaus voraussichtlich aufgewendet werden müssen (Mehrkosten). Die Mehrkosten sind zu Lasten dieser Rücklagen zu verrechnen; stehen zur Bestreitung der Mehrkosten zu diesem Zweck gebildete Rücklagen nicht zur Verfügung, so können die Mehrkosten als Werbungskosten in Abzug gebracht werden. Bei Feststellung des Anschaffungs- oder Herstellungspreises im Sinne des § 33a bleiben die Mehrkosten außer Betracht, soweit sie für

Ersatzbeschaffungen als Werbungskosten in Abzug gebracht oder aus steuerfreien Rücklagen gedeckt worden sind.

Der Reichsminister der Finanzen erläßt die zur Durchführung dieser Vorschriften erforderlichen Bestimmungen, insbesondere auch die Richtlinien über die jeweilige Höhe der über den gemeinen Wert hinausgehenden Mehrkosten. Er erläßt ferner Vorschriften über die Nachversteuerung von steuerfrei gebliebenen Rücklagen, die nicht ihrem Bestimmungszwecke zugeführt sind oder nicht mehr zugeführt werden können. Der Erlaß dieser Vorschriften und Richtlinien hat zu erfolgen nach Anhörung eines vom Reichstag zu wählenden Ausschusses unter Zuziehung von Sachverständigen, welche vom Reichsminister der Finanzen zu ernennen sind.

§ 9 KörperschStG.

Auf die Ermittlung des steuerbaren Einkommens finden die Vorschriften der §§ 31—38 des Einkommensteuergesetzes sinngemäß Anwendung.

§ 13, I, 1 b gilt allgemein für alle Steuerpflichtigen.

§ 32 regelt die Ermittelung des steuerbaren Einkommens der land- und forstwirtschaftlichen Betriebe.

§ 33 Abs. 1 gibt die Richtschnur für die Feststellung des Gewerbegewinnes im allgemeinen, während der Abs. 2 Sondervorschriften für den bücherführenden Kaufmann enthält, die hier von besonderer Bedeutung sind. Sie schließen mit ihrer fast uneingeschränkten Bezugnahme auf das Handelsrecht auch die Abschreibungen ein. Nicht aufgenommen wurde in § 33 Abs. II REink.-StG. die Bezugnahme auf die sonstigen, dem Gebrauch eines ordentlichen Kaufmanns entsprechenden Übungen, die sich in manchen Landessteuergesetzen fand. Es ist nicht zu verkennen, daß darin eine Einschränkung liegt und daß dem subjektiven Ermessen des Steuerzahlers kein Raum mehr gelassen ist. Von den Veranlagungsorganen wird die Anlegung eines streng objektiven Maßstabes gefordert. Rückstellungen für wahrscheinliche Betriebsverluste, wie sie beispielsweise das bayerische EinkStG. kannte, anerkennt das REinkStG. nicht mehr. Das wird aber nicht verhindern können, daß für zweifelhafte Forderungen Rückstellungen gemacht werden müssen. Denn solche Rückstellungen fordert schon das Handelsgesetzbuch. Sie sind schon deshalb notwendig und steuerrechtlich anzuerkennen. Dazu bestimmt aber noch § 36 REinkStG., daß rückständige Einnahmen — das sind die Buchforderungen des Kaufmanns — insoweit abzusetzen sind, als ihr Eingang zweifelhaft geworden ist. Sie sind erst Einnahmen des Kalenderjahres, in dem sie einbringlich geworden sind. Andere Rückstellung für wahrscheinliche Betriebsverluste sind jetzt allerdings nicht mehr zulässig.

Die Novelle zum REinkStG. hat aber in ihrem neu eingeschalteten § 33a diesen Wegfall der Bezugnahme auf die kaufmännische Übung wieder wesentlich gemildert, indem sie für die Bewertung der Betriebsgegenstände und für die Abschreibungen steuerrechtlich dem Gewohnheitsrecht des Kaufmanns eine rechtliche Grundlage gab.

§ 40 des HGB. verlangt nämlich vom Kaufmann, daß er in seiner Inventur seine einzelnen Vermögensgegenstände mit dem Werte einsetzt, der ihnen in dem Zeitpunkte beizulegen ist, für den die Inventur aufgestellt wird. Dieser Wertbegriff war viel umstritten; man vergleiche hierher die Ausführungen auf Seite 85. In der Zeit der starken Geldentwertung hat er aber zu ungeahnten Schwierigkeiten geführt. Alle um Goldmark angeschafften Betriebsgegenstände, sie mochten noch so minderwertig geworden sein, haben gegenwärtig einen weit höheren Papiermarkwert als die Buchwerte, ja meist sogar als den Anschaffungspreis. Abschreibungen wegen „Wertminderung" wären demnach in der gegenwärtigen Zeit streng genommen gar nie möglich gewesen. Hier schafft nun § 33a eine wohltuende Klarheit. Er macht sich den Grundsatz der kaufmännischen Buchführung, die stets nur Anschaffungspreise (Selbstkostenpreise) verrechnet hat, zu eigen und erhebt diesen Grundsatz zum Gesetz.

Für Gegenstände des Betriebsvermögens gilt bei der Berechnung des Geschäftsgewinnes der Anschaffungs- und Herstellungspreis, nach Abzug der zulässigen Absetzungen für Abnutzung.

Betriebsvermögen ist hier im weiteren Sinne zu nehmen; es umfaßt sowohl das Anlagekapital als auch das umlaufende Betriebskapital.

Unter *Anschaffungspreis* ist alles zu verstehen, was dazu aufgewendet wurde, um den Gegenstand anzuschaffen, also nicht nur der nackte Kaufpreis, sondern auch die Provisionen, Eisenbahnfrachten, Versicherungen, Steuern, Stempel usw., die dabei verausgabt wurden.

Zum *Herstellungspreis* wird man nur zu rechnen haben, was unmittelbar für die betreffende Ware verwendet, nicht aber das, was für das Unternehmen als solches aufgewendet wurde. (Mrozek, RAbgO. S. 466 Anm. 5.)

Damit ist ähnlich wie im § 261 HGB. der Bewertung der Betriebsgegenstände eine oberste Grenze gezogen. Über diese Grenze hinaus kann ein Wertansatz nie verlangt werden. Das Vorrecht, das die Aktiengesellschaften und Kommanditgesellschaften bisher schon genossen haben, ist also auf die Einzelkaufleute und einfachen Handelsgesellschaften ausgedehnt worden. Das ist besonders in der Gegenwart wichtig, weil nunmehr für die Einkommenbesteuerung eine Hinaufsetzung der Goldmarkwerte der Bilanzen nie in Frage kommen kann. Dem Begriffe „gemeiner Wert am Bilanztage", der jahrzehntelang das Steckenpferd besonders norddeutscher Steuerinstanzen war, ist somit auf dem Gebiete der Einkommenbesteuerung — von Ausnahmefällen, die unten angeführt werden, abgesehen — ein ruhmloses Ende bereitet worden. Die Zeitverhältnisse haben sich stärker erwiesen als Theorien.

Am Anschaffungspreis können aber, trotz des infolge der Geldentwertung augenblicklich höheren Veräußerungspreises, die „zulässigen Absetzungen für Abnützung" gekürzt werden. Diese Ausdrucksweise lehnt sich an jene im § 13, I, 1 b an. Darnach sind die jährlichen, „den Verhältnissen entsprechenden Absetzungen für Abnützung" als Werbungskosten anerkannt.

Der Begriff „Abschreibung wegen Wertminderung", wie ihn § 13, I, 1 b des REinkStG. vom 31. März 1920 geschaffen hatte, hätte unter den heutigen wirtschaftlichen Verhältnissen nicht zu dem gewünschten Ergebnis geführt und zwar insoferne, als die Abschreibung nur für Wertminderungen zulässig gewesen wäre. Da als Maßstab für die Wertbemessung unsere Währung dient, so hätte sich infolge des gesunkenen Geldwertes in den meisten Fällen ergeben, daß eine Wertminderung nicht eingetreten ist, im Gegenteil die zeitigen Werte vielfach höher sind als die Buchwerte der noch ganz oder teilweise in Goldmark angesetzten Anlagen. Andererseits muß aber anerkannt werden, daß infolge Benutzung der Betriebsgegenstände zur Erzielung eines Einkommens ein Verbrauch derselben stattfindet. Um den Betrag dieses Verschleißes hat sich aber der Wert des Gebrauchsgegenstandes gemindert, zum wenigsten, wenn als Maßstab der Wertminderung die Notwendigkeit der Erneuerung bzw. der Ersatzbeschaffung gewählt wird. (Berichte des Deutschen Reichstags Nr. 1710/1921 S. 51.) Deshalb wurde der Vorschlag gemacht, den Begriff der Abschreibung nicht an die Wertminderung im Sinne des Geldwertes zu knüpfen, sondern statt dessen den Begriff der Abnutzung einzuführen. Damit ist der auf S. 149 der 1. Auflage dieses Buches „abgeleitete" Grundsatz, daß Konjunkturwertsteigerungen den Gang der Abschreibungen, wie diese sich aus der Berücksichtigung von Anschaffungswert, Lebensdauer und Endwert ergibt, ausdrücklich als geltendes Recht anerkannt worden. (Dr. Fürnrohr, DStZ. VIII/256.)

Mit der Herabsetzung des Anschaffungspreises sämtlicher Betriebsgegenstände wegen natürlicher Abnutzung ist die Möglichkeit der Wertherabsetzungen noch nicht erschöpft. Es wäre damit noch nicht jenen vielgestaltigen Verhältnissen Rechnung getragen, die neben der Abnützung durch den Gebrauch wertmindernd auf die Betriebsgegenstände einwirken. Man denke z. B. Entwertung einer Anlage durch eine epochemachende Erfindung, außerordentliche Verbilligung der elektrischen Kraft gegenüber der Dampfkraft, an ein Brandunglück usw.

Sowohl nach bayerischem wie auch nach preußischem Einkommensteuerrecht galt als Grundsatz, daß ohne Rücksicht auf die Ursache jede Art von Wertminderung, die am Bilanzvermögen eintritt, steuerlich zu berücksichtigen ist. Diesen Verhältnissen trägt der 2. Satz des § 33a Rechnung, wenn er bestimmt, daß in jenen Fällen, in denen der Anschaffungs- und Herstellungspreis — und zweifellos auch der unter dem Anschaffungs- und Herstellungspreis liegende Buchwert — den gemeinen Wert des Betriebsgegenstandes noch übersteigt, der Steuerpflichtige berechtigt ist, an Stelle des Anschaffungs- und Herstellungspreises (oder des gegenüber dem gemeinen Werte noch zu hohen Buchwerte) den gemeinen Wert zu setzen.

Als gemeiner Wert ist nicht schlechthin der Betrag anzusehen, der bei einer Veräußerung am Stichtag zu erzielen sein würde, sondern der Wert, der einem Gegenstande, abgesehen von den Valutaschwankungen, auf die Dauer unter dauernden normalen Verhältnissen beizumessen ist.[1b]) Satz 2 des § 33a legt dem Grunde, aus dem der „gemeine Wert" niedriger ist als der Anschaffungs- oder Herstellungspreis (und der Buchwert) keine Bedeutung bei. Die Tatsache allein, daß der noch zu Buch stehende Anschaffungs- oder Herstellungspreis gegenüber dem gemeinen Wert zu hoch ist, genügt, um seine Herabsetzung auf den gemeinen Wert steuerlich mit Erfolg beanspruchen zu können.

Wenn die Buchwerte z. B. einmal infolge Unterlassung notwendiger Abschreibungen in früheren Jahren zu hoch sind, so muß ihre Herabsetzung auf den gemeinen Wert auf Grund des § 33a Satz 2 REinkStG. auch steuerrechtlich anerkannt werden. Außerdem könnte sie unseres Erachtens auch auf Grund des § 33 Abs. II REinkStG. gefordert werden, weil § 40 HGB. eine niedrigere Bewertung solcher Gegenstände verlangt.

Das Preuß. Oberverwaltungsgericht hat solche Nachholungen von früher unterlassenen Abschreibungen grundsätzlich abgelehnt, wenn die Entwertung des fraglichen Gegenstandes nicht im maßgebenden Betriebsjahre eingetreten ist. Die Bayer. Oberberufungskommission dagegen hat sie für zulässig erachtet. Nach dem Reichseinkommensteuergesetz dürften sie nun allgemein zulässig sein.

Der Unterstaatssekretär im Reichsfinanzministerium hat sich hierüber im Steuerausschuß der Nationalversammlung wie folgt geäußert (Ber. 84):

„Wenn ein Geschäftsmann einmal in einem Jahre die erforderlichen Abschreibungen nicht gemacht hat, sei es, weil ihm die tatsächliche Entwertung der Forderung nicht bekannt war, sei es, weil er ein schlechtes Geschäftsergebnis hatte und im Interesse einer möglichst gleichmäßigen Höhe seines Einkommens die Abschreibung unterließ oder beschränkte, so kann ihm nicht verwehrt sein, die erforderlichen Abschreibungen in einem späteren Geschäftsjahre nachzuholen, selbstverständlich immer nur in den Grenzen des tatsächlichen Wertes."

[1b]) Ausführliche Definition s. § 9a S. 128.

Das Recht der vollständig steuerfreien Abschreibung auf den Endwert kann unseres Erachtens dem bücherführenden Kaufmann nicht verkürzt werden. Während Dr. Rosendorf den gleichen Standpunkt einnimmt, bestreitet Dr. Strutz die Zulässigkeit der Nachholung mit der Begründung, daß die Entwertung nicht im Betriebsjahre eingetreten sei.

Räumen die beiden ersten Absätze des § 33a dem Kaufmanne Rechte ein, so fordert der 3. Satz mit guten Gründen, daß der für den Schluß eines Geschäftsjahres angesetzte (niedrigere) Wert der Gegenstände des Betriebsvermögens am Beginne des folgenden Wirtschaftsjahres in Ansatz zu bringen ist. Das ist bei ordnungsgemäßer Buchführung eine Selbstverständlichkeit (vgl. S. 88 § 8). Bei Buchprüfungen kommt man aber nicht selten darauf, daß beim Abschluß und bei der Gewinnermittelung besonders Waren mit den um die Absetzung wegen Wertminderung gekürzten Betrage in die Bilanz eingestellt werden, daß aber im nächsten Jahre das bezügliche Bestandskonto (Warenkonto) mit dem nicht abgeminderten (also höheren) Wert des Bestandes eröffnet wird (vgl. Beispiel S. 165). Für solche Fälle ist § 33a Satz 3 sehr willkommen, um den Vollzug der Steuergesetze zu stützen.

Die Vorschriften in § 33a gehen davon aus, daß grundsätzlich nichtrealisierte Gewinne keinesfalls als Einkommen zu betrachten sind, daß aber andererseits Verluste, auch wenn sie noch nicht realisiert sind, bei der Berechnung des gewerblichen Einkommens bereits berücksichtigt werden sollen. Sie haben weiter zur Folge, daß bei Abrechnung des gewerblichen Einkommens, über die Vorschriften des § 13 hinaus, der an sich für alle Steuerpflichtigen gilt, Abschreibungen für Wertminderungen zulässig sind.

Die durch § 59 der EinkStGNovelle geschaffene Bestimmung zur Förderung des Kleinwohnungsbaues gilt nur für Steuerpflichtige, die nach dem Einkommensteuergesetz zu besteuern sind (vgl. Fußnote 1 S. 1). Sie hat für Kaufleute und Bauunternehmer ganz besondere Bedeutung.

Die Vorschrift bezweckt, die Bautätigkeit durch Steuererleichterungen mit Hilfe des Privatkapitals wieder zu beleben. Sie ist eine Übergangsbestimmung, weil sie nur für die Jahre 1920 bis 1923 gilt.

Die Verwendung der Bauten zu Kleinwohnungszwecken muß für mindestens 15 Jahre von der Fertigstellung ab gesichert sein. Durch die in dem letzten Satz des § 59 Abs. 1, Buchstabe a getroffene Bestimmung ist dafür Sorge getragen, daß mit den zu Kleinwohnungszwecken steuerfrei verwendeten Mitteln und den damit errichteten Bauten innerhalb einer Zeit von 15 Jahren irgendwie spekuliert werden kann. Veräußert nämlich der Steuerpflichtige das Gebäude innerhalb der genannten Zeit, so sind die steuerfrei gebliebenen Aufwendungen in bestimmten Grenzen dem steuerbaren Einkommen hinzuzurechnen. Zur Erläuterung diene folgendes Beispiel: A baut im Jahre 1921 ein Haus. Die Baukosten einschließlich Bauplatz berechnen sich auf 120 000 Mk. Der gemeine Wert (über diesen Begriff siehe § 9a S. 128) wird im Jahre 1921 mit 50 000 Mk. angenommen. A kann daher an seinem Einkommen 70 000 Mk. (d. i. die Differenz zwischen 120 000 Mk. und 50 000 Mk.) kürzen. Verkauft er aber das Haus im Jahre 1930 um 90 000 Mk., so wird in diesem Jahre seinem steuerbaren Einkommen der Betrag von (90 000 Mk. — 50 000 Mk. =) 40 000 Mk. zugerechnet.

Beim Verkauf ist nicht der gemeine Wert der Verkaufszeit sondern der Bauzeit anzunehmen.

Durch § 59a ist für Einzelkaufleute und für einfache Handelsgesellschaften, nicht aber für Körperschaften, bis zur Veranlagung für 1926 die Möglichkeit geschaffen, neben den vorstehend besprochenen Abschreibungen wegen Abnutzung und Wertminderung noch Rückstellungen zur Bestreitung der Kosten die zur Ersatzbeschaffung der dem gewerblichen **Anlage**kapital — also nicht auch dem umlaufenden Kapital — gehörigen Gegenstände über den gemeinen Wert hinaus voraussichtlich aufgewendet werden müssen. Hierüber ist im § 9a dieses Buches das Nähere ausgeführt.

Trotz dieser eingehenden Regelung der Vorschriften über Bewertung und Abschreibung werden bei der Vielgestaltigkeit der Verhältnisse noch immer erhebliche Zweifel bestehen bleiben.

Dies wird besonders der Fall sein, wenn es sich darum handelt, das richtige Maß der vorzunehmenden Abschreibungen festzustellen. Hier gehen je nach dem Interesse der Beteiligten an dem Unternehmen oder an dem Gewinne die Ansichten außerordentlich auseinander. Sie bilden gerade der Steuerbehörde gegenüber vielfach Anlaß zu Differenzen.

Eine zwingende, für alle Fälle gültige Regel oder gesetzliche Vorschrift über die Höhe der vorzunehmenden oder erlaubten Abschreibungen, oder unüberschreitbare Höchstprozente gibt es weder im Handelsrecht noch im Steuerrecht; es kommt alles auf die tatsächlichen Bedürfnisse des Einzelfalles an. Im Steuerausschusse der Nationalversammlung hat ein Abgeordneter angeregt, es müßten für ganz Deutschland einheitliche Grundsätze für Abschreibungen festgelegt werden. Darauf erwiderte der Unterstaatssekretär im Reichsfinanzministerium: „Feste, allgemein gültige Sätze seien unmöglich. In den Ausführungsbestimmungen und Dienstanweisungen wird aber eine Vereinheitlichung im Abschreibungswesen kommen, die aber immer nur Leitsätze sein können" (Erler-Koppe S. 126).

Eine Richtlinie bildet bei **Anlagewerten** die folgende Formel:

Die notwendige jährliche Absetzung ergibt sich, wenn man vom Anschaffungspreis des Gegenstandes den ihm beim Ausscheiden aus dem Betriebe noch innewohnenden Endwert (z. B. Alteisenwert) abzieht und den so erhaltenen Betrag mit der Zahl der Jahre, die der Gegenstand voraussichtlich benützt werden kann, teilt. Also

$$\frac{\text{Anschaffungswert — Endwert}}{\text{Jahre der Gebrauchsdauer}} = \left(\frac{a - e}{j}\right)$$

So einfach sich diese Formel anhört, so ist es doch ungemein schwierig den Divisor „Gebrauchsdauer" zu bestimmen. Das gilt im besonderen Maße von Maschinen, die nicht selten, durch technische Verbesserungen überholt, unrentabel werden und deshalb nach kurzer Zeit durch neue ersetzt werden müssen. Außerdem ist die Abnutzung nicht in jedem Jahre der Gebrauchsdauer die gleiche. Während sie in den ersten Jahren scheinbar geringer ist, wächst sie mit der Dauer des Gebrauchs. Deshalb ist es, selbst wenn der Abschreibungsprozentsatz der Abschreibung vom Buchwerte Rechnung trägt, bedenklich, wenn sie einfach vom jeweiligen Buchwerte erfolgt. Sie ist dann in jenen Jahren am geringsten, in denen die Abnutzung am größten ist. Trotzdem wird in der Praxis nicht dem verschiedenen Grade der Nutzbarkeitsminderung entsprechend nach verschiedenen ansteigenden Sätzen abgeschrieben, sondenn meist Jahr für Jahr in gleicher Höhe. Das hat seinen Grund darin, weil der überhaupt entstandene Verlust möglichst gleichmäßig auf die in Betracht kommenden Jahre verteilt werden will.

Auf den Preis, der für das Ersatzstück anzulegen sein wird, ist dabei nicht Rücksicht zu nehmen. Sollte einer durch die Ersatzbeschaffung zu gewärtigenden Mehrausgabe Rechnung getragen werden, so wäre das nur durch eine besondere Rückstellung möglich, die als echte Reservestellung steuerpflichtig wäre. (Vgl. RFHEntsch. Bd. 2 S. 101, Bd. 3 S. 26, Bd. 4 S. 165, 166, 169.)

Die durch die Novelle zum Einkommensteuergesetz vom 24. März 1921 geschaffene Sonderregelung in § 59a (vgl. § 9a dieses Buches) ist eine zeitlich begrenzte Ausnahmevorschrift, die die grundsätzliche Richtigkeit dieses Standpunktes nur bestätigt.

Bei Beratung des Einkommensteuergesetzes vom 29. März 1920 erklärte im Steuerausschusse der Nationalversammlung ein Abgeordneter, daß man mit Abschreibungen allein die Wertminderung nicht ersetzen könne, weil Neuanschaffungen sehr viel teuerer seien; man müsse deshalb für Neuanschaffungen entsprechende Rücklagen gestatten. Dem trat der Unterstaatssekretär damals entgegen und erklärte den Antrag für ganz unmöglich. Er bedeute, daß der Unternehmer berechtigt sein solle, schon jetzt steuerfrei das Betriebskapital für später vielleicht erforderliche Anschaffungen zurückzulegen. Niemand wisse, ob die Maschine usw. im Falle einer nach 20 Jahren erforderlichen Anschaffung dann einen so hohen Preis koste. Die betreffende Maschine würde dann im Falle der späteren Anschaffung schon mit Null zu Buch stehen, und es würden gar keine Abschreibungen darauf erfolgen können, obgleich die Maschine wiederum 20 Jahre Dienst tun würde (vgl. Erler-Koppe S. 127/128).

Ein anderer Antrag verlangte, daß Werkzeuge, die sich in verhältnismäßig kurzer Frist abnützen, gleich auf Unkostenkonto angeschafft, also mit ihrem vollen Werte abgeschrieben werden können, ferner daß die mit unverhältnismäßig hohen Baukosten fertiggestellten Gebäude gleich auf ihren wirklichen Wert abzuschreiben seien. Der Unterstaatssekretär erklärte sich hiemit grundsätzlich einverstanden, erachtete es aber nicht für angängig, daß Dinge, welche jahrelang im Betriebe benutzt werden, auf Unkosten angeschafft werden. Bei Gebäuden, deren Herstellungskosten über den gemeinen Wert hinausgingen, müsse die Wertminderung ebenso berücksichtigt werden wie Abnützungen [2]) (Ber. 69 ff.).

In diesem Zusammenhange ist eine Entscheidung des RFH. zu erwähnen, der folgender Fall zugrunde lag:

Die Generalversammlung einer Aktiengesellschaft beschloß, daß aus dem Gewinn 50000 Mk. als Rücklage für den Übergang in die Friedenswirtschaft verwendet würden. Der Betrag wurde von der Steuerbehörde dem Gewinne bei Ermittlung des steuerpflichtigen Einkommens zugerechnet. Die Aktiengesellschaft begründete den Abzug in der Rechtsbeschwerde damit, daß die Anlagewerte sich während des Krieges stark abgenutzt hätten, zumal es unmöglich war, sie instand zu halten. Die erforderlichen Ausbesserungen seien bis nach Friedensschluß nicht mehr verschiebbar und müßten während des Krieges vorgenommen werden. Auch werde künftig mit stark steigenden Betriebsausgaben bestimmt zu rechnen sein, wie auch kostspielige Neuanschaffungen notwendig würden.

Der Reichsfinanzhof entschied hiezu (Bd. 2 S. 101): ... Soweit die Beschwerdeführerin künftige Ausgaben für die Notwendigkeit der Rückstellung geltend mache, ist zu bemerken, daß Rückstellungen für solche Ausgaben grundsätzlich nicht als steuerfrei behandelt werden können... Die Frage, ob spätere Ausgaben abzugsfähig sind, entscheide sich nach Maßgabe der Verhältnisse zur Zeit der Verausgabung.[3])

Betriebsausgaben sind in dem Jahre abzugsfähig, in dem sie anfallen. Ausgaben für neue Werte bilden überhaupt keine bei Berechnung des Bilanzgewinnes abzugsfähige, den Gewinn mindernde Ausgaben...

Durch § 59a der EinkStGNovelle vom 24. März 1921 ist dieser Standpunkt nur vorübergehend aufgegeben worden. Nunmehr können den Verhältnissen entsprechende Rücklagen zur Bestreitung der Kosten, die zur Ersatzbeschaffung der zum gewerblichen

---

[2]) Vgl. S. 72.

[3]) Vgl. Beispiel S. 103.

Anlagekapital gehörenden Gegenstände über den gemeinen Wert der Ersatzgegenstände hinaus voraussichtlich aufgewendet werden müssen (Mehrkosten) **für die Veranlagungen 1920—1926** steuerfrei gebildet werden (vgl. § 9a).

Für die Bewertungen und damit für die Abschreibungen an bilanziertem Geschäftsvermögen ist noch zu beachten, daß die Vorschriften der Reichsabgabenordnung über die Bewertung der Grundstücke, Wertpapiere, Rechte und Forderungen für die Gewinnermittelung bei kaufmännischer Buchführung selbstverständlich n i c h t g e l t e n. Die Begründung zu §§ 141—151 RAbgO. führt aus, daß die Einzelvorschriften über die Bewertung nur dann gelten, wenn die Wertpapiere, Forderungen, Rechte und Schulden selbständig zu bewerten sind. Gehören sie zu einer wirtschaftlichen Einheit, z. B. einem Betriebsvermögen, so können andere Grundsätze gelten; so würden z. B. bedingte Forderungen und Schulden im Handelsbetriebe in handelsüblicher Weise zu bewerten sein.

Für den Steuerzahler ist es von besonderer Bedeutung, aus den Beanstandungen seiner Abschreibungen durch die Steuerbehörden die richtigen Schlüsse zu ziehen und sich sein Recht auf allmähliche steuerfreie Abschreibung eines Aktivums, das der Entwertung unterliegt, bis auf den Endwert nicht verkürzen zu lassen. Das geschieht nicht immer am zweckmäßigsten durch die Berufung, die die Anerkennung der Abschreibung durchsetzen will, sondern häufiger durch konsequente Geltendmachung früher abgestrichener Abschreibungsbeträge in den nächsten Steuererklärungen. Vgl. Fürnrohr „Bilanzbewertung und Steuerpflicht". Vgl. auch Abschn. V: Steuerbilanz.

Von der Geltendmachung beanstandeter steuerrechtlich zulässiger Abschreibungen sind aber wohl zu unterscheiden solche Abstriche an Abschreibungen, die steuerrechtlich überhaupt unzulässig sind.

In der Geltendmachung solcher Abschreibungen werden oft sehr spitzfindige Manöver gemacht. In Jahren mit schlechten Geschäftsergebnissen werden z. B. Aktiva beliebig und ohne innere Berechtigung buchmäßig im Werte hinaufgesetzt. Die Möglichkeit der Durchführung ist dann einfach, wenn die Schlußbilanz eines Jahres nicht zugleich die Eröffnungsbilanz für das nächste Jahr bildet. Werden nämlich Aktiven in der Eröffnungsbilanz höher bewertet, so sind dadurch die in früheren Jahren durchgeführten und steuerlich zur Geltung gebrachten Abschreibungen wieder aufgehoben und die Aussicht, sie neuerdings zur Geltung zu bringen, ist nicht gering.

Das Pr. Oberverwaltungsgericht hat z. B. einmal einer Aktiengesellschaft die Abschreibungen auf Effekten infolge Kursverlustes versagen müssen, weil sie die Effekten entgegen den Bewertungsvorschriften in § 261 HGB. höher als zum Einkaufspreise bewertet hatte. **Zulässig ist bei einer Aktiengesellschaft nur** die Differenz zwischen Einkaufspreis und jetzigem wirklichen Werte (Entsch. PrOVG. Bd. 10 S. 302).

Unzulässig sind namentlich auch Abschreibungen an nicht bilanzfähigen Aktiven (Rehm S. 72). Dagegen werden gleich der bisherigen Praxis auch künftig steuerrechtlich zulässige Abschreibungen, die statt zu Lasten der Gewinn- und Verlustrechnung zu Lasten einer früher schon versteuerten Reserve gehen (Entsch. BOK. Bd. 16 S. 154, 17 S. 275, Entsch. PrOVG. Bd. 16 S. 255, Bd. 14 S. 265) und so den bilanzmäßigen Gewinn nicht beeinflussen, vom Bilanzgewinn abzusetzen sein.

Das gleiche wird gelten für den Ausgleich von zu hohen Abschreibungen an einem Aktivum gegen zu geringen Abschreibungen an einem anderen Aktivum derselben Bilanz.

Nach der Rechtsprechung des Reichsfinanzhofs — allerdings noch nicht für Besteuerungen nach dem Reichseinkommen- und Körperschaftssteuergesetze — ist es grundsätzlich für zulässig erklärt, daß zum Ausgleich schon eingetretener Entwertungen auf die Passivseite der Bilanz ein Konto „**Wertminderung des Gesamtunternehmens**" eingesetzt wird, das steuerfrei zu bleiben hat. Es dürfte keinem Zweifel unterliegen, daß diese Kollektivabschreibungen vom Reichsfinanzhof auch für die Einkommenbesteuerung nach dem Reichseinkommensteuer- und Körperschaftssteuergesetze für zulässig anerkannt werden.

Voraussetzung für die Zulässigkeit einer Gesamtabschreibung wie auch jeder Einzelabschreibung ist immer, daß die Abschreibung nötig ist, um die Aktiven der Bilanz auf ihren gesetzlichen Wert zurückzuführen. Eine Gesamtabschreibung darf also nur erfolgen, wenn sie erforderlich ist, um den aus der Summe der in die Bilanz eingestellten Einzelwerte sich ergebenden Betrag, wenn dieser den Wert des Unternehmens im ganzen übersteigt, auf den diesen wirklichen Wert des Gesamtunternehmens ausdrückenden Betrag herabzusetzen. Wenn also eine solche Abschreibung zugelassen werden soll, muß die Summe der Aktiven in der Bilanz den ihnen als Bestandteil des Unternehmens zukommenden Wert übersteigen. (Entsch. RFH. v. 6. Juli 1920 Bd. 3 S. 166.) Außerdem können nach der Rechtsprechung des Reichsfinanzhofs Entwertungen des Gesamtunternehmens nur berücksichtigt werden, wenn der Steuerpflichtige greifbare Unterlagen für eine solche Entwertung nach Grund und Höhe beizubringen vermag. Die Abschreibung oder Wertminderung darf nur der Herabsetzung von Werten, die sich in der Bilanz ausdrücken, dienen, so daß es ausgeschlossen ist, Verluste von überhaupt nicht in der Bilanz als Aktiva berücksichtigten Werten durch Abschreibungen vom Gesamtwert des Unternehmens in die Bilanz hereinzubringen (Entsch. RFH. Bd. 3 S. 166 ff. und Bd. 4 S. 86).

In der grundlegenden Entscheidung vom 13. Jan. 1920 Bd. 1 S. 135 ist unter anderem ausgeführt:

„Der Abgabepflichtige kann aber nicht gehalten sein, die Abschreibungen stets an den einzelnen Aktiven vorzunehmen. Vom Standpunkte der richtigen Vermögensbewertung, wie sie nach § 40 HGB. in Verbindung mit den Einschränkungen des § 261 Ziff. 1—3 HGB. auch für Aktiengesellschaften gilt, muß es genügen, wenn das Vermögen im ganzen richtig festgestellt ist. Es kann dem Kaufmanne nicht verwehrt sein, die in einem Jahre eingetretene Entwertung seines Vermögens in der Bilanz in einem Posten unter den Passiven zum Ausdrucke zu bringen... Der von der Rechtsprechung anerkannte Grundsatz, daß die Einzelwerte der einzelnen Bestandteile des Anlage- und Betriebskapitals eines gewerbl. Unternehmens nur Rechnungsfaktoren für die Ermittlung des Wertes des Unternehmens im ganzen bilden, und daß daher die Summe jener Einzelwerte nicht ohne weiteres diesen Gesamtwert darstellt (vgl. Entsch. PrOVG. Bd. 5, 117; 6, 34) führt folgerichtig dazu, daß, wenn die bloße Zusammenzählung der Einzelwerte eine den dem Unternehmen als ganzem beizumessenden Wert übersteigende Summe ergibt, weitere Abschreibungen an der Summe der Einzelwerte bis auf den den wirklichen Wert des Unternehmens im ganzen darstellenden Betrag zuzulassen sind."

Mit der Entsch. des RFH. v. 16. April 1920, DStZ. IX S. 121, wurde die Steuerfreiheit einer „Wertminderung des Gesamtunternehmens mit Rücksicht auf Art. 299 des Friedensvertrags in einem Falle anerkannt, in dem eine Gesellschaft mit einer französischen Firma einen dreißigjährigen Lieferungsvertrag geschlossen hatte, der durch das französische Dekret vom 27. Sept. 1914 außer Kraft gesetzt war.

Außerdem wurde mit Entsch. des RFH. v. 10. Febr. 1920, DStZ. IX S. 120 eine solche Wertminderung steuerfrei zugelassen mit Rücksicht auf eine in Zukunft bevorstehende nachteilig wirkende Veränderung eines Unternehmens in Schlesien im Hinblick auf die von polnischer Seite drohende Gefahr.

Unterm 11. Januar 1921 hat der Reichsfinanzhof die folgende Entscheidung getroffen (Bd. 4 S. 160):

„...Es ist möglich, daß durch den Verlust eines einzelnen Bilanzaktivums, welches selbst naturgemäß bis auf Null abgeschrieben werden kann, daneben eine Entwertung des Gesamtunternehmens eintritt. Diese kann darin liegen, daß das verlorene Aktivum, weil es für den Betrieb unentbehrlich ist, zu einem seinen Anschaffungswert wesentlich übersteigenden Preise beschafft werden muß.

Eine solche Entwertung des Gesamtunternehmens kann aber zu einer steuerfreien Abschreibung oder zur Einsetzung eines steuerfreien Ausgleichsposten nur unter der Voraussetzung führen, daß die in der Bilanz dargestellten Aktivwerte ihrer Gesamtbezifferung nach zu hoch angesetzt und eine dahingehende schlüssige Behauptung vom Steuerpflichtigen aufgestellt worden ist."

In diesem Zusammenhange ist eine Abhandlung im Deutschen Steuerblatt Nr. 9/1919 zu erwähnen. Dort kommt Dr. Strutz bei der Untersuchung der Frage, ob Rückstellungen für unproduktive Löhne, d. s. Löhne an Arbeiter, die gemäß der VO. vom 4. und 24. 1. 1919 ohne Rücksicht auf den Bedarf von Betrieben eingestellt werden mußten, die sie vor dem Kriege beschäftigt hatten, steuerfrei sind zu dem Ergebnis, daß solche Rückstellungen für künftig erwachsende Werbungskosten nicht steuerfrei gemacht werden können. Zweifellos würde aber der Wert, der beim Verkaufe eines Unternehmens im ganzen zu erzielen wäre, durch die Verpflichtung zur Aufnahme von Arbeitskräften, für welche gar keine Beschäftigungsmöglichkeit besteht, stark gedrückt, so daß eine über die an den einzelnen Bilanzaktiven vorgenommenen und notwendigen Abschreibungen hinausgehende Sonderabschreibung auf das Unternehmen als ganzes notwendig ist, um der durch diese Verordnung eingetretenen Entwertung Rechnung zu tragen. Zur Begründung greift er einen Satz aus der Entsch. des PrOVG. vom 2. 7. 1918 Bd. 18 S. 122/126, die die Abzugsfähigkeit der Rücklage verneint, heraus, der lautet:

„Wesentlich verschieden von den Aufwendungen dieser Art und den Rückstellungen für sie sind aber solche Rücklagen, die der besonderen, durch den Krieg herbeigeführten, bereits eingetretenen Entwertung des Anlage- und Betriebskapitals gerecht werden sollen und durch eine vorsichtige Bilanzierung in Gestalt von das normale Maß übersteigenden Abschreibungen oder in der Bildung besonderer Bewertungskonten zum Ausdrucke kommen."

III. Form der Abschreibung.

Die Abschreibung kann auf verschiedene Art erfolgen. Gewöhnlich geschieht sie in der Weise, daß vom Buchwerte der notwendig befundene Betrag abgezogen wird. Nur der Restbetrag erscheint in der Schlußbilanz und im nächsten Jahre in den Konten des Hauptbuches. Man kann aber auch die Gegenstände mit dem vollen Einkaufswerte auf den Konten stehen lassen und mit diesem Werte in die Schlußbilanz übernehmen, dafür aber im Hauptbuche ein eigenes Konto (Erneuerungskonto) errichten, das die seit Erwerb vorgenommenen Abschreibungen enthält. Dieses Konto erscheint in der Bilanz als Gegenwert zu den zu hoch aufgeführten Aktiven unter den Passiven. Man hat es dann in solchen Fällen mit Bewertungs-, Wertberichtigungs- oder Korrektivposten zu tun, die sich unter den irreführendsten Bezeichnungen in den Bilanzen finden. Die gebräuchlichsten davon sind: Amortisationskonto, Erneuerungsfond,[4]) Delkrederekonto, Abschreibungskonto. Der häufige Ausdruck „Fonds", der besser durch „Konto" ersetzt wird, darf nicht darüber täuschen, daß hier aktive Mittel gar nicht vorhanden sind, es liegt nur ein Bewertungskonto vor, zur richtigen Bewertung, zur Beschränkung zu hoch angesetzter Aktiva.[5]) Sachlich ist es gleichgültig, in welcher Form die Abschreibung erfolgt.[6]) Die Einen haben ein Interesse daran, die Gesamtsumme der Abschreibungen zu kennen; sie ziehen die zweite Art vor. Den Anderen erscheint die Kürzung an den Aktiven klarer, und sie bezeichnen diese Art für wünschenswert. Eine Verteilung der Abschreibungen an ein und demselben Aktivum auf die rechte und linke Seite der Bilanz ist zwar bilanztechnisch nicht unzulässig; sie entspricht aber keineswegs einer weiter verbreiteten kaufmännischen Übung und ist ungewöhnlich. In solchen Fällen liegt die Vermutung nahe, daß die auf der rechten Seite angesammelten Abschreibungen als freiwillige über das Maß der Entwertung hinausgehende Abschreibungen sich darstellen und als echte Reserven steuerbar sind. Abschreibungen direkt an den Aktiven und durch Rückstellungen sind jedoch steuerlich zulässig, wenn sie zusammengenommen einen angemessenen Ausgleich der Wertminderung darstellen.

In bezug auf die Steuer führt die Art der Abschreibung zu keiner unterschiedlichen Behandlung. Die gewinnkürzende Wirkung ist die nämliche, wenn statt Verminderung der Aktiva die Passiva erhöht werden.

Den formellen Unterschied zwischen den Abschreibungen unmittelbar an den Aktiven oder durch Bewertungsposten zeigen die nachstehenden Bilanzen.

---

[4]) Wegen Erneuerungskonto vgl. § 11 S. 172.

[5]) Maatz S. 145, Passow, 2. Aufl. Bd. 1 S. 202/3, Simon, III. Aufl. S. 130.

[6]) Ausnahme S. 165.

Aktiva Bilanz für den 31. Dezember 1919 **Passiva**

Immobilien 100 000 Mk. — 1 % = 1 000 „	Mk. 99 000	Schulden	Mk. 89 400
Kassa	„ 9 000	Steuerreserve	„ 4 000
Wechsel	„ 16 000	Umbaureserve	„ 5 000
Ausstände 45 000 Mk. — 4 367 „	„ 40 633	Kapital	„ 122 083
Waren	„ 55 000		
Einrichtung 1000 Mk. — 15 % = 150 „	„ 850		
	Mk. 220 483		Mk. 220 483

Aktiva Bilanz auf den 31. Dezember 1919 **Passiva**

Immobilien	Mk. 100 000	Immobilien-Reservefond	Mk. 1 000
Kassa	„ 9 000	Schulden	„ 89 400
Wechsel	„ 16 000	Delkredere	„ 4 367
Ausstände	„ 45 000	Steuerreserve	„ 4 000
Waren	„ 55 000	Umbaureserve	„ 5 000
Einrichtung	„ 1 000	Mobilien-Erneuerungskto.	„ 150
		Kapital	„ 122 083
	Mk. 226 000		Mk. 226 000

IV. Wirkung der Abschreibungen über mehrere Jahre.

Es ist die Ansicht verbreitet, daß eine Prüfung der Abschreibungen vom steuerlichen Standpunkt aus ganz überflüssig sei und daher unterlassen werden könne. Z. B. sagt Wilmowski: „Dadurch, daß bei kaufmännischen Gewinnberechnungen im einzelnen Falle die Abschreibungen zu hoch bemessen werden, werden die bilanzmäßigen Betriebsergebnisse (Gewinn oder Verluste) der einzelnen Jahre nur verschoben. In allen Fällen bleibt die Summe der Betriebsgewinne während einer längeren oder kürzeren Reihe von Jahren sich gleich, gleichviel, wie der Betriebsinhaber die Abschreibungen auf die einzelnen Jahre verteilt. Denn es wird ja im ganzen immer nur ein Betrag abgeschrieben, der höchstens den wirklich aufgewandten Anlagekosten (Anschaffungskosten) gleichkommt, so daß hiernach durch vermeintlich zu hohe Abschreibungen die Staatskasse dauernde Schädigungen nicht erfahren kann.“

Passow ist gegenteiliger Ansicht; er sagt hiezu:

„Das ist nicht ganz richtig, denn erstens ist die Einkommensteuer progressiv, es ist also für die Höhe der zu entrichtenden Steuer nicht gleichgültig, wie sich der Gesamtgewinn auf die einzelnen Jahre verteilt, ob in Jahren hoher Gewinne dieser durch übermäßige Abschreibungen herabgedrückt wird;[7]) zweitens kann der Fall eintreten, daß der in einem Jahre erzielte, aber mit Hilfe übermäßiger Abschreibungen versteckte Reingewinn in späteren Jahren durch Verluste aufgezehrt wird und infolgedessen gar nicht mehr zur Versteuerung gelangt; drittens besteht die Möglichkeit, daß Gewinne durch übermäßige Abschreibungen versteckt werden und (vielleicht gerade um die Besteuerung zu umgehen) dann das Geschäft liquidiert wird."

Diesen Standpunkt haben auch seither die Steuerbehörden eingenommen und es wird daran auch in Zukunft festzuhalten sein.

Betrachtet man lediglich die in dem maßgebenden Bilanzjahre gemachten Abschreibungen, so ist, wie schon erwähnt, die Form, in der die Abschreibungen an den einzelnen Bilanzaktiven vorgenommen werden, gleichgültig.

Beobachtet man aber ihre Wirkung auf eine Reihe von Jahren zurück, so wird man finden, daß es einen wesentlichen Unterschied ausmacht, ob an Anlagen oder an umlaufenden Mitteln abgeschrieben wurde. Bei den letzteren führt sogar die Form der Abschreibung zu anderen Ergebnissen.

Abschreibungen auf Anlagewerte bleiben dem Betriebe erhalten, ohne Rücksicht darauf, ob sie durch Kürzung an den Aktiven oder durch Bildung eines Bewertungspostens vorgenommen wurden. Das ist darin begründet, daß diese Werte nicht dazu bestimmt sind umgesetzt zu werden. Bei zu großen Abschreibungen im Laufe mehrerer Jahre stellt sich der Geschäftsgewinn gegenüber einer richtig bewerteten Bilanz um *die Summe aller unzulässigen Abschreibungen* zu niedrig. Zum *Beispiel*: Am Maschinenkontobestand zu 100 000 Mk. werden

1918	abgeschrieben Mk.	50 000,—,	der Bilanzgewinn beträgt dadurch z. B. Mk.	90 000
1919	„ „	50 000,—,	„ „ „ „ „ „ „	120 000
1920	„ „	—	„ „ „ „ „ „ „	140 000
			in 3 Jahren Mk.	350 000

Die anzuerkennende Abschreibung sei 20%; in 3 Jahren also $3 \times 20\,000$ Mk. $= 60\,000$ Mk.; die Bilanzen müßten unter Einhaltung der angemessenen Abschreibung folgendes Bild geben:

---

[7]) Vgl. Beispiel S. 159.

1918:	abzuschreiben Mk.	20 000.—;	Bilanzgewinn Mk.	120 000.—
1919:	„ „	20 000.—;	„ „	150 000.—
1920:	„ „	20 000.—;	„ „	120 000.—
			Mk.	390 000.—

Zu große Abschreibung: 100 000 Mk. — 60 000 Mk. = 40 000 Mk. Unterschied in den Gewinnen der 3 Jahre: 390 000 Mk. — 350 000 Mk. = 40 000 Mk.

Die Wirkung fortlaufend zu großer Abschreibungen auf Waren ist, wie die Ausführungen und Beispiele weiter hinten zeigen, eine andere. Die der tatsächlichen Entwertung nicht entsprechende Abschreibung eines Jahres ist für die Ermittelung des steuerbaren Gewinnes dem Bilanzgewinne dieses Jahres zuzusetzen. Wegen späterer Geltendmachung von Abschreibungen bei solchen versteuerten stillen Reserven vgl. S. 111, 167.

Bei den **Abschreibungen auf Forderungen** (Debitoren) bestimmt meist die Art der Buchführung, welchen Abschreibungsmodus der Geschäftsmann anwendet. Die *einfache* kaufmännische Buchführung, die der Regel nach keine Sachkonten kennt, verlangt die Kürzung der *zweifelhaften* Außenstände an den Aktiven des Inventars. Die Hauptbuchseiten der einzelnen Geschäftskunden (Personenkonten) bleiben zunächst unverändert. Erst wenn keine Aussicht mehr vorhanden ist, die Forderungen oder Reste einzuziehen, z. B. bei Akkordierung, bei einem Zwangsvergleich, beim Ableben des Schuldners ohne Rückgriffsmöglichkeit auf die Erben usw. pflegt der Kaufmann das Konto auszugleichen. Solange man noch einigermaßen damit rechnen kann, die Forderung durch irgendwelche Vereinbarung hereinzubringen, bleibt das Konto offen.[8]) Bei der Inventuraufnahme wird der unsichere Außenstand niedriger bewertet oder ganz weggelassen. Diese kaufmännische Übung hat zur Folge, daß der unsichere Posten, der in dem Kontokorrentbuche Jahre hindurch unverändert offen bleibt, *jedesmal*, wenn Inventur gemacht wird, geringer bewertet werden muß. Es wäre ganz verfehlt, daraus etwa folgern zu wollen, daß der Posten auf diese Weise wiederholt abgeschrieben würde. Er ist nur einmal abgeschrieben und zwar in jenem Jahr, in dem er zum ersten Male mit dem geringeren Betrage unter die Außenstände aufgenommen worden ist. Bei Feststellung des Vermögens und des Gewinnes bildet nicht ein aus irgendeinem Grunde formell nicht ausgebuchtes Hauptbuchkonto, sondern das Inventar die Grundlage. Trotz dieses Verfahrens ist die Buchhaltung vollkommen in Ordnung. Obgleich der abgeschriebene Betrag nicht ausgebucht ist, ist er doch durch das Inventar buchmäßig, handelsrechtlich und steuerrechtlich ordnungsgemäß abgeschrieben. Die Abschreibung wird zwar nicht durch ein

---

[8]) Unter § 12 Delkredere-Konto ist ein Verfahren besprochen, bei dem das Konto nicht offen bleibt.

eigenes Konto unmittelbar festgehalten, wie bei der doppelten Buchführung im Delkrederekonto, sie ist aber jederzeit feststellbar und mittelbar festgehalten durch das Kapitalkonto oder, wenn man es mit einer einfachen Buchführung zu tun hat, in der kein Kapitalkonto eingerichtet ist, im Unterschied zwischen Aktiva und Passiva, d. i. im Reinvermögen. Die sogar von Steuerinstanzen vertretene Ansicht, daß die so erfolgte Abschreibung in den Geschäftsbüchern „nicht festgehalten" sei, wird einer ganz allgemein üblichen kaufmännischen Gepflogenheit nicht gerecht und kommt in ihren Folgerungen auch zu einem falschen Schlusse. Geht ein so abgeschriebener — d. h. nur durch das Inventar abgeschriebener — Betrag nachträglich ein, so erhöht dieser Eingang den Geschäftsgewinn in dem Jahre des Einganges.

Dieser Vorgang läßt sich anschaulich darstellen, wenn man annimmt, der Geschäftsinhaber habe am Bilanztage nur einen Außenstand zu 10 000 Mk., den er mit 4000 Mk. in das Inventar einstellt, weil er den Rest für verloren hält. Einige Tage nach der Bilanzaufstellung zahlt der Schuldner unerwartet die vollen 10 000 Mk. ein. Man denke sich nun am Zahltage eine neue Bilanz gezogen und, um den Fall recht einfach zu gestalten, es sei sonst keine Veränderung im Geschäft eingetreten, so ergibt sich folgendes Bild:

A. Schlußbilanz für 31. Dezember.

Kassa	Mk. 600	Schulden	Mk. 3 000
Außenstände		Kapital	„ 6 600
Mk. 10 000			
ab „ 6 000 uneinbringb.	„ 4 000		
Waren	„ 5 000		
	Mk. 9 600		Mk. 9 600

Am 3. 1. nächsten Jahres werden die 10 000 Mk. unerwartet voll bezahlt.

B. Bilanz für 3. Januar.

Kassa	Mk. 10 600	Schulden	Mk. 3 000
Außenstände	„ —	Kapital	„ 12 600
Waren	„ 5 000		
	Mk. 15 600		Mk. 15 600

Der Unterschied im Kapitalkonto vom 3. 1. und 31. 12. macht gerade die 6000 Mk. aus, die bei der Schlußbilanz 31. 12. als vermeintlich uneinbringlich abgeschrieben wurden.

Aus diesem Beispiel ergibt sich zweierlei:

1. daß das Kapitalkonto der einfachen kaufmännischen Buchführung die Abschreibungen mittelbar zuverlässig festhält,
2. daß deshalb auch bei späteren Eingängen abgeschriebener Außenstände die früher am Gewinne gekürzte Abschreibung als Geschäftsgewinn wieder in die Erscheinung tritt und für die Besteuerung nicht verloren geht.

Voraussetzung ist natürlich immer eine ordnungsgemäße Verbuchung der nachträglichen Kassa-(Scheck-, Wechsel-, Waren-)Eingänge. Die Wirkung auf den Gewinn ist die gleiche, ob es sich um die Abschreibung an einem bestimmten Posten handelt, oder ob allgemein ein bestimmter Prozentsatz der Summe der Außenstände als erfahrungsgemäß uneinbringlich an diesen abgesetzt wird.

Es würde übrigens gegen keine Regel der einfachen kaufmännischen Buchführung verstoßen, wenn bei ihr, wie bei der doppelten Buchführung, unter die Passiven ein Bewertungsposten (z. B. Delkrederekonto) für die in die Aktiven mit dem vollen Betrage angegebenen Außenstände eingestellt würde und im Kontokorrentbuche ein Konto „Delkredere" aufgemacht, auf dem über den Rückstellungsbetrag abgerechnet werden würde.

Wir kommen damit zu den Abschreibungen an Außenständen nach dem System der doppelten kaufmännischen Buchführung.

Ein einfaches und mustergültiges Verfahren, wie bei diesem Buchführungssysteme die Abschreibungen zu behandeln sind, gibt Professor Chenaux Repond in seinem Werke „Die kaufmännische Bilanz und der Bücherabschluß". Die Außenstände werden, soweit sie zweifelhaft sind, aus dem Debitorenkonto weggenommen und auf ein Konto dubioso (aktiv!) übertragen. Damit sind lediglich die Außenstände in den Aktiven der Bilanz zerlegt in gute Debitoren und zweifelhafte Debitoren. Die zweifelhaften (dubiosen) Debitoren sind also mit ihrem vollen Betrage (Nennwert) in den Aktiven der Bilanz belassen. Da sie nach § 40 HGB. bei Bilanzziehung nur mit ihrem wahrscheinlichen Wert berücksichtigt werden dürfen, ist der zu erwartende Verlust auf einem besonderen Konto, nämlich dem (passiven) Delkrederekonto, auszuweisen. Der mutmaßliche Verlust kürzt natürlich den Gewinn des Bilanzjahres; der Buchungssatz hat demnach zu lauten: „Gewinn- und Verlustkonto an Delkrederekonto". Es ist jedoch eine Grundbuchung nicht unbedingt erforderlich; es genügt die Einsetzung der Posten in die Abschlußbilanz. Was von den zweifelhaften (dubiosen) Forderungen eingeht, wird dem Dubiosenkonto gutgeschrieben, genau wie der Eingang einer vollwertigen Forderung dem Debitorenkonto gutgeschrieben wird. Die Verluste auf zweifelhafte Forderungen werden nicht dem Verlust- und Gewinnkonto, sondern dem Delkrederekonto belastet. Dadurch wird der Gewinn des Jahres, in welchem der Verlust eingetreten ist, nicht beeinflußt. Ein wiederholter Abzug am Gewinn — im Jahre der Reservestellung und im Jahre des tatsächlichen Verlustes — ist damit ausgeschlossen.

Handelsrechtlich sind zweifelhafte Forderungen mit ihrem wahrscheinlichen Werte in Inventar und Bilanz aufzunehmen, uneinbringliche aber abzuschreiben (§ 40 HGB.). Das gilt auch steuerrechtlich, denn § 33² REinkStG. bestimmt für Steuerpflichtige, die Handelsbücher nach den Vorschriften des Handelsgesetzbuches führen, daß ihr Geschäftsgewinn nach den Grundsätzen zu berechnen ist, wie sie für die Inventur und Bilanz durch das Handelsgesetzbuch vorgeschrieben sind. Das ist bezüglich der Geschäftsausstände der oben erwähnte § 40 HGB. (vgl. auch §§ 33a und 36 Satz 2 REinkStG.). Trotz dieser Übereinstimmung von Handelsrecht und Steuerrecht werden gerade hier häufig Differenzen zwischen Steuerpflichtigen und Steuerfiskus vorkommen. Das hat darin seinen Grund, weil es äußerst schwierig ist, festzustellen, in welchem Umfange eine Forderung im Zeitpunkt der Inventuraufnahme uneinbringlich ist. Der Nachweis dafür, daß von der Forderung zu 80000 Mk. am Bilanztage auch 30000 Mk. uneinbringlich sind, also nicht mehr und nicht weniger, kann nicht immer erbracht werden. Es muß dem objektiven Urteile der Einsteuerungsorgane (Steuerausschüsse) überlassen bleiben, gestützt auf ihre praktischen Erfahrungen, ein Übermaß an Abschreibungen zu verhüten. Der Steuerzahler kann, selbst wenn einmal eine Abschreibung auf Außenstände nicht anerkannt wird und später vielleicht noch ein höherer als der als Abschreibung geltend gemachte Betrag uneinbringlich wird, nicht zu Schaden kommen, wenn er seine Rechte zu wahren versteht. In welcher Weise das zu geschehen hat, hat Dr. Fürnrohr in seinem Buche „Bilanzbewertung und Steuerpflicht" (Verlag J. Schweitzer 1919) durch scharfsinnige Untersuchungen klargelegt und durch Beispiele jedermann leicht verständlich gemacht.

Hier eines seiner Beispiele, dem wir noch Konten- und Bilanzbeispiele anfügen. Der Einfachheit halber sind in den Bilanzbeispielen die Bilanzposten, die für die Rechnung kein Interesse haben, mit 0 angesetzt. Der Bilanzgewinn bleibt im Geschäft.

In der Bilanz für 1918 sind an einer Forderung über 100000 Mk. 40000 Mk. als uneinbringlich abgeschrieben. Die Steuerbehörde hat nur 20000 Mk. als uneinbringlich anerkannt und die anderen 20000 Mk. dem Gewinne zugeschlagen.

Welche Wirkung hat das auf die Steuer, wenn im nächsten Jahre auf diese Forderung 70000 Mk. eingehen, der Rest endgültig verloren ist?

Buchmäßig.

Aktiva — Bilanz 31. XII. 18 — Passiva

Aktiva		Passiva	
Debitoren 100 000 Mk. — 40 000 „	60 000 Mk.	Kapital 31. XII. 18 . .	60 000 Mk.
	60 000 Mk.		60 000 Mk.

Steuerlich anerkannt.

Aktiva — Bilanz 31. XII. 18 — Passiva

Aktiva		Passiva	
Debitoren 100 000 Mk. — 20 000 „	80 000 Mk.	Kapital 31. XII. 18 . .	80 000 Mk.
	80 000 Mk.		80 000 Mk.

Buchmäßig.

Aktiva — Bilanz 31. XII. 19 — Passiva

Aktiva		Passiva	
Kassa	70 000 Mk.	Kapital 31. XII. 18 . .	60 000 Mk.
		Gewinn	10 000 „
	70 000 Mk.		70 000 Mk.

Steuerlich anerkannt.

Aktiva — Bilanz 31. XII. 19 — Passiva

Aktiva		Passiva	
Kassa	70 000 Mk.	Kapital 31. XII. 18 . .	80 000 Mk.
Verlust	10 000 „		
	80 000 Mk.		80 000 Mk.

Während sich buchmäßig im Jahre 1919 ein Gewinn von 10 000 Mk. ergibt, kommt man nach der steuerlichen Rechnung zu einem Verlust von 10 000 Mk., der Unterschied beträgt sohin 20 000 Mk. Das rechtfertigt die Abrechnung von 20 000 Mk. an dem buchmäßigen Gewinne. Wenn also die Geschäftsbilanz einen Gewinn von z. B. 50 000 Mk. ergäbe, so ist wegen der im Vorjahr durch die Steuerbehörde erfolgten Streichung der Abschreibung an Außenständen in Höhe von 20 000 Mk. der Betrag von 20 000 Mk. am Bilanzgewinne zu kürzen, wodurch ein steuerbarer Gewinn von nur 30 000 Mk. verbleibt.

Nicht immer erfolgt bis zum nächsten Bilanzstichtage eine endgültige Erledigung der zweifelhaften Außenstände. Hier darf dann der Steuerzahler nicht stets den Abzug des ganzen steuerlich beanstandeten Abschreibungsbetrages vom Bilanzgewinn des folgenden Jahres verlangen.

Angenommen, es gehen auf die im Jahre 1918 auf 60 000 Mk. herabgeschriebene Forderung zu 100 000 Mk. im Jahre 1919 50 000 Mk. ein, so berührt dies das bilanzmäßige Gewinnergebnis des Jahres 1919 in keiner Weise, denn an die Stelle des Aktivums „Debitoren 60 000 Mk." ist getreten einerseits das Aktivum „Debitoren 10 000 Mk.", andererseits etwa „Kassa 50 000 Mk."

Geht dagegen im Jahre 1919 der Betrag von 70 000 Mk. ein, so bedeutet das bei einem Buchwerte von 60 000 Mk. einen Bilanzgewinn von 10 000 Mk., der nicht in die Erscheinung träte, wenn die Forderung mit 80 000 Mk. zu Buch gestanden wäre, wie es steuerlich für angemessen erachtet worden war.

Buchmäßig.

Aktiva	Bilanz 31. XII. 19		Passiva
Kassa	70 000 Mk.	Kapital 31. XII. 18 . .	60 000 Mk.
		Gewinn	10 000 „
	70 000 Mk.		70 000 Mk.

Steuerlich anerkannt.

Aktiva	Bilanz 31. XII. 19		Passiva
Kassa	70 000 Mk.	Kapital 31. XII. 18 . .	80 000 Mk.
Debitoren	10 000 „	Gewinn	—
	80 000 Mk.		80 000 Mk.

Hier darf also der Steuerpflichtige von seinem Bilanzgewinne 1919 nur 10 000 Mk. steuerlich abziehen.

Geht nach der im Jahre 1919 erfolgten Abschlagszahlung zu 70 000 Mk. der ganze Restbetrag von 30 000 Mk. im Jahre 1920 ein, so bedeutet dies, da dieser Forderungsrest einen Buchwert überhaupt nicht mehr hatte, einen Gewinn pro 1920 von 30 000 Mk.

Nach der steuerlich anerkannten Bewertung beträgt die Restforderung noch 10 000 Mk.; durch den Eingang der 30 000 Mk. ergibt sich auf diese Weise nur ein Gewinn von 20 000 Mk.; es rechtfertigt sich daher wieder ein Abzug vom bilanzmäßigen Gewinn für 1920 von 10 000 Mk., so daß der seinerzeit nicht zugelassene Abschreibungsbetrag wieder eingebracht ist.

Buchmäßig.

Aktiva	Bilanz 31. XII. 20		Passiva
Kassa	100 000 Mk.	Kapital 31. XII. 19	70 000 Mk.
Debitoren	—	Gewinn	30 000 „
	100 000 Mk.		100 000 Mk.

Steuerlich anerkannt.

Aktiva	Bilanz 31. XII. 20		Passiva
Kassa	100 000 Mk.	Kapital 31. XII. 19	80 000 Mk.
Debitoren	—	Gewinn	20 000 „
	100 000 Mk,		100 000 Mk.

Gehen bei einem Buchwerte von 60 000 Mk. 50 000 Mk. im Jahre 1919 ein und stellt sich im Laufe des Jahres 1920 heraus, daß weitere Zahlungen nicht mehr zu erwarten sind, der Rest mit 10 000 Mk. also ganz abgeschrieben werden muß, so bedeutet das eine Minderung des Vermögens (Verlust) pro 1920 von 10 000 Mk. Die Minderung würde 30 000 Mk. betragen, wenn 1918 nicht 40 000 Mk., sondern nur der steuerlich für angemessen erklärte Betrag von 20 000 Mk. abgeschrieben worden wäre. Hier darf bei der Veranlagung, der der Geschäftsgewinn 1920 zugrunde gelegt wird, um 20 000 Mk. gekürzt werden.

Buchmäßig.

Aktiva	Bilanz 31. XII. 19		Passiva
Kassa	50 000 Mk.	Kapital 31. XII. 18	60 000 Mk.
Debitoren	10 000 „		
	60 000 Mk.		60 000 Mk.

Steuerlich anerkannt.

Aktiva	Bilanz 31. XII. 19		Passiva
Kassa	50 000 Mk.	Kapital 31. XII. 18	80 000 Mk.
Debitoren	30 000 „		
	80 000 Mk.		80 000 Mk.

Buchmäßig.

Aktiva — Bilanz 31. XII. 20 — Passiva

Kassa	50 000 Mk.	Kapital 31. XII. 19 . .	60 000 Mk.
Verlust	10 000 „		
	60 000 Mk.		60 000 Mk.

Steuerlich anerkannt.

Aktiva — Bilanz 31. XII. 20 — Passiva

Kassa	50 000 Mk.	Kapital 31. XII. 19 . .	80 000 Mk.
Verlust	30 000 „		
	80 000 Mk.		80 000 Mk.

In allen diesen Fällen dreht es sich darum, einen schon früher versteuerten Gewinn, der bilanzmäßig nicht ausgewiesen, sondern stille Reserve war, später nicht nochmals zu versteuern, wenn er bilanzmäßig in die Erscheinung tritt, sei es durch Gewinnvermehrung bei Realisierung der stillen Reserve, sei es durch Verlustminderung bei Aufzehrung derselben.

Für die Geltendmachung versteuerter Abschreibungen kann aber auch eine Steuerbilanz aufgestellt werden. Nähere Ausführungen hierüber siehe unter Abschn. V S. 169.

Einer eigenen Würdigung bedürfen die auf **Waren** vorzunehmenden Abschreibungen, denn bei den Waren hat manchmal sogar die Form der Abschreibung einen Einfluß auf die Vermögens- und Gewinnermittelung. Hier kommen auch schlimme Buchungsfehler — bewußte sowohl wie unbewußte — vor.

Die Abschreibungen an Waren haben einen anderen Charakter als jene auf Anlagewerte. Während diese dem Betriebe verbleiben und für immer Geltung haben, wird bei den Abschreibungen auf Waren wohl der Gewinn des abgelaufenen Jahres um die Abschreibung geschmälert; wenn aber die Waren im nächsten Jahre gut abgesetzt werden, erhöht sich der Gewinn des nächsten Jahres um die Abschreibung des Vorjahres wieder; denn der niedere Bilanzwert der Waren am Ende des abgelaufenen Jahres geht als Wert des Warenvorrates auf das Warenkonto des nächsten Jahres über und vermindert gewissermaßen im nächsten Jahr den Aufwand für Anschaffung der Waren. Deshalb wird verschiedentlich versucht, die Wirkung der Abschreibungen auf Waren auszuschalten (vgl. auch Warenkonto § 8).

An Beispielen soll nun untersucht werden, wie die handelsüblichen Warenabschreibungen im Bilanzjahre und im darauffolgenden Jahre wirken.

Die allgemein übliche Art, Abschreibungen am Warenvorrat vorzunehmen, besteht darin, daß man am Inventurwerte der einzelnen Artikel die für notwendig erachteten Prozente kürzt. Angenommen, es handelt sich um ein Modewarengeschäft, so hat das Inventar etwa folgendes Aussehen:

Vorrat an fertigen Kostümen	Mk. 50000;	ab 30%*)	= Mk. 15000,	Wert = Mk. 35000
„ „ Stoffen, Tuchen	„ 40000;	„ 5%	= „ 2000,	„ = „ 38000
„ „ Seide . . .	„ 30000;	„ 15%	= „ 4500,	„ = „ 25500
„ „ Ausputz . . .	„ 15000;	„ 25%	= „ 3750,	„ = „ 11250
„ „ Futterstoffen .	„ 28000;	„ —	—	„ „ 28000 usw.
Inventurwert:	Mk. 163000;	Abschreibg.	Mk. 25250,	Wert Mk. 137750

Der Wert der Vorräte am Inventurtag zu 137 750 Mk. wird beim Abschluß dem Warenkonto gutgeschrieben und dem Bilanzkonto belastet. Mit dem gleichen Betrage wird im nächsten Jahre das Warenkonto „an Bilanz" belastet. Um die Wirkung der Abschreibung im nächsten Jahre deutlich darstellen zu können, wird angenommen, daß der ganze Vorrat bis zum Schluß des nächsten Jahres abgesetzt worden ist und daß neue Waren nicht mehr angeschafft wurden.

Beispiel 1.

Soll — Waren-Konto — Haben

Soll		Haben	
1919 An Bilanz (Vorrat 1. I.) .	Mk. 100000	Per Verschiedene (Verkäufe)	Mk. 250000
An Verschiedene (Einkauf) . .	„ 212750	Per Bilanz (Vorrat 31. XII. 1919)	„ 137750
An Gewinn und Verlust . . .	„ 75000		
	Mk. 387750		Mk. 387750
1920 An Bilanz . . .	Mk. 137750	Per Verschiedene (Verk.)	Mk. 207750
„ Gewinn und Verlust . .	„ 70000	„ Bilanz (31. XII. 20) .	„ —
	Mk. 207750		Mk. 207750

Soll — Gewinn- und Verlust-Konto 1919 — Haben

Soll		Haben	
An Unkosten	Mk. 60000	Per Waren	Mk. 75000
„ Reingewinn . . .	„ 15000		
	Mk. 75000		Mk. 75000

*) Die Prozentsätze sind willkürlich angenommen.

Soll — Gewinn- und Verlust-Konto 1920 — **Haben**

Soll		Haben	
An Unkosten	Mk. 50 000	Per Waren	Mk. 70 000
„ Reingewinn	„ 20 000		
	Mk. 70 000		Mk. 70 000

Wären an den Warenvorräten keine Abschreibungen vorgenommen worden, so würde sich folgendes Ergebnis errechnen:

Beispiel 2.

Soll — Waren-Konto — **Haben**

Soll		Haben	
1919 An Bilanz (Vorrat 1. I. 19)	Mk. 100 000	Per Verschiedene (Verk.)	Mk. 250 000
An Verschiedene (Einkauf) ..	„ 212 750	„ Bilanz (Vorrat 31. XII. 1919)	„ 163 000
An Gewinn und Verlust ...	„ 100 250		
	Mk. 413 000		Mk. 413 000
1920 An Bilanz ...	Mk. 163 000	Per Verschiedene (Verk.)	Mk. 207 750
„ Gewinn und Verlust ..	„ 44 750	„ Bilanz	„ —
	Mk. 207 750		Mk. 207 750

Soll — Gewinn- und Verlust-Konto 1919 — **Haben**

Soll		Haben	
An Unkosten	Mk. 60 000	Per Waren	Mk. 100 250
„ Gewinn	„ 40 250		
	Mk. 100 250		Mk. 100 250

Soll — Gewinn- und Verlust-Konto 1920 — **Haben**

Soll		Haben	
An Unkosten	Mk. 50 000	Per Waren	Mk. 44 750
		„ Verlust	„ 5 250
	Mk. 50 000		Mk. 50 000

Im ersten Falle sind in 2 Jahren 15 000 + 20 000 = 35 000 Mk.,
„ zweiten „ „ „ 2 „ 40 250 — 5 250 = 35 000 „
verdient worden. Zusammengenommen ergibt sich in beiden Fällen

wohl die gleiche Gewinnsumme. Die Wirkung auf die Steuer ist aber sehr verschieden.

Im ersten Falle sind (unter Außerachtlassung des steuerfreien Steuerteils) zu zahlen . . 1500 Mk. + 2000 Mk. = 3500 Mk., im zweiten Falle dagegen . 6420 „ + 0 „ = 6420 „

Wichtig ist für den Steuerzahler, *berechtigte* Abschreibungen auf Waren zur Geltung zu bringen, für die Steuerbehörde dagegen, *unberechtigte* Abschreibungen nicht anzuerkennen.

In der letzten Zeit hat sich häufiger die Übung herausgebildet, die Abschreibungen an Waren in der Gewinn- und Verlustrechnung auszuweisen wie jene auf Anlagewerte. Das ist eine wenig begrüßenswerte Mode, weil sie technisch und steuerrechtlich nicht einwandfrei ist.

Abschreibungen sind der Gewinn- und Verlustrechnung zu belasten. Wird nun die Gewinn- und Verlustrechnung für die Warenabschreibung belastet, so ist das Warenkonto für den Betrag der Abschreibung zu erkennen.

Beispiel 3.

Soll Gewinn- und Verlust-Konto **Haben**

An Waren (Abschreibung)	Mk. 25 250	An Waren	Mk. 100 250
„ Unkosten	„ 60 000		
„ Reingewinn . . .	„ 15 000		
	Mk. 100 250		Mk. 100 250

Soll Waren-Konto **Haben**

1919 An Bilanz (Vorrat 1. I.) .	Mk. 100 000	Per Verschied. (Verkauf)	Mk. 250 000
An Verschiedene (Einkäufe) . .	„ 212 750	„ Gewinn und Verlust (Abschreibung)	„ 25 250
An Gewinn-Verlust (Gewinn) . .	„ 100 250	„ Bilanz (Vorrat 31. XII.)	„ 137 750
	Mk. 413 000		Mk. 413 000
1920 An Bilanz (1. I. 20)	Mk. 137 750		

Nun erhöht aber bekanntlich jede Gutschrift auf dem Warenkonto den Bruttogewinn. Wenn auch der um die Abschreibung gekürzte Wert des Warenvorrates dem Warenkonto gutgeschrieben und dem Bilanzkonto belastet wird, so erhöht sich dennoch durch die Buchung der Abschreibung der Bruttogewinn aus Waren (100 250 Mk.

gegen 75 000 Mk. im ersten Beispiel). Die Buchung der Abschreibung in der Gewinn- und Verlustrechnung ist also ganz überflüssig, wie ein Vergleich mit dem ersten Beispiele ergibt. Auch auf den Gewinn des nächsten Jahres ist sie ohne Einfluß. Denn dem Warenkonto wird bei der Eröffnungsbuchung im nächsten Jahre, ebenso wie im ersten Beispiel, der um die Abschreibung geminderte Betrag belastet.

Ganz verfehlt wäre es aber, wenn man im Beispiele 3 den um die Abschreibung nicht gekürzten Wert der Warenvorräte dem Warenkonto beim Abschluß gutschreibt, in der Annahme, daß man nun über Gewinn und Verlust die erforderliche Abschreibung vornehmen müsse. Ein Beispiel hiefür:

Beispiel 4.

Soll — Gewinn und Verlust — Haben

Soll		Haben	
An Waren (Abschreibung)	Mk. 25 250	Per Waren (Bruttogew.)	Mk. 125 500
„ Unkosten	„ 60 000		
„ Reingewinn . . .	„ 40 250		
	Mk. 125 500		Mk. 125 500

Soll — Waren-Konto — Haben

Soll		Haben	
1919 An Bilanz (Vorrat 1. I.) .	Mk. 100 000	Per Verschied. (Verkauf)	Mk. 250 000
An Verschiedene (Einkauf) . .	„ 212 750	„ Bilanz (Vorrat 31. XII.)	„ 163 000
An Gewinn u. Verl. (Bruttogewinn)	„ 125 500	„ Gewinn und Verlust (Abschreibung) .	„ 25 250
	Mk. 438 250		Mk. 438 250
1920 An Bilanz (1. I.)	Mk. 163 000		

Ein Vergleich mit dem zweiten Beispiele zeigt in der Endwirkung, daß auf diese Weise überhaupt nichts abgeschrieben worden ist. Da in diesem Falle der um die Abschreibung nicht verminderte Betrag im nächsten Jahre dem Warenkonto belastet wird, so beeinflußt diese Art der Abschreibung den Gewinn wie in Beispiel 2. Es ist also genau so, als wenn in beiden Jahren nichts abgeschrieben worden wäre.

In der Praxis findet sich zuweilen noch eine dritte Art. Dem Warenkonto wird der ungekürzte Warenbestand (163 000 Mk.) gutgeschrieben und dem Bilanzkonto belastet. Die Abschreibung zu 25 250 Mk. wird **einmal** dem Warenkonto 1919 **belastet** und dem Gewinn- und Verlustkonto für 1919 gutgeschrieben, (!) das **andere Mal** der Gewinn- und Verlustrechnung 1919 belastet und dem Warenkonto 1920 gutgeschrieben.

Beispiel 5.[10])

Waren-Konto

Soll		Haben	
1919 An Bilanz (Vorrat 1. I.)	Mk. 100 000	Per Verschied. (Verkauf)	Mk. 250 000
„ Verschiedene (Einkauf) . .	„ 212 750	„ Bilanz (Vorrat 31. XII.)	„ 163 000
„ Gewinn u. Verl. (Abschreibung)	„ 25 250		
„ Gew.- u. Verl.-Kto. (Gewinn)	„ 75 000		
	Mk. 413 000		Mk. 413 000
1920 An Bilanz (Vorrat 1. I.)	Mk. 163 000	Per Gewinn und Verlust (Abschreibung 1919).	Mk. 25 250
„ Gewinn und Verlust . .	„ 70 000	„ Verschied. (Verkauf)	„ 207 750
		„ Bilanz	„ —
	Mk. 233 000		Mk. 233 000

Gewinn und Verlust 1919

Soll		Haben	
An Waren (Abschreibung)	Mk. 25 250	Per Waren (Abschreibg.) .	Mk. 25 250
„ Unkosten	„ 60 000	„ Waren (Bruttogew.) .	„ 75 000
„ Reingewinn	„ 15 000		
	Mk. 100 250		Mk. 100 250

Gewinn und Verlust 1920

Soll		Haben	
An Unkosten	Mk. 50 000	Per Waren	Mk. 70 000
„ Reingewinn . . .	„ 20 000		
	Mk. 70 000		Mk. 70 000

Das rechnerische Ergebnis ist trotz der doppelten Buchung der Abschreibungen in beiden Jahren das gleiche wie in Beispiel 1. Im Jahre 1919 ist die Abschreibung dem Geschäft zweimal belastet (Warenkonto und Gewinn- und Verlustkonto) und einmal erkannt.

[10]) Dr. Veit Simon bemängelt hier das Fehlen der rechtlichen Grundlage. Er übersieht dabei, daß es sich bei diesem Beispiel um eine der Praxis entnommene Abbuchung handelt, die wir selbst nicht billigen.

Sie wirkt also nur einmal. Soweit wäre die Buchung der Abschreibung in Ordnung. In das Jahr 1920 geht aber der um die Abschreibung nicht verminderte Warenwert über. Durch das Hinüberziehen der Abschreibungsbuchung von 1919 in das Jahr 1920 wird gewissermaßen der Warenwert zu Beginn des Jahres 1920 auf den abgeminderten Betrag gebracht; denn es ist rechnerisch gleichgültig, ob das Warenkonto mit 163 000 Mk. belastet und 25 250 Mk. erkannt wird, oder ob das Warenkonto nur für 137 750 Mk. belastet wird. Auch das wäre in der Ordnung. Dennoch ist diese Abschreibungsart buchtechnisch unrichtig, weil einer Lastschrift im Jahre 1919 nicht auch eine Gutschrift in gleicher Höhe und im gleichen Jahre gegenübersteht. Das muß einen Rechnungsdefekt verursachen, der im Bilanzkonto in die Erscheinung tritt. Bei Verwendung eines Abschlußbogens würde dieser Fehler sofort auftauchen. Zur einfachen Darstellung werden die nicht interessierenden Bilanzposten wieder mit 0 angesetzt.

Bilanz zum Beispiel 1.

Bilanz für 31. XII. 1919

Aktiva		Passiva	
Waren	Mk. 137 750	Kapital	Mk. 122 750
		Gewinn	„ 15 000
	Mk. 137 750		Mk. 137 750

Bilanz zum Beispiel 5.

Bilanz für 31. XII. 1919

Aktiva		Passiva	
Waren	Mk. 163 000	Kapital (wie oben) . .	Mk. 122 750
		Gewinn	„ 15 000
		Fehler	„ 25 250
	Mk. 163 000		Mk. 163 000

Aus all diesen Beispielen ist zu ersehen, daß die gesonderte Auszeigung der auf Waren vorgenommenen Abschreibungen in der Gewinn- und Verlustrechnung zwecklos, ja sogar falsch ist. Dem Steuerbeamten sei daher empfohlen, auf solche Gewinn- und Verlustrechnungen besonderes Augenmerk zu richten und sich stets die Warenaufnahme (Inventar) und das Warenkonto vorlegen zu lassen. Damit kann er feststellen, welche Wirkung die Abschreibung überhaupt hat.

Abschreibungen an Waren können schließlich noch durch Bildung eines Bewertungspostens unter den Passiven vorgenommen werden.

Für den abzuschreibenden Betrag wird das Warenkonto belastet (wie im Beispiel 5) und das Warenreservekonto oder Abschreibungskonto erkannt. Diese Abschreibung ist demnach aus der Gewinn- und Verlustrechnung nicht ersichtlich.

Beispiel 6.

Soll		Waren-Konto	Haben
1919			
An Bilanz (Vorrat 1. I.)	Mk. 100 000	Per Verschiedene (Verkf.)	Mk. 250 000
„ Verschiedene (Einkf.)	„ 212 750	„ Bilanz (Vorrat 31. XII.)	„ 163 000
„ Warenreserve-Konto	„ 25 250		
„ Verlust- u. Gew.-Konto	„ 75 000		
	Mk. 413 000		Mk. 413 000
1920			
An Bilanz (1. I.) . .	Mk. 163 000	Per Warenreserve . .	Mk. 25 250
„ Gewinn	„ 70 000	„ Verschiedene (Verkf.)	„ 207 750
	Mk. 233 000		Mk. 233 000

Soll		Warenreserve-Konto	Haben
1919			
An Bilanz	Mk. 25 250	Per Waren-Konto . . .	Mk. 25 250
	Mk. 25 250		Mk. 25 250
1920			
An Warenkonto	Mk. 25 250	Per Bilanz	Mk. 25 250

Soll		Gewinn- und Verlust-Konto 1919	Haben
An Unkosten	Mk. 60 000	Per Waren	Mk. 75 000
„ Reingewinn	„ 15 000		
	Mk. 75 000		Mk. 75 000

Aktiva		Bilanz für Ende 1919	Passiva
Waren	Mk. 163 000	Per Warenreserve-Konto	Mk. 25 250
		„ Kapital	„ 122 750
		„ Gewinn	„ 15 000
	Mk. 163 000		Mk. 163 000

Das Warenreservekonto gibt seinen Bestand vom 31. 12. 1919 an das Bilanzkonto ab. Im nächsten Jahre wird das Warenkonto mit dem unabgeminderten Betrage von 163 000 Mk. belastet. Bei ordnungsgemäßer Buchführung ist sofort das Warenreservekonto über Warenkonto wieder aufzulösen. Buchung: „Warenreservekonto an Warenkonto". Dadurch wird, wie in Beispiel 5, der zu hoch vorgetragene Warenvorrat auf seinen tatsächlichen Wert berichtigt.

Diese Buchung wird nun gerne unterlassen, wodurch der Gewinn des nächsten Jahres (1920) um den Abschreibungsbetrag zu niedrig ausgewiesen wird.

Soll		Waren-Konto	Haben
1920			
An Bilanz (Vorrat 1. I.)	Mk. 163 000	Per Verschied. (Verkäufe)	Mk. 207 750
„ Gewinn	„ 44 750		
	Mk. 207 750		Mk. 207 750

Sobald die Warenreserve im nächsten Jahre nicht wieder über Warenkonto aufgelöst wird, verwandelt sie sich von selbst aus einem Bewertungsposten, den es bei richtiger Dotierung im Jahre der Bildung zweifellos darstellt, in eine echte Reserve. Sie ist dann eine Kapitalansammlung über das im Kapitalkonto ausgewiesene Reinvermögen hinaus. Wird bei einem Steuerpflichtigen eine solche Sachbehandlung beobachtet, so ist die Annahme berechtigt, daß mit der Reservestellung nicht die richtige Bewertung der Warenvorräte, sondern die Bildung einer echten Reserve erreicht werden will. In diesem Falle ist vom steuerrechtlichen Standpunkte aus die Zuweisung an die Warenreserve dem Gewinne wieder zuzusetzen. In richtiger Beurteilung der Sachlage führen deshalb unredliche Steuerzahler die Warenreserve in der Bilanz nicht namentlich auf, sondern verstecken sie in die Summe der Kreditoren. Hier haben wir den Fall, daß die Form der Abschreibung einen Einfluß auf den Gewinn hat.

Dieses Verfahren wird auch zur Bildung anderer Reserven, deren Existenz z. B. der Steuerbehörde gegenüber verheimlicht werden soll, angewandt.

Was hier vom Warenkonto gesagt wurde, das gilt auch vom Fabrikationskonto einer Fabrik und vom Effektenkonto einer Bank.

Bei Bücherprüfungen ist auf solche Verschleierungen ein besonderes Augenmerk zu richten, wobei es sich empfiehlt, die Kreditorenliste, die letzten und die ersten Buchungen auf den erwähnten Konten genau anzusehen; meist werden solche nicht ganz einwandfreie Buchungen erst beim Jahresabschluß gemacht, mitunter aber auch schon während des Jahres. In diesem Falle werden sie gerne gelegentlich des Monatsabschlusses (Probebilanz) vorgenommen, weshalb auf solche summarische Monatsbuchungen zu achten ist.

Gewinne werden auch dadurch gekürzt, daß man dem Geschäft beispielsweise 50 000 Mk. Bargeld entzieht, und, um den Vorgang zu verdecken, dem Warenkonto den Betrag von 50 000 Mk. unter irgendeinem Namen oder unter dem Vortrag „Gelegenheitskauf" belastet. Das Kassakonto wird ordnungsgemäß für die 50 000 Mk. erkannt.

Das scheint auf den ersten Blick ganz in Ordnung zu sein. Die dem Warenkonto belasteten Waren sind aber nicht vorhanden und bei der Aufnahme des Inventars fehlt ihr Wert. Wären sie in das Geschäft hereingekommen, so müßte beim Abschluß ihr Wert dem Warenkonto gutgeschrieben werden, wodurch sich der Bruttogewinn um diesen Wert höher stellen würde.

Auf diese Weise ist der Betrag dem Geschäft entzogen, ohne daß es aus dem Privatkonto oder Kapitalkonto ersichtlich ist.

Bei der einfachen kaufmännischen Buchführung wird nur der um die Abschreibung gekürzte Warenwert in die Bilanz eingestellt; damit ist die Abschreibung buchtechnisch richtig durchgeführt. Sie wird, wie bei den Abschreibungen auf Außenstände, mittelbar aber ausreichend durch das Kapitalkonto festgehalten.

Werden auf diese Weise zu große prozentuale Abschreibungen vorgenommen, so verringern sie das „reine Geschäftsvermögen" und kürzen dadurch den Gewinn des Bilanzjahres. Bei Veräußerung der Waren im nächsten Jahre zu einem günstigen Preise tritt die Abschreibung vom Vorjahre wieder in dem höher gewordenen „reinen Geschäftsvermögen" als Gewinn in die Erscheinung und wird dadurch ein Jahr später von der Steuer erfaßt.

Wird ein Wertansatz für Warenvorräte vom Steuerausschusse beanstandet und dem Gewinne zugesetzt, weil ein zu großer Betrag am Lager abgeschrieben erschien, so ist der Steuerpflichtige berechtigt, den gleichen Betrag im nächsten Jahre — aber auch nur im nächsten Jahre, nicht in einem der nächsten Jahre — am bilanzmäßig ausgewiesenen Gewinne wieder abzusetzen. Hierfür ein Beispiel:

Der Steuerpflichtige bewertet seine Warenvorräte Ende 1920 mit 68 000 Mk., erkennt also Ende 1920 sein Warenkonto mit 68 000 Mk. und belastet es bei der Eröffnungsbuchung im nächsten Jahre mit 68 000 Mk. Der Steuerausschuß mißt den Warenvorräten einen Wert von 80 000 Mk. bei und setzt dementsprechend den Gewinn 1920 um 12 000 Mk. hinauf.

Wollte nun der Steuerzahler dieser Höherbewertung seiner Vorräte in seinen Büchern Rechnung tragen, so müßte er sein Warenkonto im Jahre 1921 nicht für 68 000 Mk., sondern für 80 000 Mk. Warenwert belasten. Sein Aufwand für Waren wäre dadurch um 12 000 Mk. höher und deshalb der am Jahresschlusse sich ergebende Bruttogewinn um 12 000 Mk. kleiner. Da diese 12 000 Mk. aber schon als Gewinn des Jahres 1920 von der Steuer erfaßt wurden, dürfen sie, wenn sie im Jahre 1921 bücherlich in die Erscheinung treten, nicht noch einmal versteuert werden. Die Absetzung am Bilanzgewinn ist deshalb berechtigt.

Um die Wirkung der Abschreibungen auf Waren augenfällig hervorzuheben, sind in den nachfolgenden Bilanzbeispielen in den Jahren 1918—1920 das eine Mal an Waren 20 % abgeschrieben, das andere Mal keine Abschreibungen gemacht. Im Jahre 1921 wurden in beiden Fällen keine Abschreibungen vorgenommen. Der Deutlichkeit halber wurden die übrigen Aktiven und Passiven mit 0 angesetzt. Die Gewinne werden vom Inhaber nicht entnommen, sondern bleiben im Geschäft.

20 % Abschreibung auf Waren.				keine Abschreibung auf Waren.			
I. Bilanz 1918				**Bilanz 1918**			
Waren		Kapital . .	100 000	Waren . .	250 000	Kapital . .	100 000
250 000		Gewinn . .	100 000			Gewinn . .	150 000
— 50 000 Abschr. (erstm.)	200 000						
	200 000		200 000		250 000		250 000
II. Bilanz 1919				**Bilanz 1919**			
Waren . 440 000		Kapital . .	200 000	Waren . .	440 000	Kapital . .	250 000
— Abschr. 88 000		Gewinn . .	152 000			Gewinn . .	190 000
	352 000		352 000		440 000		440 000
III. Bilanz 1920				**Bilanz 1920**			
Waren . 450 000		Kapital . .	352 000	Waren . .	450 000	Kapital . .	440 000
— Abschr. 90 000		Gewinn . .	8 000			Gewinn . .	10 000
	360 000						
	360 000		360 000		450 000		450 000
IV. Bilanz 1921				**Bilanz 1921**			
Waren	630 000	Kapital . .	360 000	Waren . .	630 000	Kapital . .	450 000
(keine Abschr.)		Gewinn . .	270 000			Gewinn . .	180 000
	630 000		630 000		630 000		630 000

Was ergibt sich nun aus dieser Gegenüberstellung?

I.

Der Gewinn des Jahres 1918 ist durch die Abschreibung um deren vollen Betrag von 50 000 Mk. gedrückt.

Im Jahre 1919 ist der Gewinn durch die Abschreibung nur um 190 000 Mk. — 152 000 Mk. = 38 000 Mk. gedrückt, während die Abschreibung doch 88 000 Mk. betrug. Das hat darin seinen Grund, daß durch die Abschreibung von 1918 dem Warenkonto bei der Eröffnungsbuchung im Jahr 1919 ein um 50 000 Mk. kleinerer Betrag belastet wurde. Trotzdem nun im Jahre 1919 88 000 Mk. an den Waren abgeschrieben werden, wird der Gewinn nur um die Differenz zwischen der heurigen und der vorjährigen Abschreibung 88 000 Mk. — 50 000 Mk., d. i. 38 000 Mk. gedrückt. Im Jahre 1920 ist der Gewinn durch die Abschreibung um 10 000 Mk. — 8000 Mk. = 2000 Mk. gedrückt, während die Abschreibung 90 000 Mk .betrug.

Daraus folgt:

1. Das Zuviel an Abschreibungen ist dem Bilanzgewinne nur in demjenigen Jahre im vollen Betrage zuzurechnen, in welchem die zu hohe Abschreibung zum ersten Male erfolgte.

2. In späteren Jahren darf nur der Betrag dem Gewinne zugeschlagen werden, um den die zu hohe Abschreibung die vorjährige noch übersteigt.

War die zu hohe Abschreibung in beiden Jahren gleich, so beeinflußt die Unterbewertung den Gewinn des zweiten Jahres überhaupt nicht, war sie im Bilanzjahre niedriger als im Vorjahre, so ist die Differenz vom Bilanzgewinne sogar abzusetzen.[11])

II.

3. Die Summe der Gewinne der vier Geschäftsjahre beträgt nach der ersten Bilanzreihe

(100 000 + 152 000 + 8000 + 270 000) Mk. = 530 000 Mk.,

nach der zweiten Bilanzreihe

(150 000 + 190 000 + 10 000 + 180 000) Mk. = 530 000 Mk.

Daraus folgt, daß alle früheren Überabschreibungen wieder außer Wirkung gesetzt werden, wenn in einem Jahre (hier 1921) wieder eine richtige Bewertung der Waren erfolgt.

Wie schon bei den Abschreibungen auf Anlagewerte erörtert, wirkt also die Abschreibung auf Waren ganz anders als jene auf Anlagewerte. Das kommt daher, daß bei der Inventur die Warenbestände jedes Jahr, unabhängig von der Vorjahrsaufnahme, neu bewertet werden müssen. Es sind ja auch meist ganz andere Vorräte als die vor Jahresfrist vorhandenen. Bei den Anlagewerten hat man es aber in der Regel mit denselben Objekten zu tun.

---

[11]) Vgl. S. 88.

V. Abschreibungen in der Steuerbilanz.

Bei Aufstellung von Steuerbilanzen war es seither Grundsatz, daß von dem Buchwerte, wenn er den handelsrechtlichen Vorschriften gegenüber zu hoch oder zu niedrig ist, ganz abgesehen und die Bilanz in der Art geändert wurde, daß an Stelle des nichtzutreffenden Buchwertes der nach handelsrechtlichen Grundsätzen anzusetzende Wert zu Beginn des Geschäftsjahres ermittelt und angesetzt und diesem Wert der in gleicher Weise berechnete Wert am Ende des Geschäftszeitraums gegenübergestellt wurde.

Die im Vollzuge des Einkommensteuergesetzes voraussichtlich in Gebrauch kommenden Steuerbilanzen werden sich von den bisher in Preußen üblich gewesenen ganz wesentlich unterscheiden müssen. Das PrOVG. hat, entgegen der kaufmännischen Übung, die bei der Bilanzierung nur von den Anschaffungspreisen ausging, den „gemeinen Wert" als den nach handelsrechtlichen Vorschriften anzusetzenden Wert erklärt. Das kann künftig mit Rücksicht auf § 33a nicht mehr erfolgen. Der gemeine Wert scheidet in der Mehrzahl der Fälle aus. An seine Stelle tritt der Anschaffungs- oder Herstellungspreis, der sich von Jahr zu Jahr um die Absetzung für Abnützung mindert.

Der gemeine Wert spielt jetzt nur noch dann eine Rolle, wenn der Herstellungs- oder Anschaffungspreis, oder auch der um die jährlichen Absetzungen für Abnützung verminderte Anschaffungs- oder Herstellungspreis (= Buchwert) gegenüber dem gemeinen Wert immer noch zu hoch ist.

Waren die jährlichen Absetzungen den Verhältnissen entsprechend, so decken sich die für die Steuerbilanz in Rechnung zu stellenden Beträge mit den Buchwerten. Die Steuerbilanz ist überflüssig.

Waren die Absetzungen in früheren Jahren zu klein, so ist gleichfalls von den Buchwerten auszugehen, denn nur auf diese Weise können in früheren Jahren unterlassene, aber notwendig gewesene Abschreibungen nachgeholt werden. Auch für diesen Fall ist keine Steuerbilanz notwendig.

Nur wenn die Absetzungen für Abnützung und Wertminderung zu groß waren und von der Steuerbehörde nur teilweise zugelassen wurden, kommt die Steuerbilanz — mit der schon erwähnten grundsätzlichen Abweichung — wieder in ihre Rechte. In diesen Fällen wird der Buchwert mit dem Werte in der Steuerbilanz nicht mehr übereinstimmen. Es ist daher in späteren Jahren für die Bemessung der Abschreibung vom Steuerwerte auszugehen. Ist der Buchwert z. B. 1 Mk., der Steuerwert aber infolge Nichtanerkennung früherer Abschreibungen höher, so kann gleichwohl noch eine Abschreibung geltend gemacht werden, weil es sich hier um die Auflösung einer bereits versteuerten stillen Reserve handelt.

Doch wird auch hinsichtlich der mit 1 Mk. zu Buch stehenden Werten gegenüber, der bisherigen Steuerbilanz eine Änderung eintreten müssen.

Das Pr. Oberverwaltungsgericht hat nämlich bisher daran festgehalten, daß dem Steuerpflichtigen das Recht zustehe, die im Betriebsjahre eingetretenen Wertminderungen abzuschreiben ohne Rücksicht darauf, welche Beträge er schon früher auf einen Gegenstand abgeschrieben hat. Das hat dazu geführt, daß an Objekten, die ohnehin schon nur mehr mit 1 Mk. zu Buch standen, Jahre hindurch noch Abschreibungen mittels der Steuerbilanz mit Erfolg geltend gemacht werden konnten.

Diese Praxis wurde aber im Steuerausschusse der Nationalversammlung nicht gebilligt; der Unterstaatssekretär äußerte sich hierzu folgendermaßen (Ber. S. 84, Erler, Koppe S. 214):

> „Wenn das Pr. Oberverwaltungsgericht den Grundsatz aufgestellt hat, daß es lediglich auf die in dem betreffenden Jahre tatsächlich eingetretene Wertminderung ankomme, und daß nur in dieser Höhe eine Abschreibung für das betreffende Jahr zuzulassen sei, andererseits solche Abschreibungen aber auch ohne Rücksicht darauf anerkannt werden müssen, ob der Steuerpflichtige schon in früheren Jahren den fraglichen Gegenstand bis auf 1 Mk. oder sonst über Gebühr abgeschrieben habe, so sei diese Praxis unbedingt zu verwerfen."

Einen ähnlichen Standpunkt hat hiezu der Reichsfinanzhof in der Entsch. vom 16. Sept. 1919 (I A 54/19), StA. 1920, 69, eingenommen. Es stand zur Entscheidung, ob Abschreibungen an einem mit 1 Mk. zu Buch stehenden Konto durch Bildung eines Bewertungspostens unter den Passiven zulässig seien. Der Reichsfinanzhof verneinte dies und führte hiezu aus:

> „Das Passivkonto würde dann den Betrag darstellen, um den sich der Wert der Anlage vermindert hat. Im vorliegenden Falle ist aber in der der Veranlagung zugrunde gelegten Bilanz der Wertminderung der Anlage schon dadurch im vollen Umfang Rechnung getragen, daß der Wert der Öfen und Wannen nur zu 1 Mk. zu Buch steht; für die Einsetzung eines Passivkontos mit der Bedeutung einer Abschreibung bleibt bei dieser Bewertung der Anlage kein Raum mehr. Sie wäre vielmehr nur dann möglich gewesen, wenn der von der Beschwerdeführerin in ihrer Rechtsbeschwerde behauptete höhere Wert der Öfen auch in die Bilanz eingesetzt und der Steuerveranlagung zugrunde gelegt wäre. Da dies nicht geschehen ist, kann eine weitere Wertverminderung, als sie schon in der Abschreibung der Anlagen bis auf 1 Mk. erfolgt ist, nicht mehr in Betracht kommen. Bildet das Passivkonto sohin nicht eine Korrektur eines an sich zu hoch bewerteten Ansatzes der Aktiva, so kann es nur die Bedeutung

einer Kapitalansammlung haben, die von dem Gewinne des Geschäftsjahres zurückgehalten wird."

Bei 1 Mk.=Konten kommt hiernach die Steuerbilanz nur dann zur Anwendung, wenn für das betreffende 1 Mk.=Konto noch ein versteuerter Mehrwert aus früheren Geschäftsjahren vorhanden ist.

Nach Berliner (Bd. II S. 278) wurden bei der Aufstellung von Steuerbilanzen die von der Steuerbehörde als nicht angemessen erachteten und deshalb zum Abzuge am Gewinn nicht anerkannte Abschreibungsbeträge, d. s. also die „steuerlichen Mehrwerte" auf die Aktivseite der Steuerbilanz gesetzt. Zur bilanzmäßigen Ausgleichung ist auf der Passivseite der Betrag der schon versteuerten Abschreibungen zu setzen.

Z. B. auf Maschinen, deren Wert die Steuerbehörde für das Ende des Geschäftsjahres auf 300 000 Mk. festgestellt hatte, wurden 100 000 Mk. zuviel abgeschrieben, so daß sie nur mit 200 000 Mk. auf dem Maschinenkonto und in der Bilanz stehen. Als steuerlicher Mehrwert ist auf der Aktivseite der Steuerbilanz der Betrag von 100 000 Mk. einzustellen. Auf die Passivseite ist dagegen der Betrag der versteuerten Abschreibung mit 100 000 Mk. als Mehr=Kapital zu setzen.

Wenn nun im nächsten Jahre 10 000 Mk. Abschreibung auf die früheren steuerlichen Mehrwerte verrechnet und zugelassen werden, so ergibt sich folgendes Bilanzbild:

Geschäftsbilanz per 31. XII. 1920.

Verschiedene Aktiva .	Mk. 1 000 000	Verschiedene Passiva .	Mk. 900 000
		Geschäftsgewinn . .	„ 100 000
	Mk. 1 000 000		Mk. 1 000 000

Steuerbilanz per 31. XII. 1920.

Verschiedene Aktiva .	Mk. 1 000 000	Verschiedene Passiva .	Mk. 900 000
Steuerliche Mehrwerte	„ 90 000	Steuerliches Mehrkapital	„ 100 000
		Steuerbarer Gewinn .	„ 90 000
	Mk. 1 090 000		Mk. 1 090 000

Bei einer Abschreibung von weiteren 10 000 Mk. im darauffolgenden Jahre erhalten wir folgendes Bild:

Geschäftsbilanz per 31. XII. 1921.

Verschiedene Aktiva .	Mk. 1 100 000	Verschiedene Passiva .	Mk. 1 000 000
		Geschäftsgewinn . .	„ 100 000
	Mk. 1 100 000		Mk. 1 100 000

Steuerbilanz per 31. XII. 1921.

Verschiedene Aktiva .	Mk. 1 100 000	Verschiedene Passiva .	Mk. 1 000 000
Steuerliche Mehrwerte	„ 80 000	Steuerliches Mehrkapital	„ 90 000
		Steuerbarer Gewinn .	„ 90 000
	Mk. 1 180 000		Mk. 1 180 000

In der Gewinn- und Verlust-Rechnung wird der Geschäftsgewinn zerlegt in

a) versteuerte Abschreibung,
b) steuerbarer Gewinn.

Z. B. der Gewinn nach der Geschäftsbilanz per 31. 12. 1920 von 100 000 Mk. wird zerlegt in

a) versteuerte Abschreibung . . Mk. 10 000
b) steuerbarer Gewinn . . . . Mk. 90 000 - 100 000 Mk.

Der Betrag von 90 000 Mk. stimmt sonach mit dem steuerbaren Gewinn nach der Steuerbilanz per 31. 12. 1920 überein.

Die Abschreibung wird solange fortgesetzt, bis der steuerliche Mehrwert oder der Betrag der versteuerten Abschreibungen auf Null gesunken ist.

In der Steuerbilanz ist, wie die Beispiele zeigen, ein steuerbarer Gewinn ausgewiesen, der um die sukzessive Nachholung früher steuerlich nicht zugelassener Abschreibungen gekürzt ist. Auf diese Weise kommt der Steuerpflichtige zu seinem Recht, den nach Handelsrecht schon abgeschriebenen aber von der Steuerbehörde beanstandet und versteuerten Betrag auch steuerrechtlich abzuschreiben.

Wie unter § 1 schon erwähnt, werden diese versteuerten Abschreibungen nicht in den eigentlichen Geschäftsbüchern, sondern in einem besonderen Kontenbuch durchgeführt. Dieses Verfahren hat den Vorteil, daß die Geschäftsbücher und die Geschäftsbilanz von „steuerrechtlichen Fremdkörpern" frei bleiben und die Abschreibungen trotzdem buch- und bilanzmäßig festgehalten sind. Vgl. Berliner II S. 278 ff.; Fürnrohr, Bilanzbewertung und Steuerpflicht S. 9.

§ 11. Erneuerungs- oder Amortisationskonto.

Werden bei Aufstellung einer Bilanz die Aktiven nicht zu ihrem gegenwärtigen, sondern zu ihrem ursprünglichen Werte eingesetzt, so muß zu ihrer richtigen Bewertung ein Korrektiv- oder Bewertungsposten unter den Passiven aufgenommen werden, der Erneuerungs- oder Amortisationskonto genannt wird.

Das Erneuerungs- oder Amortisationskonto ist demnach ein Bewertungskonto in den Passiven der Bilanz. Für Aktiengesellschaften schreibt § 261 Ziffer 5 HGB. ausdrücklich vor, daß das Bewertungskonto unter die Passiva aufzunehmen ist.

Erweckt schon die Bezeichnung Erneuerungskonto nicht selten beim Nichtkaufmann eine falsche Vorstellung, so ist der häufig gebrauchte Name Erneuerungsfonds direkt irreführend. Denn es handelt sich, wie das Wort eigentlich sagt, nicht um die Ansammlung von Geschäftsmitteln, um daraus nach Bedarf ein Ersatzstück anschaffen zu können, sondern lediglich um einen Rechnungsposten, der den Wert der Aktiven richtigstellt.[1])

Sind die Zuweisungen an das Erneuerungskonto den wirklich eingetretenen Entwertungen entsprechend, so können sie steuerfrei erfolgen (§ 13 Ib, § 33a REinkStG.). Darüber hinausgehende Zuweisungen machen insoweit aus dem Bewertungskonto eine echte Reserve; solche Mehrzuweisungen sind Vermögensmehrung und daher steuerpflichtig (§§ 13, 15 REinkStG. u. § 8 KörperschStG.).

Das Erneuerungskonto erhält seine Zuweisungen (Dotierungen) über das Gewinn- und Verlustkonto. Das Gewinn- und Verlustkonto wird für die Zuweisungen belastet, das Erneuerungskonto erkannt. Dadurch kommt der Bestand und seine Zunahme ins „Haben", die Abnahme ins „Soll" des Erneuerungskontos.

Abnahmen ergeben sich bei Ersatzbeschaffungen für unbrauchbar gewordene Inventarstücke. Sind z. B. Werkzeuge, die für 10000 Mk. angeschafft und durch die Zuweisungen an das Erneuerungskonto auf 0 abgeschrieben wurden, nun völlig unbrauchbar und scheiden deshalb aus dem Betriebe aus, so wird das auch buchmäßig ersichtlich gemacht, indem das Werkzeugkonto für 10 000 Mk. erkannt und das Erneuerungskonto für 10 000 Mk. belastet wird. Durch diesen Buchungsvorgang wird der Gewinn nicht beeinflußt, weil der Vorfall nicht über das Gewinn- und Verlustkonto geht und weil in der Bilanz Aktiva und Passiva um den gleichen Betrag verringert werden. Wenn nun neue Werkzeuge gekauft werden, so wird etwa das Kassakonto für die geleistete Zahlung erkannt und das Werkzeugkonto für den Wert der angeschafften Werkzeuge belastet. In den folgenden Jahren können dann an dem Werte der neuen Werkzeuge die notwendig erachteten Abschreibungen durch Zuweisungen auf das Erneuerungskonto in der bisherigen Weise vorgenommen werden.

Ist der Wert der Ersatzstücke der gleiche, wie jener der ursprünglich vorhanden gewesenen, so kann man das Wergzeugkonto unverändert lassen und die Buchung nur zwischen dem die Mittel zur Erneuerung hergebenden aktiven (Kassa-)Konto und dem

---

[1]) Nach § 59a der Novelle zum REinkStG. dürfen nun Mehrkosten für Ersatzbeschaffung von Gegenständen des Anlagekapitals steuerfrei zurückgestellt werden. Diese Rückstellung wird aber praktischer nicht auf das Erneuerungskonto, sondern auf ein besonderes Konto — Ueberteuerungskonto — gebucht, vgl. § 9a.

Erneuerungskonto vornehmen. Das Erneuerungskonto erfährt dadurch eine Abnahme — wie im ersten Falle —, die Werkzeuge, die nachgeschafft wurden, stehen mit ihrem vollen Wert richtig zu Buch.

Beispiel I.

Werkzeug-Konto

Soll	Haben
1920	**1920**
1. I. An Bilanz . . . Mk. 10 000	31. XII. Per Erneuerungskonto . . . . Mk. 10 000
30. X. „ Kassa . . . „ 10 000	

Erneuerungs-Konto

Soll	Haben
1920	**1920**
31. XII. An Werkzeugkonto . . Mk. 10 000	1. I. Per Bilanz . . . Mk. 10 000

Kassa-Konto

Soll	Haben
. . . .	**1920** . . . .
. . . .	. . . .
. . . .	30. X. Werkzeugkonto . . Mk. 10 000

Beispiel II.

Werkzeug-Konto

Soll	Haben
1920	
1. I. An Bilanz . . . . Mk. 10 000	

Erneuerungs-Konto

Soll	Haben
1920	**1920**
30. X. An Kassakonto . . Mk. 10 000	1. I. Per Bilanz . . . Mk. 10 000

Kassa-Konto

Soll	Haben
An	**1920**
. . . .	Per . . . .
. . . .	. . . .
	30. X. Erneuerungskonto Mk. 10 000

Werden Ausgaben oder Verluste auf das Bewertungskonto übernommen, zu deren Tragung es nicht verpflichtet ist, z. B. Ausbesserungskosten durch Belastung des Erneuerungskontos an Kassakonto, so ist, weil dadurch das Jahreserträgnis nicht berührt wird, dieses noch um die Ausbesserungskosten zu kürzen. Ihnen gegenüber wird das Bewertungskonto also wie eine echte Reserve behandelt (Entsch. PrOVG. Bd. 4 S. 269; Bd. 9 S. 248; Bd. 15 S. 433).[2])

Eine Erneuerung kann nur aus aktiven Mitteln bestritten werden. Um den Betrag, um den durch die Anschaffung diese Mittel abnehmen, erhöhen sich die Aktiven durch den in Zugang gekommenen Wert des neu angeschafften Gegenstandes. Das Erneuerungskonto selbst bleibt durch diesen Geschäftsvorfall unberührt.

Das Erneuerungskonto wird gern dann eingeführt, wenn beträchtliche Werte in den (Fabrik-) Anlagen stecken, die die Buchführung jederzeit ausweisen soll.

Von dem hier besprochenen Amortisationskonto wesentlich verschieden ist ein Aktiv-Amortisationskonto, auch Prioritätentilgungskonto genannt, das z. B. in einer Bilanz dann erscheint, wenn eine Obligationsschuld aus Betriebsüberschüssen (Gewinn) teilweise getilgt wird, das Obligationskonto aber unverändert in seiner bisherigen Höhe belassen wurde (Maatz S. 272 Anm. 6).

§ 12. Delkredere- und Dubiosenkonto.

Das Delkrederekonto ist dazu bestimmt, den zur Zeit der Bilanzaufstellung bestehenden wirklichen Minderwert der auf der Aktivseite der Bilanz verzeichneten Forderungen zum Ausdruck zu bringen. Es stellt also den Wert von Forderungen (Debitoren) in den Büchern und in der Bilanz richtig. Diese Richtigstellung oder Wertberichtigung kann durch Wertminderungen veranlaßt sein, die ganz oder teilweise schon eingetreten sind oder die zum Ausgleiche zu befürchtender Verluste an unsicheren Forderungen nur veranschlagt werden. Im ersteren Falle bezeichnet das Konto den Verlust einer Forderung, im letzteren Falle dagegen den derzeitigen Minderwert, d. i. der zweifelhafte Teil, einer noch vorhandenen Forderung.

Die Wertberichtigung der Forderungen ist gesetzlich geboten durch die Vorschrift in § 40 Abs. 3 HGB. u. § 36 REinkStG.; hienach sind im Inventar u. Bilanz zweifelhafte Forderungen nach ihrem wahrscheinlichen Werte anzusetzen, uneinbringliche Forderungen aber abzuschreiben. Da die gewinnkürzende Wirkung die gleiche ist, wenn statt Erhöhung der Passiven die Aktiven vermindert werden, kann die Wertberichtigung entweder durch Abschreibung an den in den Aktiven stehenden Forderungen (Debitoren) ausgeglichen werden oder in der Weise geschehen, daß den in den Aktiven mit dem vollen Schuldbetrage eingesetzten Debitoren in den Passiven unter der Bezeichnung „Delkrederekonto" ein Gegenposten gegenübergestellt wird.

---

[2]) Vgl. Beispiel S. 122.

Wesentlich ist hiebei, daß der auf das Delkrederekonto überwiesene Betrag nicht diejenige Höhe übersteigt, die erforderlich ist, um den Nennbetrag der ausstehenden Forderungen auf den wirklichen Wert zur Zeit der Aufstellung des Inventars und der Bilanz herabzumindern.

Ist der zeitige Wert einer rechtlich noch bestehenden Forderung wegen ihrer Uneinbringlichkeit Null, so liegt eine handelsrechtlich und steuerrechtlich anzuerkennende Wertverminderung vor, die es rechtfertigt, in der Bilanz der auf der Aktivseite enthaltenen Forderungen einen entsprechenden Betrag unter den Passiven gegenüberzustellen (vgl. § 40 HGB.). Denn ein „effektiver" Verlust ist schon dann eingetreten, wenn der zeitige Wert der rechtlich noch im Bestande befindlichen Forderung wegen ihrer Uneinbringlichkeit Null ist; dieses aber ist stets dann anzunehmen, wenn die Möglichkeit der künftigen Realisierung eine so fernliegende ist, daß im Verkehrsleben mit ihr nicht mehr gerechnet wird (Entsch. d. Pr.-OVG. Bd. 5 S. 215, Bd. 1 S. 244).

Das Delkrederekonto ist seiner Natur nach ein Bewertungs- oder Berichtigungskonto. Es ist ein Ergänzungskonto zum Kontokorrentkonto. Es wird alljährlich neu bemessen und kommt nur bei der doppelten kaufmännischen Buchführung vor. Es ist nur ein Rechnungsbestandteil, der eigentlich dasselbe bedeutet wie die unmittelbare Abschreibung an den Aktiven. Der häufig gebrauchte Ausdruck „Fonds" ist irreführend, weil ja aktive Mittel an sich nicht vorhanden sind. Der Name Delkrederekonto ist von dem italienischen Wort del credere abgeleitet, das auf eine Selbstversicherung gegen Verluste an Forderungen hinweist.

Das Delkrederekonto gehört zu den Konten für Schuldteile. Sein Stand und seine Zunahme steht daher rechts, seine Abnahme links.

Von dem Delkrederekonto unterscheidet sich das Dubiosenkonto wesentlich. Während das Delkrederekonto, wie vorstehend ausgeführt, ein Bewertungskonto, also stets ein Passiv-Konto ist, ist das Dubiosenkonto ein Sammelkonto für unsichere, zweifelhafte Forderungen (Außenstände). Diese Forderungen werden damit nur aus dem Kontokorrentkonto ausgeschieden. Das Dubiosenkonto gehört sonach immer auf die Aktivseite der Bilanz. Dadurch trifft die Bilanz eine Ausscheidung in gute Forderungen und zweifelhafte Forderungen.

Die buchmäßige Behandlung des Delkrederekontos geschieht wie folgt:

Beispiel I.

Ein Geschäftsmann stellt bei der Inventur am Schlusse des ersten Geschäftsjahres fest, daß von seinen Debitoren im Buchwerte von 50000 Mk. nur 30000 Mk. eingehen werden. Er eröffnet daher in seinem Hauptbuche ein Delkrederekonto, das er mit 20 000 Mk. zu Lasten des Gewinn- und Verlustkontos erkennt. Hierauf wird das Delkrederekonto mit dem Bilanzkonto saldiert, desgleichen das Debitorenkonto mit dem Bilanzkonto. In der Bilanz steht nun dem Aktivposten „Debitoren 50 000 Mk.", unter den Passiven das Bewertungskonto „Delkrederekonto 20 000 Mk." gegenüber. Durch dieses Konto wird sonach der Bilanzgewinn oder Bilanzverlust mitbestimmt.

Soll	Debitoren-Konto	Haben
An Gesamtumsatz . . . 50 000 Mk.		Per Bilanz-Konto . . . 50 000 Mk.

Soll	Delkredere-Konto	Haben
An Bilanz-Konto . . . 20 000 Mk.		Per Gew.- u. Verl.-Konto 20 000 Mk.

Soll	Gewinn- und Verlust-Konto	Haben
An Delkredere-Konto . . 20 000 Mk.		. . . .

Soll	Bilanz-Konto	Haben
An Debitoren-Konto . . 50 000 Mk.		Per Delkredere-Konto . . 20 000 Mk.

Bei der Eröffnung der Bücher für das zweite Geschäftsjahr werden die Debitoren im unverkürzten Betrage von 50 000 Mk. auf das Debitorenkonto (Soll-Seite) übertragen, während das Delkrederekonto für seinen Bestand von 20 000 Mk. per Bilanzkonto erkannt wird.

Wenn nun in diesem zweiten Geschäftsjahre eine bisher zweifelhafte Forderung von 500 Mk. bei einem Konkurse ganz durchfällt, dann wird das betreffende Debitorenkonto für 500 Mk. erkannt (entlastet), wodurch es ausgeglichen ist, das Delkrederekonto dagegen für den gleichen Betrag belastet. Das Delkrederekonto wird also dadurch um den Betrag von 500 Mk. in seinem Bestande verringert.

Geht dagegen eine für uneinbringlich erachtete, zu Lasten des Gewinn- und Verlustkontos über das Delkrederekonto abgeschriebene Forderung von 500 Mk. ein, so wären diese 500 Mk. auch am Delkrederekonto abzubuchen und dem Gewinn- und Verlustkonto gutzuschreiben. In der Praxis werden aber solche Eingänge häufig nur dem Debitorenkonto gutgeschrieben und das Delkredere- und Gewinn- und Verlustkonto unverändert gelassen. Dadurch wird eine Überbewertung des Delkrederekontos geschaffen, die eine stille Reserve darstellt.

Im vorstehenden Beispiel I hat der Kaufmann nicht festgestellt, wie viel bei jeder einzelnen Forderung zweifelhaft ist, er hat vielmehr hiefür auf Grund allgemeiner und seiner besonderen Erfahrungen einen gewissen Betrag angenommen.

Anders ist es im folgenden Beispiel II:

Die Forderungen:

Georg Huber in Passau mit 10 000 Mk. und
Johann Meier in München „ 10 000 Mk.

in Summe 20 000 Mk.

wurden zweifelhaft, weil die beiden Schuldner in Konkurs geraten sind. Diese Forderungen sind daher nur noch mit 70% der Buchwerte zu bewerten. Da aber die Konten der Schuldner weitergeführt werden und die Forderungen mit ihrem ganzen Betrage unter den Aktiven der Bilanz erscheinen sollen, ist für den Minderwert ein Delkrederekonto zu bilden.

In diesem Falle hat die buchmäßige Behandlung wie folgt zu geschehen.

Mit dem Betrage des Minderwerts der Forderungen wird das Gewinn- und Verlustkonto belastet und das Delkrederekonto erkannt.

Soll **Gewinn- und Verlust-Konto** Haben

		Mk.	Pf.		Mk.	Pf.
31. XII. 1916	An Delkredere-Konto . .	6000	—			

Soll **Delkredere-Konto** Haben

		Mk.	Pf.		Mk.	Pf.
				Per Gewinn- und Verlust-Konto	6000	—

Beim Bücherabschlusse wird das Delkrederekonto mit dem Bilanzkonto ausgeglichen und bei der Eröffnung der Bücher für das folgende Geschäftsjahr ihm der Bestand wieder gutgeschrieben.

In der Abschlußbilanz erscheinen nun, vorausgesetzt, daß weitere Außenstände nicht vorhanden sind, auf der Aktivseite unter den Debitoren 20 000 Mk., auf der Passivseite als Delkredere 6000 Mk. Dadurch ist der am Bilanzstichtage bestehende Minderwert der Außenstände ausgewiesen.

Wenn nun im folgenden Jahre beim Konkurse die beiden Forderungen mit 70% zum Zuge kommen, die bezahlt wurden, und 30% ausfallen, dann sind folgende Buchungen veranlaßt.

Die Konten der Schuldner Huber und Meier werden für die eingegangenen Beträge erkannt, das Kassakonto belastet. Die uneinbringlichen Restbeträge (30%) werden den Konten Huber und Meier zu Lasten des Delkrederekontos erkannt, wodurch die Konten Huber und Meier, wenn ihnen nicht noch im laufenden Geschäftsjahre neue Beträge belastet werden, ausgeglichen sind und unter den Aktiven der Bilanz nicht mehr erscheinen.

Soll	Georg Huber in Passau		Haben
31. XII. 17 An Bilanzkonto (Buchwert d. Fordg.)	Mk. 10 000	Per Kassa (Barzahlung aus der Konkursmasse) . .	Mk. 7 000
		Per Delkredere	„ 3 000
	Mk. 10 000		Mk. 10 000

Soll	Johann Meier in München		Haben
An Bilanz-Konto . . .	Mk. 10 000	Per Kassa (Barzahlung aus der Konkursmasse) . .	Mk. 7 000
		Per Delkredere	„ 3 000
	Mk. 10 000		Mk. 10 000

Soll	Delkredere-Konto		Haben
An Georg Huber in Passau	Mk. 3000	Per Bilanz	Mk. 6000
„ Joh. Meier in München	„ 3000		
	Mk. 6000		Mk. 6000

Das Delkrederekonto ist nun ausgeglichen. Da ihm im Laufe des Geschäftsjahrs 1917 nicht neue Beträge gutgeschrieben wurden, so erscheint es unter den Passiven der Bilanz für 1917 nicht mehr.

Das **Dubiosenkonto entsteht dadurch**, daß von der Summe der Außenstände (Debitoren) die zweifelhaften (dubiosen) ausgeschieden und auf einem gesonderten Konto, dem Konto dubio ausgewiesen werden. In der Bilanz sind dann die Außenstände zerlegt in gute, voll einbringliche (debitoren) und zweifelhafte (dubiosa). Buchmäßig erfolgt das in der Weise, daß dem Debitorenkonto der Betrag der zweifelhaften Außenstände gutgeschrieben und dem Dubiosenkonto belastet wird. Gehen solche Forderungen später ein, dann ist der eingegangene Betrag statt dem Debitorenkonto dem Dubiosenkonto gutzuschreiben (Kassa belastet). Sind dagegen solche Forderungen abzuschreiben, so sind sie dem

Delkrederekonto zu belasten und dem Dubiosenkonto gutzuschreiben.

Da das Konto dubio den Bilanzgewinn unbeeinflußt läßt, so ist dieses steuerrechtlich ohne Bedeutung im Gegensatz zum Delkrederekonto, das vom steuerrechtlichen Standpunkte aus genau zu beachten ist, wie die nachstehenden Ausführungen zeigen werden.

Die Bedeutung des Konto dubio ist aber vom privatwirtschaftlichen Standpunkt aus sehr groß, denn ein hohes Konto dieses Namens kann den Kredit des Unternehmens fragwürdig machen.

Die jährlichen Zuweisungen zum Delkrederekonto sind steuerfrei,

a) wenn sie die ganze oder teilweise Abschreibung von verlorenen, auf der Aktivseite mit dem Nennwerte stehenden Forderungen bezwecken, oder

b) wenn mit den zugewiesenen Beträgen der Wert der ebenfalls auf der Aktivseite mit dem Nennwert stehenden Forderungen wegen des am Bilanzstichtage bestehenden Minderwertes richtig gestellt wird.

In dieser Hinsicht hat sich gegenüber dem seitherigen Steuerrecht nichts geändert. Die Steuerfreiheit stützt sich bei natürlichen Personen neben § 36 REinkStG. auf § 33 Abs. 2 REink.-StG. und bei juristischen Personen auf § 9 des Körpersch.-StG. in Verbindung mit §§ 33 Abs. 2 und 36 REinkStG. Der § 33 Abs. 2 des REinkStG. bestimmt, daß bei Steuerpflichtigen, die Geschäftsbücher nach den Vorschriften des Handelsgesetzbuches führen, der Geschäftsgewinn unter Beachtung der Vorschriften des § 15 des REinkStG. nach den Grundsätzen, wie sie für die Inventur und Bilanz durch das Handelsgesetzbuch vorgeschrieben sind, zu berechnen ist. Die Frage, wie Forderungen für die Steuer zu bewerten sind, ist für den bücherführenden Kaufmann nach dem Handelsrecht zu beantworten. Für den Einzelkaufmann und der einfachen Gesellschaft ist also § 40, für die Aktiengesellschaft § 261 HGB. maßgebend.

Hienach sind Vermögensgegenstände (z. B. Forderungen) nach dem Werte anzusetzen, der ihnen am Bilanzstichtage beizulegen ist. Zweifelhafte Forderungen sind nach ihrem wahrscheinlichen Werte anzusetzen, uneinbringliche Forderungen abzuschreiben.

Gewinnausfälle, die sich im Vollzuge dieser handelsrechtlichen Vorschrift ergeben, sind auch steuerrechtlich anzuerkennen. In diesem Umfange zu Lasten der Gewinn- und Verlustrechnung vorgenommene Zuweisungen an ein Delkrederekonto für ganz oder teilweise verlorene oder wahrscheinlich verlorene Außenstände sind demnach als Werbungskosten anzuerkennen und somit von der Steuer frei zu lassen.

Dem steht auch der Umstand nicht entgegen, daß im übrigen Rückstellungen für wahrscheinliche Betriebsverluste, wie sie in Art. 12 Abs. 1 Ziffer 9 des bayerischen Einkommensteuergesetzes vorgesehen und zugelassen waren, nach Reichsrecht nicht mehr zulässig sind.

Die Bezeichnung Delkrederekonto wird häufig auch da angewendet, wo es sich gar nicht oder nicht ausschließlich um Wertberichtigungen handelt. Es kommt z. B. vor, daß das Delkrederekonto höher dotiert wird als zur Ausgleichung der Wertminderungen notwendig ist; der Mehrbetrag ist also eine stille Reserve und demnach ein Bestandteil des gewerblichen Einkommens. Das gleiche ist der Fall, wenn die auf der linken Bilanzseite mittels Kürzung an den Aktiven (Debitoren) betätigten aktiven Abschreibungen als eine genügende bilanzmäßige Berücksichtigung der Wertminderungen anzusehen sind und sohin das Delkrederekonto auf der rechten Bilanzseite kein zum Ausgleiche der Wertvorträge bei den Aktiven bestimmter Wertberichtigungsposten, sondern ein als Kapitalansammlung in Betracht kommender steuerpflichtiger Bilanzposten ist.

Die Veranlagungsbehörden haben das Recht und die Pflicht, die Höhe der Überweisungen zum Delkrederefonds, ebenso wie diejenige aller Abschreibungen hinsichtlich ihrer Angemessenheit zu prüfen (Entsch. d. PrOVG. Bd. 4 S. 332). Allerdings wird bei den Abschreibungen auf ausstehende Forderungen, mögen sie durch die Bewertung der Forderungen selbst vorgenommen werden oder in der Form von Überweisungen zum Delkrederekonto erfolgen, der Natur der Sache nach häufiger den Angaben der Steuerpflichtigen gefolgt werden dürfen, als in sonstigen Fällen. Dies schließt aber die Prüfung, ob die Abschreibungen angemessen sind und dem wirklichen Werte der Forderungen entsprechen, nicht aus.

Die Veranlagungsbehörden können sich nie auf den Ausdruck Delkrederekonto allein verlassen,[2]) sie müssen vielmehr feststellen, ob ein Wertberichtigungsposten oder eine Reserve vorliegt, ob in der Bilanz die Debitoren mit dem Nennbetrage stehen oder ob bei ihnen schon eine Bewertung stattgefunden hat. Aus den Büchern kann man jedenfalls feststellen, wie die Debitoren in die Bilanz aufgenommen sind und ob danach noch Raum für ein Delkredere ist.

---

[2]) Das Delkredere-Konto und die Zuweisungen erscheinen in der Bilanz und in der Gewinn- und Verlust-Rechnung unter den verschiedensten Bezeichnungen, z. B. als Spezial-Reserve-Fonds (Delkredere), Dubiosi (auf der Sollseite des Gewinn- und Verlust-Kontos), Deckungsrücklage (Delkredere), Delkredere- und Garantiefonds, Rücklage für zweifelhafte Außenstände; auch kommt es vor, daß von der Delkredere-Reserve auf der Passivseite der Bilanz ein Betrag für uneinbringliche und zweifelhafte Forderungen abgesetzt wird.

Bis zu welcher Höhe das Delkrederekonto als angemessen zu erachten ist, ist nach der Natur der betreffenden Forderungen und der Person der Schuldner festzustellen; die Zuweisung zum Delkrederekonto muß in einem entsprechenden Verhältnisse zum Soll der Forderungen stehen. Erscheint die Abschreibung im Verhältnis zu dem Gesamtbetrage der Forderungen auffallend hoch und wird hiedurch schon allein die Vermutung begründet, daß es sich um eine außerordentliche, nicht abzugsfähige Abschreibung handelt, so ist es Sache des Steuerpflichtigen, diese Vermutung zu entkräften.[3]) Die uneinbringlichen und unsicheren Forderungen sind entweder im einzelnen zu bezeichnen oder es ist der Nachweis zu führen, daß nach den Erfahrungen in den früheren Geschäftsjahren ein gewisser Prozentsatz der ausstehenden Forderungen regelmäßig verloren zu gehen pflegt.

Zweckmäßig wird es auch sein, über die Höhe des nach den allgemeinen Erfahrungen zu schätzenden Betrages der Abschreibungen wegen Unsicherheit der Forderungen Sachverständige zu hören.

Bei der **einfachen kaufmännischen** Buchführung, bei der es ein Delkrederekonto nicht gibt, werden die Wertminderungen an Buchforderungen dadurch ausgeglichen, daß das Konto der betreffenden Schuldner beim Abschlusse der Bücher zunächst für den Betrag der Wertminderung erkannt und im Inventar unter den Außenständen nur der verbleibende Saldo mitgezählt wird. (Das ist der Saldo, der vor dem Abschlusse des Kontos auf der rechten Seite steht; steht vor dem Abschlusse der Saldo auf der linken Seite des Kontos, dann liegen keine Debitoren, sondern Kreditoren vor.)

Im folgenden Jahre wird der Schuldner nur für diesen Saldo belastet. Um jederzeit die Höhe der hiedurch gänzlich unberührten rechtlichen Zahlungspflicht zu ersehen, wird bei dem Konto des betreffenden Schuldners eine entsprechende Vormerkung zu machen sein.

Durch Einrechnung des um den Betrag der Wertminderung verkleinerten Saldos in die Summen der Außenstände bleiben die Wertminderungen außer Besteuerung.

Bei der *einfachen* kaufmännischen Buchführung gibt es noch ein anderes Verfahren (vgl. § 10 Abschreibungen S. 124).

---

[3]) Die Beweislast trägt hier tatsächlich der Steuerpflichtige. Vgl. Mrozek, RAbgO. S. 593 Anm. 57. Hier heißt es: „Abschreibungen beruhen auf Bewertungen. Diese sind Schätzungen, also Urteile, die der Steuerpflichtige begründen muß, indem er die Tatsachen anführt, auf denen sich die Schätzung aufbaut. Soweit diese Tatsachen erweisbar sind, ist der Beweis zu erheben, für den Nachweis der Negative bleibt nur die eidesstattliche Versicherung übrig." Die von Herrn Dr. Veit Simon (Jurist. Wochenschr. 1921 Heft 2 S. 92) beliebte Anschauung, daß in obigem Falle die Beweislast nicht der Steuerpflichtige zu tragen habe, ist daher falsch.

§ 13. Dividendenkonto.

Über die zur Ausschüttung kommenden Dividenden wird eine eigene Rechnung geführt, die Dividendenkonto genannt wird. Sobald die Generalversammlung über die Höhe der für das maßgebende Geschäftsjahr zu verteilenden Dividende Beschluß gefaßt hat, wird das Dividendenkonto für den auszuzahlenden Betrag erkannt und das Gewinn- und Verlustkonto belastet. Weil Teile des Gewinnsaldos des Gewinn- und Verlustkontos auf das Dividendenkonto übertragen werden, ist es ein Zweigkonto des Gewinn- und Verlustkontos. Die nicht abgehobenen Dividenden sind im nächsten Jahre ein echtes Passivum der Gesellschaft, deshalb ist das Dividendenkonto ein Schuldkonto.

Nach Auszahlung der Dividenden wird das Dividendenkonto belastet, das Kassekonto dagegen erkannt.

Für seinen jeweiligen Bestand, d. h. die nicht abgehobenen Dividendenbeträge, wird das Dividendenkonto beim Abschlusse „an Bilanzkonto" belastet. Im neuen Jahre wird ihm der Bestand zu Lasten des Bilanzkontos wieder erkannt.

Für die Dividende eines Geschäftsjahres wird in jedem Jahre ein neues Konto eröffnet, damit man feststellen kann, ob und von welchem Jahre die Dividende etwa nicht abgefordert ist (Berliner I/149).

Verfallene Dividendenbeträge sind Gewinn der Gesellschaft und werden im allgemeinen dem Gewinn- und Verlustkonto erkannt, dem Dividendenkonto belastet. Sie rechnen zum steuerbaren Einkommen.

Ebenso sind Dividendenbeträge, die auf schon amortisierte und im Besitz der Gesellschaft verbliebene Aktien entfallen, bei der Gesellschaft steuerpflichtig, weil sie in deren Vermögen verbleiben. Werden diese in Reserve gestellt, so sind sie als echte steuerpflichtige Rücklage zu behandeln. Dagegen sind sie dann im Jahre der Verwendung steuerfrei (vgl. Entsch. d. PrOVG. Bd. 8 S. 175).

Oben wurde schon erwähnt, daß die dem Dividendenkonto bis zu ihrer Verausgabung gutgeschriebenen Beträge ein echtes Passivum der Gesellschaft sind. Wenn aber die Generalversammlung der Gesellschaft beschließt, die vorgeschlagene Dividende nicht zu verteilen, so ist eine Rückstellung in Höhe dieser Dividende eine echte steuerpflichtige Reserve. Auch die Überweisung verfallener Dividenden an den Reservefonds ist eine steuerpflichtige Reservezuweisung, weil sie aus den Überschüssen stammt; diese werden dadurch, daß eine bis dahin bestehende Schuld der Gesellschaft an die betreffenden Aktionäre untergeht, um den Betrag der Schuld größer (Entsch. d. BOK. Bd. 7 S. 96). Wurde diese Überweisung dem Reservekonto unmittelbar erkannt (Dividendenkonto belastet, Reservekonto erkannt), so ist der Gewinnsaldo der Gewinn- und Verlustrechnung um die Überweisung zu erhöhen.

Das Dividendenkonto ist nicht zu verwechseln mit dem Dividenden**reserve**konto, das in gewinnreichen Jahren zu dem Zwecke gebildet wird, um den Aktionären in schlechten Jahren die Verteilung der Dividende in einer gewissen Höhe zu sichern. Die jährlichen Zuweisungen zu diesem Konto sind echte steuerpflichtige Reserve, weil damit aus dem Gewinne ein Betrag im Vermögen der Gesellschaft für künftige Zwecke zurückbehalten wird.

Die Dividenden**reserve** erscheint in den Bilanzen der Aktiengesellschaften auch unter der Bezeichnung „Dividendenausgleichsfonds", „Gewinnreserve", „Dividendenergänzungsfonds".

Hier sind auch die sogenannten **Bauzinsen** oder Aktienzinsen zu erwähnen. Es sind dies Zinsen, die den Aktionären einer Aktiengesellschaft oder einer Kommanditgesellschaft auf Aktien für den Zeitraum, den die Vorbereitung des Unternehmens bis zum Anfange des vollen Betriebs erfordert, in bestimmter Höhe bedungen werden können (§§ 215 Abs. 2 u. 320 Abs. 3 HGB.), damit sie für diese Zeit eine Verzinsung ihres Kapitals haben.

Die Bauzinsen werden nicht den Überschüssen entnommen, sondern regelmäßig dem Baukonto belastet, weshalb sie den Gewinn nicht kürzen. Werden sie aber zu Lasten des Gewinns verausgabt, dann sind sie ebenso eine Gewinnverteilung wie die sogenannten Einlagezinsen der Gesellschafter der offenen Handelsgesellschaft (§ 121 HGB.), denn die Aktionäre erhalten die Bauzinsen nicht als Gläubiger, sondern als Mitglieder der Gesellschaft (vgl. Entsch. d. PrOVG. Bd. 7 S. 315, Bd. 9 S. 406, Bd. 11 S. 245, Bd. 8 S. 199).

§ 14. Transitorisches Konto, Antizipationskonto.[1])

Die in einem Geschäftsjahre eingegangenen oder erwachsenen Verpflichtungen oder die für ein Geschäftsjahr bestimmten Aufwendungen und die erzielten Erträge sollen in jenem Jahre verrechnet werden, dem sie wirtschaftlich angehören, ohne Rücksicht darauf, wann sie bezahlt wurden. Das gilt ebensowohl für Forderungen und Schulden wie für Aufwendungen und Erträge, die im Zeitpunkt der Bilanzaufstellung noch in Schwebe sind.

Als **Forderungen und Erträge** kommen beispielsweise in Betracht: Verdiente Werklöhne eines Handwerksmeisters, einer Lohnmälzerei, Lohnsiederei, die dem Auftraggeber noch nicht in Rechnung gestellt sind; verdiente Miet- oder Pachtzinse, die demnächst erst fällig werden, kleine Bestände an Marken in der Spesenkasse, an Verpackungs-, Heizungs-, Reklamematerial, die

[1]) Auch Interimskonto, Übergangskonto oder Konto à nuovo genannt.

dem abgelaufenen Jahre belastet sind, aber auch dem neuen Jahre noch zugute kommen, ferner im voraus entrichtete Mietzinse, Gehälter, Versicherungsprämien, auch Spesenvorschüsse an Reisende, Wechseldiskonte bei den Abschlußbuchungen.

All diese Beträge stellen Forderungen oder Werte dar und ihre Summe gehört zu den Aktiven der Bilanz; daher die Bezeichnung Aktivantizipation.

Als Schulden und Aufwendungen können gelten: Mietzins-, Gehälter-, Löhneschulden vom letzten Zahltage bis zum Bilanztage (z. B. vom 30. 4.—15. 5. [Bilanztag]), ferner Steuern für das Bilanzjahr (z. B. für 1. 1.—15. 5.), Versicherungsbeiträge für das Personal, Provisionsforderungen der Vertreter, Hypothekenzinsen vom letzten Zinstermin bis zum Bilanztag (z. B. vom 1. 4.—15. 5.).

Solche Verbindlichkeiten, die am Bilanztage wohl bestehen, aber noch nicht zur Zahlung fällig sind, stellen Geschäftsschulden dar. Man bezeichnet sie als Passivantizipationen. Sie sind auch steuerrechtlich anzuerkennen, soferne sie nicht, wie etwa die Steuern, für die Gewinnberechnung wieder auszuscheiden haben. Denn sie sind Schulden an das folgende Geschäftsjahr oder Bewertungsposten zur Darstellung des Reinvermögens.

Häufig findet man die aktiven und passiven Antizipationen gegeneinander abgeglichen und nur ihren Saldo in der Bilanz. Er ist in den Aktiven, wenn die Forderungen oder Erträge die Schulden oder Aufwendungen übersteigen; im umgekehrten Falle in den Passiven.

Soll Übergangs-Konto **Haben**

Soll		Haben	
An Miete-Konto (Vorausz.)	1 500 Mk.	Per Steuer-Konto . . . (rückst. Rate f. 1. I.—15. V.)	650 Mk.
„ Installationen-Konto . (Verdiente Löhne)	150 „	„ Provisionen-Konto . . (rückständig an Reisende)	790 „
„ Unkosten-Konto . . . (Bestand an Marken, Kisten, Packpapier)	830 „	„ Salaire und Löhne-Konto (für 30. IV.—15. V.)	1 200 „
„ Bilanz (Passivum) . .	160 „		
	2 640 Mk.		2 640 Mk.

Das Konto kam in der Weise zustande, daß die an den Hausbesitzer vorausgezahlten 1500 Mk. Miete, die bei Zahlung das Mietekonto belasteten, diesem wieder gutgeschrieben und dem Übergangskonto belastet wurden. Die verdienten aber noch nicht in Rechnung gestellten Installationsgebühren wurden dem Installationskonto gutgeschrieben und statt der Kundschaft dem Übergangskonto belastet. Der dem Unkostenkonto belastete Aufwand für Marken, Kisten usw. wird dem noch vorhandenen

Vorrat entsprechend dem Unkostenkonto wieder gutgeschrieben und dem Übergangskonto belastet.

Die noch nicht gezahlten Steuern werden dem Unkosten- oder Steuerkonto belastet und dem Übergangskonto (bei Barzahlung wären sie dem Kassakonto gutzuschreiben gewesen) gutgeschrieben.

Die noch geschuldeten Provisionen, Saläre und Löhne werden dem Provisionenkonto, Salär- und Löhnekonto belastet, dem Übergangskonto erkannt.

Im nächsten Jahre werden diese Spesen bei Bezahlung statt den betr. Konten dem Übergangskonto belastet.

Die vorausbezahlte Miete wird im nächsten Jahre dem Mietekonto, die geleistete Installationsarbeit dem Debitorenkonto, die Bestände an Marken usw. dem Unkostenkonto belastet und dem Übergangskonto gutgeschrieben, wodurch es schließlich ausgeglichen ist.

Rehm, Bilanzen, II. Auflage S. 67/70 gibt zu diesen Übergangsposten folgende Erklärung:

„Antizipationskonten und -posten erklären sich aus dem Grundsatze: Die in einem Geschäftsjahre verdiente, wenn auch noch nicht gezogene Einnahme und die durch die Geschäftstätigkeit eines Jahres verursachte, für das Geschäftsjahr zu entrichtende, in dem Geschäftsjahr entstandene, wenn auch nicht geleistete Ausgabe ist in diesem Geschäftsjahr auch bilanzmäßig zu berücksichtigen. Für die buchmäßige Durchführung dieser Erfolgsregulierung zwischen mehreren Geschäftsjahren ist es gleichgültig, wann die Forderung oder Schuld fällig wurde. Worauf es ankommt, das sind die Gegensätze: verdient und eingegangen; verursacht und bezahlt. Durch die Antizipationen soll nicht etwa eine Amortisation von Verlusten, sondern ein Erfolgsausgleich zwischen mehreren Wirtschaftsperioden geschaffen werden.“

In diesem Zusammenhange sei auch noch eine Ausführung des Reichsfinanzhofs vom 22. 5. 1919 Bd. 1 S. 119 über vorausbezahlte Steuern wiedergegeben, die die Antizipation klarstellt:

„Vom Standpunkt kaufmännischer Auffassung aus handelt es sich bei den Vorauszahlungen nach § 31 Abs. 4 KriegsstG. (1916) um Aktivantizipationen, deren Verbuchung unter den Aktiven der Bilanz aus der Erwägung heraus begründet erscheint, daß die vorausgeleistete Zahlung, im Grunde genommen, weil keine Verpflichtung dazu besteht, nicht schon eine Ausgabe der laufenden Buchperiode, sondern erst eine solche der oder einer der kommenden darstellt, und daher für die Bilanz von letzterer Buchungsperiode an erstere zu ersetzen ist. Dies geschieht nach der Regel der ordnungsmäßigen kaufmännischen Buchführung in der Weise, daß der vorausbezahlte Betrag, wenn er über Unkostenkonto abgebucht worden ist, dem Unkostenkonto zu Lasten des Bilanzkontos wieder gutgebracht wird, wodurch er auf der Soll-Seite der Bilanz als Aktivum erscheint."

Beispiel.

Soll	Unkosten		Haben
An		Per	
"		"	
" Kassa-Konto . . .		"	
für Kriegsstr. . .	Mk. 20 000	" Antizipations-Konto	Mk. 20 000

Soll	Antizipations-Konto		Haben
An Unkosten . . . . . (Vorauszahlung)	Mk. 20 000	Per Bilanz-Konto . . .	Mk. 20 000

Bilanz-Konto			
An Kassa		Per Kreditoren . . .	
" Wechsel			
" Waren			
" Antizipation . . .	Mk. 20 000		

Die Buchung kann, wie eigentlich oben beschrieben, auch unter Weglassung des Antizipationskontos direkt von „Unkosten an Bilanz" erfolgen. Dadurch kommt aber in die Bilanz ein Aktivum „Unkosten", das nicht ohne weiteres verständlich und deshalb vermieden wird.

§ 15. Agio- und Disagiokonto.

Gibt eine Gesellschaft zur Verstärkung ihrer Betriebsmittel Obligationen oder Pfandbriefe aus, so richtet sich die Möglichkeit der Unterbringung auf dem Geldmarkt einerseits nach der Fundierung und der Rentabilität der Gesellschaft, der besonderen Sicherheiten, die die Gesellschaft einzuräumen vermag und der Höhe der Verzinsung usw., andererseits nach der Flüssigkeit des Geldes und der allgemeinen wirtschaftlichen und politischen Lage. Je nach den Umständen wird die Emission über oder unter dem Nennbetrag (= pari) erfolgen können.

Werden die Obligationen oder Pfandbriefe auf dem Geldmarkte zu einem höheren als dem Nennbetrag, also **über pari** untergebracht, so hat die Gesellschaft einen Gewinn, den man Agio heißt. Rechnerisch ist das Agio die Differenz zwischen dem Nennbetrag und dem höheren Begebungskurs (über pari). Ist dagegen der Erlös aus der Begebung der Obligationen usw. niedriger als der Nennbetrag oder der höhere Rückzahlungsbetrag, so geschieht die Emission **unter pari**, es entsteht ein Mindererlös oder **Verlust**, den man Disagio oder Emissionsdisagio heißt. Dem Betrage nach ist das Disagio die Differenz zwischen dem Nennbetrage oder dem höheren Rückzahlungsbetrage und dem **niedrigeren** Begebungskurse.

a) Agiokonto.

Wirtschaftlich ist das Agio nicht als Gewinn desjenigen Jahres zu betrachten, in dem die Anleihe begeben wurde; er verteilt sich vielmehr auf die Anzahl von Jahren, für die die Anleihe begeben wurde. Der Agio-Gewinn wird deshalb auch buchmäßig nicht im Begebungsjahre voll herein genommen, sondern in der Weise auf die Anleihejahre verteilt, daß er zunächst auf dem Agiokonto festgehalten und dann Jahr für Jahr der entsprechende Anteil an diesem Gewinn dem laufenden Geschäftsgewinne zugeführt wird.

In den Geschäftsbüchern stellt sich der Vorgang in folgender Weise dar (das Emissionskonto wurde der deutlicheren Darstellung wegen ausgeschaltet):

Soll Kassa-Konto **Haben**

1920		**Mk.**			
1. VII.	An Obligations-Konto	110 000			

Soll Obligations-Konto **Haben**

1920		**Mk.**	**1920**		**Mk.**
1. VIII.	An Agio-Konto .	10 000	1. VII.	Per Kassa-Konto . .	110 000
31. XII.	„ Bilanz-Konto .	100 000			
		110 000			110 000
			1921		
			1. I.	Per Bilanz	100 000

Soll Agio-Konto **Haben**

1920		**Mk.**	**1920**		**Mk.**
31. XII.	An Bilanz	10 000	1. VIII.	Per Obligationskonto	10 000
		10 000			10 000
1921			**1921**		
31. XII.	An Gewinn u. Verlust	1 000	1. I.	Per Bilanz	10 000

Die Obligationsschuld der Gesellschaft beträgt jedoch nicht 110 000 Mk., sondern nur 100 000 Mk.; von dem mit 110 000 Mk. erkannten Obligationskonto waren daher 10 000 Mk. auf das

Agiokonto abzuspalten. Dabei ist wohl zu beachten, daß die Überweisung auf das Agiokonto nicht über das Gewinn- und Verlustkonto geht, daß also dadurch der Gewinn in keiner Weise beeinflußt wird. Es ist daher bei Feststellung des steuerbaren Gewinns der Bilanzgewinn um den Betrag von 10 000 Mk. zu erhöhen. Denn dadurch, daß das Agio in der Bilanz nicht als Reingewinn verrechnet wird, sondern unter einem Passivposten erscheint, verliert es die Eigenschaft des tatsächlichen, wirtschaftlichen und steuerrechtlich greifbaren Ertrags nicht. Ist die Obligationsschuld z. B. in zehn Jahren zurückzuzahlen, so werden jährlich 1000 Mk. vom Agiokonto abgebucht und dem Gewinn- und Verlustkonto gutgeschrieben. Dadurch wird natürlich der Gewinn des betreffenden Jahres um diesen Betrag erhöht. Weil aber die Bildung des Agiokontos für 1920 versteuert wurde, so ist die jährliche Gewinnzuführung oder Abschreibung am Agiokonto — im vorliegenden Beispiele 1000 Mk. für 1921 — steuerfrei. Ein Gewinnsaldo wäre daher im vorstehenden Beispiele um 1000 Mk. zu kürzen, ein Verlustsaldo dagegen um diesen Betrag zu erhöhen.

Wie das Buchungsbeispiel zeigt, wird das Agiokonto für seinen Bestand erkannt, wodurch es in der Bilanz unter den Passiven erscheint. Sein Bestand und seine Zunahme steht rechts, seine Abnahme links. Es dient nicht etwa der richtigen Bewertung irgend eines anderen Bilanzpostens, sondern bildet einen wirklichen Reservefond.

Dem Agiokonto werden auch die Gewinne gutgeschrieben, die eine Gesellschaft dadurch erzielt, daß sie ihre eigenen Obligationen *unter* pari zurückkauft. Solche Gewinne heißt man auch Disagiogewinne oder Rückkaufsdisagio. Hypothekenbanken haben gemäß § 25 des Hypothekenbankgesetzes vom 13. Juli 1899 diese Gewinne in erster Linie zur Verringerung eines etwaigen Pfandbrief-Disagios zu verwenden. Was zu diesem Zwecke nicht benötigt wird, ist Gewinn, der zur freien Verfügung steht. In der Praxis führen die Banken diese Gewinne gerne einem besonderen Reservekonto, dem Disagio*reserve*konto zu, das zur Deckung später etwa eintretender Emissionsverluste dient. Dieses Disagio*reserve*konto wurde nach der seitherigen steuerlichen Rechtsprechung als eine echte Reserve, und Überweisungen auf dasselbe als steuerpflichtig erklärt (Entsch. d. BOK. Bd. 6 S. 56, Bd. 7 S. 4, Bd. 13 S. 168; Entsch. d. PrOVG. Bd. 12 S. 298). An diesem Standpunkte wird auch unter der neuen Reichssteuergesetzgebung festzuhalten sein.

Nach der seitherigen steuerlichen Rechtsprechung ist auch das nach § 26 des Hypothekenbankgesetzes zurückgestellte *Pfandbriefemissionsagio* der Hypothekenbanken als ein *wirklicher* Reservefond erklärt worden und zwar nicht nur insoweit, als nach § 26 Satz 2 des genannten Gesetzes freigewordene Bruchteile in Betracht kommen, sondern auch in dem *ganzen* unter die Passiva der Bilanz eingestellten Agiobetrage (Entsch. d. BOK.

Bd. 7 S. 6/7, Bd. 15 S. 63; Entsch. d. PrOVG. Bd. 11 S. 204, Bd. 12 S. 299).

Vom Obligationen- oder Pfandbriefagio wesentlich verschieden ist das bei der ersten Ausgabe von Aktien oder bei der Erhöhung des Grundkapitals durch Ausgabe neuer Aktien zu einem höheren als dem Nennbetrage erzielte Agio. Dieses Aktienagio ist nach § 262 Ziff. 2 HGB. dem gesetzlichen Reservefond zuzuführen. Es ist als ein Teil der Kapitaleinlagen der Aktionäre anzusehen und gehört daher nicht zu den bei der Ermittelung des Geschäftsgewinns zu berücksichtigenden Einnahmen. Deshalb ist es nicht steuerpflichtig (Entsch. d. PrOVG. Bd. 10 S. 214). In früheren Entscheidungen hatte dieselbe Instanz den entgegengesetzten Standpunkt eingenommen (Bd. 4 S. 225).

Noch ein anderes Agio sei nebenbei erwähnt; es ist das durch die Umwechselung fremder Sorten gewonnene Aufgeld. Derartige Agiogewinne werden meistens dem Zinsen- oder Interessenkonto gutgeschrieben, und erscheinen dadurch als Teil des Geschäftsgewinns in der Gewinn- und Verlustrechnung. Mit dem Emissionsagiokonto hat es nichts zu tun.

b) Disagiokonto.

Der durch Disagio entstandene Verlust wird, obwohl es handelsrechtlich zulässig wäre (Rehm 223) nicht dem Begebungsjahre zur Last geschrieben, sondern bei teilweiser Tilgung der Anleihe auf jene Jahre verteilt, in denen ein Teilbetrag zurückbezahlt wird. Bei Rückzahlung der Anleiheschuld in einem Betrage wird er ganz dem Rückzahlungsjahr zur Last geschrieben. Das Disagio wird durch Verbuchung über Disagiokonto — auch Prioritätentilgungskonto genannt — festgehalten.

Für die begebenen Obligationen zu 100000 Mk. sind 95000 Mk. eingenommen worden. Die Kassa wurde für die 95000 Mk. belastet, das Emissionskonto für 95000 Mk. erkannt. Die Obligationsschuld beträgt aber nicht 95000 Mk., sondern 100000 Mk. Das Obligationskonto ist also zu Lasten des Emissionskontos für 100000 Mk. zu erkennen. Dadurch kommt die Obligationsschuld in die Passiven der Bilanz. Nun ist aber das Emissionskonto nicht ausgeglichen. Der durch das Disagio entstandene Verlust wird dem Emissionskonto gutgeschrieben und dem Disagiokonto belastet.

Soll — Kassa-Konto — Haben

1920		Mk.	
1. VII.	An Emissionskonto .	95000	

Soll — Emissions-Konto — Haben

1920	Mk.	1920	Mk.
1. VIII. An Obligationskonto	100 000	1. VII. Per Kassa-Konto . .	95 000
		31. XII. „ Disagio-Konto .	5 000
	100 000		100 000

Das Emissionskonto ist mit der Ausgabe der Anleihe erledigt.

Obligations-Konto

		1920	Mk.
		7. VIII. Per Emissionskonto	100 000

Soll — Disagio-Konto — Haben

1920	Mk.		
31. XII. An Emissionskonto	5000		

Wie die Buchungsbeispiele zeigen, wird das Disagiokonto für die Zuweisung und den Bestand belastet. Es kommt deshalb in die Bilanz unter die Aktiven. Im Gegensatz zum Agiokonto ist das Disagiokonto ein Wertberichtigungskonto. Es berichtigt den Zeitwert des Obligationskontos, denn die Gesellschaft muß die 100 000 Mk. erst bei Fälligkeit der Obligationen — vielleicht in 10 Jahren — zahlen; heute ist sie nur 95 000 Mk. schuldig.

Das Disagiokonto hat aber auch noch den Zweck, das bei Begebung einer Anleihe entstandene Disagio nicht schon im Begebungsjahre, sondern erst in jenen Jahren als Verlust erscheinen zu lassen, in denen die Obligationen ausgelost oder zurückgekauft werden. Der Verlust tritt ja auch erst ein in dem Zeitpunkte, in dem für ausgeloste oder zurückgezahlte Obligationen statt des bei der Emission erzielten Erlöses von z. B. 95 Mk. der Nennbetrag von 100 Mk. bezahlt werden muß.

Das Disagio kann man auch als vorausbezahlte Unkosten der auf längere Zeit erfolgten Geldbeschaffung ansprechen. Diese Vorauszahlungen sind in der Bilanz aktiviert (vgl. Übergangskonto). Werden durch jährliche Abschreibungen Tilgungen vorgenommen, so sind diese Abschreibungen am Disagiokonto steuerlich nicht zu beanstanden (PrOVG. Bd. 4 S. 236).

Das Disagio ist im Geschäftsbetriebe, z. B. einer Hypothekenbank, nicht Kapitalsverlust, sondern Betriebsverlust. Es kann daher auf keinen Fall früher als Verlust erscheinen, als in dem Jahre, in dem die Ursache hiefür, nämlich die Ausgabe der betreffenden Pfandbriefe unter pari eingetreten ist (BOK. Bd. 6 S. 58).

Nach § 25 des Hypothekenbankgesetzes vom 13. Juli 1899, RGBl. S. 375, ist es zulässig, daß bei Hypothekenbanken das Emissionsdisagio in dem Jahre der Pfandbriefausgabe nur mit einem Fünfteil und mit dem Reste erst in den folgenden vier Jahren abgeschrieben wird. Diese Vorschrift hindert aber nicht, daß das ganze Disagio sogleich im Jahre der Pfandbriefausgabe abgeschrieben wird. In diesem Falle ist auch steuerrechtlich die Abrechnung des ganzen Betrages des Disagios an dem Erträgnisse des Begebungsjahres nicht zu beanstanden (OVG. Bd. 6 S. 58).

Hat eine Gesellschaft nach Maßgabe der Anleihebedingungen nicht lediglich den Nennbetrag der Obligationen, sondern ein Aufgeld von beispielsweise 5% zurückzuzahlen — statt 1000 Mk.: 1050 Mk. —, so wird das Aufgeld als eine Verzinsung [1]) angesehen, die nur unter einer anderen Form gewährt wird. Auf die Bezeichnung der Vergütung (Provision, Damnum, Agio usw.) kommt es nicht an. Dieses Aufgeld zählt zu den abzugsfähigen Werbungskosten.

Es ist aber nur die Summe steuerfrei, die in dem laufenden Jahre wirklich bezahlt wurde. Beträge, die nicht das laufende Jahr betreffen, sondern auf ein sogenanntes Obligations-Agiotilgungskonto zurückgestellt worden sind, um für die Bedürfnisse späterer Jahre zu dienen, sind dagegen als Reservestellung steuerpflichtig (PrOVG. Bd. 3 S. 39, Bd. 10 S. 175, Bd. 15 S. 185, Bd. 17 S. 166).

Die steuerrechtliche Behandlung des Agio- und Disagiokontos wird unter der Geltung des Körperschaftssteuergesetzes zunächst den gleichen Weg gehen wie unter der Geltung der seitherigen Landessteuergesetze. Es sei denn, daß der Reichsfinanzhof in dem einen oder anderen Falle, z. B. hinsichtlich des Pfandbriefemissionsagios der Hypothekenbanken (§ 26 HypBankG.), dessen Besteuerung schon viel bekämpft wurde, einen anderen Standpunkt einnehmen wird als die seitherige Rechtsprechung.

§ 16. Avalkonto.

(Bürgschaftskonto.)

„Das Avalkonto führt unter Haben die Bürgschaftsverbindlichkeit, unter Soll den Regreßanspruch gegen den Hauptschuldner; es wird für Übernahme der Bürgschaft erkannt, mit dem Regreßanspruch gegen den Hauptschuldner belastet. In der Bilanz stehen dem Avalkonto der Passivseite die Avaldebitoren des Aktivums gegenüber“ (vgl. Rehm, Bil. 2. Aufl. S. 66).

Die Aufnahme in die Bilanz erfolgt häufig vor der Linie, wodurch der Bilanzabschluß in keiner Weise beeinflußt wird.

---

[1]) Das Aufgeld fällt unter den Begriff der „Schuldenzinsen“ (vgl. über diesen Begriff Entsch. d. PrOVG. Bd. 10 S. 175, 179; Bd. 15 S. 185).

Es kommt allerdings auch vor, daß dem Avalkonto, das auf der Passivseite der Bilanz in der Linie steht, auf der Aktivseite kein eigenes Avalkonto gegenübersteht, weil die Avaldebitoren unter den gewöhnlichen Debitoren enthalten sind. Der Steuerpflichtige hat dies aufzuklären. Denn die handelsrechtlichen Grundsätze verlangen, daß in der Bilanz nicht nur die Verpflichtungen, sondern auch die Rückgriffsrechte berücksichtigt werden. Überdies ist auch in § 174 Abs. 4 der Reichsabgabenordnung bestimmt, daß Verpflichtungen aus Bürgschaften, Gefälligkeitsakzepten u. dgl. in der Bilanz nur aufgeführt werden dürfen, wenn die Rückgriffsrechte berücksichtigt sind.

§ 17. Gewinnermittlung bei einfacher kaufmännischer Buchführung.

Da die Ermittelung des steuerbaren Einkommens eines Steuerpflichtigen mit einfacher kaufmännischer Buchführung meist viel schwieriger ist als mit doppelter kaufmännischer Buchführung, wird im nachstehenden Abschnitte auch die einfache kaufmännische Buchführung selbst zusammenfassend und eingehender behandelt. (Verschiedene Punkte wurden schon in den vorausgehenden Abschnitten gestreift.)

Wir halten dies um so notwendiger, als gerade die Gewinnermittlung bei einfacher kaufmännischer Buchführung in Wort und Schrift stiefmütterlich behandelt oder gar nicht erwähnt wird. Wie notwendig aber gerade über dieses Gebiet eine aus den Erfahrungen der Praxis heraus gesammelte Darstellung sowohl für den Steuerpflichtigen als auch für den Steuertechniker ist, wissen wir nur zu gut.

I.

Bevor auf die kaufmännische Buchführung eingegangen wird, soll ein Vergleich zwischen der kameralistischen und der kaufmännischen Buchführung angestellt werden.

Die kameralistische Buchführung hat die Geldrechnungsmethode; sie verrechnet in der einfachsten Form nur Geldeinnahmen und -ausgaben. In der erweiterten Form werden periodisch auch einzelne oder sämtliche Teile des Anfangsvermögens mit denen des Endvermögens verglichen. Sie verzeichnet

a) die tatsächlichen Vorgänge unter Beziehung auf die stattgehabte Anordnung, die Zweckmäßigkeit oder Pflichtmäßigkeit (Gesetz, Voranschlag, Etats, Beschlüsse);
b) die Menge der zu- und abgegangenen Güter;
c) den Sollbestand sowie den wirklichen Bestand nach seiner Menge.[1])

Die kaufmännische Buchführung hat dagegen die Vermögensrechnungsmethode. Hier spielt nicht wie bei der

---

[1]) Berliner S. 11.

kameralistischen Buchführung das Geld den alleinigen oder wichtigsten Gegenstand der Vermögensrechnung; es haben vielmehr alle sonstigen Güter (Waren usw.) die gleiche Bedeutung wie das Geld. Dem Kaufmann ist die Ware sogar häufig viel wichtiger. Bei der kaufmännischen Buchführung sollen auf Grund der Feststellung des Anfangsvermögens die fortlaufenden Zu- und Abgänge des Vermögens, geordnet nach einzelnen Vermögensteilen, verrechnet werden. Der wirtschaftliche Erfolg, Gewinn oder Verlust, wird durch Vergleichung des durch Bestandsaufnahme (Inventur) festgestellten wirklichen Vermögens mit dem durch Rechnung fortgeführten buchmäßigen Vermögen festgestellt. Sie verzeichnet:

a) die tatsächlichen Vorgänge (Geschäftsvorfälle),
b) Menge und Wert des Zugangs und Abgangs,
c) den Sollbestand nach seiner Menge (Buchbestand),
d) den wirklichen Bestand nach Menge und Wert (lt. Inventar),
e) ob und um wieviel sich das Vermögen vergrößert oder verkleinert hat.[1])

II.

Die wichtigsten Bücher der einfachen kaufmännischen Buchführung sind:

1. Das Inventurbuch (Inventarienbuch).

Es enthält, wie bei der doppelten Buchführung, das Inventar, d. i. die Aufstellung über Vermögen und Schulden am Inventurtage. Dieses Inventar ist die Grundlage und der Ausgangspunkt jeder kaufmännischen Buchführung.

Bei Eröffnung eines neuen Geschäfts oder auch bei Einrichtung einer geordneten Buchführung in einem schon bestehenden Geschäft ist daher, bevor irgendein Eintrag in ein Geschäftsbuch vorgenommen wird, im Inventurbuche der Stand der Aktiven und Passiven, wie er durch die Inventur festgestellt wurde, einzutragen. Diese Eröffnungsinventur, auch Eingangsinventur oder erstes Inventar genannt, bildet den Angelpunkt für die Gewinnberechnung. Ohne sie ist die Buchführung, mag sie sonst noch so genau geführt sein, unvollständig.

Das erste Inventar hat folgende Form:

Inventar,
aufgenommen am 1. Januar 1916.

I. Aktiva.

1. Kasse	500 Mk.
2. Waren	10 000 „
3. Utensilien (Handlungsgeräte)	1 500 „
4. Debitoren (Buchforderungen)	5 000 „
Summe der Aktiva	17 000 Mk.

[1]) Berliner S. 11.

II. Passiva.

5. Kreditoren (Buchschulden)

Ernst Eckstein, Altdorf . .	500 Mk.	
Robert Meier, München . .	1 000 „	
Summe der Passiva		1 500 Mk.

Abgleichung:

Aktiva	17 000 Mk.
Passiva	1 500 „
Reines Vermögen . .	15 500 Mk.

2. Die Kladde oder Strazze (Schmierbuch).

In der Kladde werden alle Geschäftsvorfälle, also Zeit- und Bargeschäfte, verzeichnet, wie sie tagsüber anfallen.

Zeitgeschäfte sind Geschäfte (Warenein- oder -verkauf) auf Ziel. Bargeschäfte sind Geschäfte gegen Kasse nach dem Grundsatze: Leistung und Gegenleistung hebt sich auf (für 300 Mk. Bargeld bekomme ich Waren im Werte von 300 Mk.). Aus der Kladde heraus werden die Geschäftsvorfälle grundgebucht und zwar die Zeitgeschäfte im Tagebuch (Memorial) und die Bargeschäfte im Kassabuch. Grundbücher sind also das Kassabuch und das Tagebuch, auch Memorial (die Bezeichnung Journal ist falsch), genannt.

3. Das Tagebuch (Memorial). Die in das Tagebuch einzuschreibenden Zeitgeschäfte werden so gebucht, wie sie anfallen, nicht gruppiert nach Soll- und Haben-Posten. Es wird nicht abgeschlossen.

4. Kassabuch. Die baren Einnahmen kommen auf die linke Seite des Kassabuches, die baren Ausgaben auf die rechte Seite und zwar wie beim Tagebuch so wie sie anfallen.

Aus den Grundbüchern erfolgt dann die Übertragung jener Posten, **die ein Schuldverhältnis begründen oder verändern**, in das Hauptbuch. Bei der einfachen kaufm. Buchführung werden demnach nicht alle Einträge, die sich im Kassabuch befinden, in das Hauptbuch übertragen. Praktisch werden deshalb jene Posten, die ins Hauptbuch kommen müssen, schon durch eine besondere Abfassung — einen besonderen Buchungssatz — erkenntlich gemacht. Man bezeichnet diese Posten als Kassaposten; während jene Einträge des Kassabuchs, die bei der einfachen kaufm. Buchführung das Hauptbuch nicht berühren, z. B. Miete, Löhne, Steuern, Handlungsunkosten, Barverkäufe usw., Kassa**notizen** heißen.

5. Das Hauptbuch (Kontokorrentbuch).

Das Hauptbuch der einfachen Buchführung enthält nur Personenkonti. Wie schon erwähnt, erfolgt die Eintragung in das Hauptbuch aus den Grundbüchern (Kassabuch, Memorial). Es ist Grundsatz, daß in das Hauptbuch kein Eintrag kommt, der nicht in einem Grundbuch steht. Die Konten unserer Geschäftsfreunde im Hauptbuch lassen sich in zwei Gruppen teilen, nämlich in die Konten für die Lieferanten (Kreditoren) und für die Kunden (Debitoren). Konten, in denen im Soll von „Waren" oder „Faktura" die Rede ist, sind unsere Kunden (sie „sollen zahlen" für empfangene Waren), Konten, in denen im Haben von Waren oder „Faktura" die Rede ist, sind unsere Lieferanten (sie „haben gut" für uns gelieferte Waren). Werden einem unserer Kunden bestellte Waren geliefert, so wird der Kunde für den Wert der Sendung (im Soll) belastet; nach Eingang seiner Zahlung wird er wieder (im Haben) entlastet, erkannt, kreditiert. Schickt uns ein Lieferant (Fabrikant) Ware, so wird ihm der Wert der Sendung auf seinem Konto gutgeschrieben, kreditiert, erkannt, in das „Haben" geschrieben; wird daraufhin an den Fabrikanten eine Zahlung geleistet, so wird ihm unsere Zahlung belastet, debitiert, ins „Soll" geschrieben.

Beim Abschluß ist jedes Konto im „Soll" und im „Haben" aufzuzählen. Der Unterschied zwischen „Soll" und „Haben" heißt Saldo. Er wird auf die Seite eingeschrieben, deren Summe die kleinere war. Nach Abschluß der Konten wird der Saldo als Saldovortrag auf der der Saldo-Seite gegenüberliegenden Seite vorgetragen.

6. Hilfsbücher oder Skontren.

Diese geben Aufschluß über Ein- und Ausgang je an Waren, Wechseln, Wertpapieren usw. und weisen somit den Bestand buchmäßig nach. Ein sehr notwendiges Hilfsbuch ist das Warenskontro (Warenlagerbuch, Ein- und Verkaufsbuch) und zwar um so mehr, als die Inventur des Warenlagers nicht alle Jahre gemacht werden muß. — Ausführliches hierüber unter § 8 Warenkonto.

III. Abschluß- und Gewinnfeststellung.

Am Ende einer Geschäftsperiode ist, wie bei der doppelten Buchführung, die Schlußinventur (das zweite Inventar) aufzunehmen. Da die einfache Buchführung keine Sachkonten kennt, braucht das Schlußinventar nicht durch die Abschlußbuchungen mit der Buchführung in Zusammenhang gebracht werden, wie das bei der doppelten Buchführung geschieht. Die Bücher werden nur durch Aufzählen und Saldieren abgeschlossen.

Auf Grund des Inventars wird die Bilanz aufgestellt. Während im Inventar die einzelnen Vermögensgegenstände und Schulden gesondert und ausführlich verzeichnet werden, werden in der Bilanz die betreffenden Gegenstände zu Gruppen zusammengezogen, wodurch die Zusammenstellung übersichtlich wird. Der Unterschied zwischen Aktiva und Passiva ist dann das reine Geschäftsvermögen.

Wenn kein Kapitalkonto geführt wird — wie das bei der einfachen Buchführung häufig der Fall ist —, so wird das im

Geschäft liegende Reinvermögen ausschließlich durch Inventur und Bilanz festgehalten. Dadurch gewinnen diese bei der einfachen Buchführung noch erhöhte Bedeutung, zumal die einfache kaufm. Buchführung nur die Vermögensbestandteile, nicht aber den Erfolg verrechnet; denn eine Gewinn- und Verlustrechnung gibt es nicht.

Bei der einfachen kaufmännischen Buchführung kann der Gewinn nur durch Abgleichung des im Inventar und in der Bilanz festgehaltenen, reinen Geschäftsvermögens mit dem nach der vorausgegangenen Schluß- oder Eröffnungsbilanz festgestellten reinen Geschäftsvermögen ermittelt werden.[2]) Das „Mehr" gegenüber dem Vorjahre ist Gewinn, das „Weniger" Verlust.

Hiebei sind aber zwei Umstände zu berücksichtigen.

Die Vermögensmehrung (-minderung) wird um die während der Geschäftsperiode dem Geschäft zu nicht geschäftlichen Zwecken (Lebensunterhalt, Privatkapitalsanlagen, Privatschuldentilgung)[3]) entzogenen Mittel gemindert und durch Zuführung (Einlagen) von Privatmitteln während des Jahres erhöht. Diesen Umständen ist bei der Gewinnermittelung Rechnung zu tragen, wie das nachfolgende Beispiel zeigt:

Reinvermögen nach der Inventur für 31. 12. 1920:		87 963 Mk.,
" " " " " 31. 12. 1919:		53 663 "
Vermögensmehrung im Laufe des Jahres 1920	=	34 300 Mk.
+ Privatentnahmen laut Kassebuch	+	12 000 "
		46 300 Mk.
Hiervon ab . . . . die dem Geschäftsinhaber aus einer Erbschaft im Laufe des Jahres 1920 angefallen sind und die er ausweislich seines Memorials und seines Effektenskontros in das Geschäft eingelegt hat.	—	6 000 "
Demnach Geschäftsgewinn		40 300 Mk.

Wegen Ermittelung des **steuerbaren** Geschäftsgewinns wird auf die Ausführungen über Bilanz in § 2 verwiesen.

Für die einfache kaufmännische Buchführung gilt für die Beantwortung der Frage, ob und wie ein Geschäftsvorfall den Geschäftsgewinn beeinflußt, das gleiche wie in den Ausführungen über Bilanz (§ 2 S. 23) allgemein klargelegt wurde. An Stelle des **Kapitalkontos** der doppelten Buchführung tritt bei der einfachen Buchführung der **Unterschied zwischen Aktiven und Passiven.**

Geschäftsvorfälle, die bei doppelter kaufmännischer Buchführung in ihrer Wirkung auf den Gewinn ohne weiteres klar sind, sind bei einfacher kaufmännischer Buchführung oft schwer zu beurteilen.[4]) Den Gradmesser bildet bei einfacher Buchführung

[2]) Vgl. § 2 S. 30, 31.
[3]) Vgl. § 2 S. 33, 34.
[4]) Vgl. § 2 S. 31.

stets „der Unterschied zwischen Aktiva und Passiva", der als Schlüssel in Zweifelsfragen gelten kann.

Die Wirkung von Abschreibungen ist auch bei einfacher kaufmännischer Buchführung die gleiche, ob die abzuschreibenden Beträge direkt an den Aktiven gekürzt werden oder ob die Aktiven mit ihrem ursprünglichen Wert eingestellt und dafür unter den Passiven ein Wertberichtigungskonto geführt wird.

Da Bewertungskonten bei der einfachen kaufmännischen Buchführung nicht üblich aber durchaus nicht unzulässig sind, wird der Stand, dessen Zugang und Abgang nur in einer Summe durch das Inventar und die Bilanz festgehalten. In bezug auf die Einwirkung auf den Gewinn macht das aber keinen Unterschied. Infolge ihrer Wirkung auf den Unterschied zwischen Aktiven und Passiven sind die so vorgenommenen Abschreibungen auch buchmäßig festgehalten, wie wenn sie durch eigenen Buchungssatz erfolgt wären. (Nähere Ausführungen hierüber siehe unter § 10 Abschreibungen S. 152).

Reservekonten sind bei der einfachen kaufmännischen Buchführung nicht üblich. Es würde aber gegen keine Regel verstoßen, wenn im Hauptbuche (Kontokorrentbuch) auch ein Reservekonto erschiene. Der in Reserve gestellte Betrag ist aber genügend festgehalten, wenn er lediglich im Inventar und in der Bilanz erscheint, denn durch Einsetzung eines Reservebetrags unter die Passiven der Bilanz wird das reine Geschäftsvermögen verkleinert. Ob und inwieweit Veränderungen an der Reserve den Gewinn beeinflussen, ist in gleicher Weise wie bei der doppelten kaufmännischen Buchführung zu beurteilen (siehe § 9 Reserven S. 105), nur können die einzelnen Veränderungen nicht verfolgt werden, sie kommen nur in ihrer gesamten Wirkung bei der nächsten Bilanz zum Ausdrucke. Werden derartige Reservekonten nicht im Hauptbuche, sondern nur in der Bilanz geführt, so muß man für die Untersuchung ihrer Einwirkung auf den Gewinn stets das Vorjahrsinventar zur Hand nehmen.

Hierzu ein Beispiel:

Ein Geschäftsmann hatte beim Abschluß für 1919 20000 Mk. zur Anschaffung eines Geschäftsautos dadurch in Reserve gestellt, daß er unter die Passiven seiner Schlußbilanz ein Erneuerungskonto in dieser Höhe einstellte. Dadurch ist zweifellos der Gewinn des Jahres 1919 um 20000 Mk. verkleinert worden. Steuerrechtlich ist dieser Betrag nach § 15 REinkStG. dem Bilanzgewinne zuzurechnen.[5])

Im Jahre 1920 wird das Auto angeschafft. Beim Abschluß für 1920 ist infolge der Zahlung des Kaufpreises der Kassabestand um die 20000 Mk. kleiner als wenn die Anschaffung nicht erfolgt wäre. Dafür erscheint in der Inventur der Wert des

---

[5]) Vgl. S. 111.

Autos. Die Aktiven haben sich also nicht gemindert. Die Anschaffung des Autos selbst war hienach auf den Gewinn ohne Einfluß. Bei der Schlußinventur für 1920 jedoch wird der im Vorjahre unter den Passiven als Erneuerungskonto aufgeführte Betrag zu 20 000 Mk. weggelassen, weil die Anschaffung inzwischen erfolgt ist. Infolgedessen werden die Passiven um 20 000 Mk. kleiner und der Gewinn für 1920 um diesen Betrag größer. Nachdem diese 20 000 Mk. schon im Vorjahre versteuert wurden, sind sie vom heurigen Bilanzgewinne wieder abzusetzen. Es handelt sich hier um die formlose Auflösung einer versteuerten echten Reserve. Wegen der Behandlung einer Steuerreserve vgl. § 2 Bilanz S. 33, 37.

Vom steuerlichen Standpunkt aus ist es vielleicht noch von Interesse, zu untersuchen, wie die Gutschrift von Zinsen für das eigene Kapital bei der einfachen Buchführung erfolgen kann. Wenn kein Kapitalkonto geführt wird, kann auch keine Gutschrift von Zinsen erfolgen. Es ließe sich dies nur dadurch machen, daß für die Privatentnahmen im Kontokorrent ein Privat- oder Haushaltkonto geführt wird, das für die Entnahmen belastet und für die Zinsen erkannt wird. Bei Feststellung des steuerbaren Gewinns ist der bilanzmäßig ausgewiesenen Vermögensmehrung (die Privatentnahmen sollen nicht aktiviert sein) nicht nur der Saldo des Privatkontos, sondern auch die Summe der auf Privatkonto gutgeschriebenen Zinsen zuzusetzen, denn beide zusammen stellen erst die volle Summe der Entnahmen dar. Denn der Saldo des Privatkontos wurde durch die Gutschrift der Zinsen auf diesem Konto um den Zinsenbetrag kleiner.

Im übrigen ist unter „Bilanz" bereits ausgeführt, daß, wenn man den Gewinn nach der Bilanz ermitteln will, die gutgeschriebenen Zinsen für das Einlagekapital der Vermögensmehrung nicht mehr zuzusetzen sind, weil sie darin bereits enthalten sind (s. § 2 Bilanz S. 43).

Die doppelte kaufmännische Buchführung gibt genau an, durch welche Geschäftsvorfälle der Gewinn oder Verlust erzielt ist, ob und in welcher Höhe er z. B. durch die Waren, die Fonds oder die Immobilien hervorgebracht wurde, während die einfache Buchführung nach Abschluß der Inventur nur die Gesamtsumme des Gewinnes oder Verlustes angibt, ohne zu zeigen, durch welche Geschäftszweige dieser entstanden ist. Die Antwort auf die Frage, ob ein Geschäftszweig oder ein etwa neu aufgenommener Artikel den Geschäftsgewinn günstig oder ungünstig beeinflußt, wird dadurch erschwert.

Nicht ganz einfach ist es auch, den Geschäftsgewinn zu ermitteln, wenn z. B. das Wohn- und Geschäftshaus eines Kaufmanns nicht ihm allein, sondern einer Erben- oder fortgesetzten Gütergemeinschaft gehört. Läßt er alle auf das Haus bezüglichen

Einnahmen und Ausgaben durch seine Geschäftsbücher laufen, so muß er das Reinerträgnis aus dem Haus aus seinem Betriebsgewinn wieder ausscheiden, weil den Hausertrag z. B. seine Mutter zu versteuern hat (§ 18 REinkStG.). Er stellt seiner Mutter als Grundlage für ihre Steuererklärung folgende Abrechnung:

Hausabrechnung

Reparaturen, Unterhaltungskosten	Mk. 2000	Bare Mieteinnahme	Mk. 6000
Annuitätenzins	„ 5000	Mietwert der Wohnung der Mutter	„ 1200
Reinertrag	„ 3800	Mietwert der Wohn- u. Geschäftsräume d. Sohnes	„ 3600
	Mk. 10800		Mk. 10800

An seiner bilanzmäßig ausgewiesenen Vermögensmehrung zu 40300 Mk.[6]) setzt er 3800 Mk. Reinertrag aus dem ihm nicht allein gehörigen Hause ab und geht für die Steuererklärung von einem Bilanzgewinn von 36500 Mk. aus. Ist das richtig? Nein!

Das „Mehr" oder „Weniger" an Vermögen, das der Geschäftsmann durch die Verrechnung der Hauseinnahmen und -Lasten in seiner Inventur ausweist, kommt ausschließlich im Kassabestande zum Ausdruck. Die Bareinnahmen aus dem Hause betragen 6000 Mk., die bestrittenen baren Auslagen betragen (2000 Mk. + 5000 Mk. =) 7000 Mk. Gingen die in bar eingegangenen Hauserträge und bar bezahlten Hauslasten nicht durch das Kassabuch, so würde der Kassabestand am Inventurstichtage um (7000 Mk. — 6000 Mk. =) 1000 Mk. höher sein, und deshalb die Vermögensmehrung 41300 Mk. und nicht 40300 Mk. betragen. Voraussetzung ist dabei, daß der Kaufmann die Miete für die von ihm benützten Geschäftsräume und Wohnung im Betrage von 3600 Mk. (2100 Mk. für Geschäftsräume + 1500 Mk. für Wohnung) an seine Mutter noch nicht bezahlt hat, sondern als Geschäftsschulden unter den Kreditoren führt. Er müßte also für seine Steuererklärung nicht von 36500 Mk., sondern von 41300 Mk. ausgehen und diesem Betrage noch zusetzen die Miete für seine Privatwohnung mit 1500 Mk., weil diese im Privatgebrauche noch nicht enthalten ist; ferner etwa zu Lasten des Geschäftes verrechnete Personalsteuern, z. B. 1000 Mk., in Summe also 2500 Mk., so daß der steuerbare Gewinn (41300 Mk. + 2500 Mk. =) 43800 Mk. wäre.

[6]) Die Vermögensmehrung ist oben S. 197 dargestellt.

Sachverzeichnis.

Die Zahlen bedeuten die Seiten.

A.

B.

D.

E.

H.

J.

K.

L.

M.

N.

O.

W.

Z.

FSC
www.fsc.org
MIX
Papier | Fördert
gute Waldnutzung
FSC® C083411

Kolibri 360 GmbH
Ferdinand-Jühlke-Straße 7
99095 Erfurt, Deutschland
produktsicherheit@kolibri360.de